STUDY ON CONTEMPORARY OVERSEAS MARXIST PHILOSOPHY

当代国外
马克思主义哲学研究丛书

国家出版基金项目

张一兵 主编

南京大学
建设世界一流大学一流学科工程项目

Loyality to Event Itself
An Introduction to Badiou's Philosophy

忠实于事件本身

巴迪欧哲学思想导论

蓝 江 著

北京师范大学出版集团
BEIJING NORMAL UNIVERSITY PUBLISHING GROUP
北京师范大学出版社

总　序

　　今天中国的改革开放创造了一个前所未有的华夏讲文明的时代，中国人文社会科学学术研究领域中那种单向的"去西方取经"一边倒的情形，已经转换为世界各国的科学家和思想家纷纷来到中国这块火热的大地上，了解这里发生的一切，与中国的学者进行面对面的交流。在作为中国马克思主义哲学研究重镇的南京大学，德里达来了，齐泽克①

---

① 　斯拉沃热·齐泽克(Slavoj Žižek，1949—)：当代斯洛文尼亚著名思想家，欧洲后马克思思潮主要代表人物之一。1949 年 3 月 21 日生于斯洛文尼亚的卢布尔雅那市，当时，该市还是南斯拉夫西北部的一个城市。1971 年在卢布尔雅那大学文学院哲学系获文科(哲学和社会学)学士，1975 年在该系获文科(哲学)硕士，1981 年在该系获文科(哲学)博士。1985 年在巴黎第八大学获文科(精神分析学)博士。从 1979 年起，在卢布尔雅那大学社会学和哲学研究所任研究员(该所从 1992 年开始更名为卢布尔雅那大学社会科学院社会科学研究所)。主要著作：《意识形态的崇高对象——悖论与颠覆》(1989)、《斜视》(1991)、《延迟的否定——康德、黑格尔与意识形态批判》(1993)、《快感大转移——妇女和因果性六论》(1994)、《难缠的主体——政治本体论的缺席中心》(1999)、《易碎的绝对——基督教遗产为何值得奋斗？》(2000)、《视差之见》(2006)、《捍卫失败的事业》(2008)、《比无更少》(2012)等。

来了，德里克①来了，凯文·安德森②来了，凯尔纳③来了，阿格里塔④

来了，巴加图利亚⑤来了，郑文吉⑥来了，望月清司⑦来了，奈格里⑧

——————————————

① 阿里夫·德里克(Arif Dirlik, 1940—2017)：土耳其裔历史学者，美国著名左派学者，美国杜克大学、俄勒冈大学教授。代表作：《革命与历史——中国马克思主义历史学的起源，1919—1937》(1978)、《中国革命中的无政府主义》(2006)、《后革命时代的中国》(2015)等。

② 凯文·安德森(Kevin B. Anderson, 1948—)：美国当代西方列宁学家，社会学家，加利福尼亚大学圣塔芭芭拉分校教授。代表作：《列宁、黑格尔和西方马克思主义：一种批判性研究》(1995)等。

③ 道格拉斯·凯尔纳(Douglas Kellner, 1943—)：马克思主义批判理论家，美国加利福尼亚大学洛杉矶分校教授，乔治·奈勒教育哲学讲座教授。代表作：《后现代转折》(1997)、《后现代理论——批判性的质疑》(1991)、《媒体奇观：当代美国社会文化透视》(2001)等。

④ 米歇尔·阿格里塔(Michel Aglietta, 1938—)：法国调节学派理论家，法国巴黎第五大学国际经济学教授，法国巴黎大学荣誉教授。代表作：《调节与资本主义危机》(1976)等。

⑤ 巴加图利亚(G. A. Bagaturija, 1929—)：俄罗斯著名马克思主义文献学家和哲学家。

⑥ 郑文吉(Chung, Moon-Gil, 1941—2017)：当代韩国著名马克思学家。1941年11月20日出生于韩国庆尚北道大邱市；1960—1964年就读于大邱大学(现岭南大学)政治系，1964—1970年为首尔大学政治学研究生，获博士学位；1971年起，任教于高丽大学，1975年任副教授，1978年任教授；2007年，从高丽大学的教职上退休。1998—2000年间，郑文吉任高丽大学政治科学与经济学院院长。代表作：《异化理论研究》(1978)、《青年黑格尔派与马克思》(1987)、《马克思的早期论著及思想生成》(1994)、《韩国的马克思学视域》(2004)等。

⑦ 望月清司(Mochizuki Seiji, 1929—)：日本当代新马克思主义思想家。1929年生于日本东京，1951年就读于日本专修大学商学部经济学科，1956年就任该大学商学部助手，1969年晋升为该大学经济学部教授。1975年获得专修大学经济学博士，并从1989年开始连任专修大学校长9年，直至退休为止。代表作：《马克思历史理论的研究》(1973)等。

⑧ 安东尼·奈格里（Antonio Negri, 1933— ）：意大利当代著名马克思主义哲学家。1956年毕业于帕多瓦大学哲学系，获得哲学学士学位。同年加入意大利工人社会党。20世纪60年代曾参与组织意大利工人"自治运动"(Autonomia Operaia)。1967年获得教授资格。1978年春季，他应阿尔都塞的邀请在巴黎高师举办了一系列关于马克思《政治经济学批判大纲》的讲座，其书稿于1979年分别在法国和意大利出版，即《〈大纲〉：超越马克思的马克思》。1979年，奈格里因受到红色旅杀害时任意大利总理阿尔多·莫罗事件的牵连而被捕。释放后流亡法国14年，在法国文森大学(巴黎第八大学)和国际哲学学院任教。1997年，在刑期从30年缩短到13年后，奈格里回到意大利服刑。在狱中奈格里出版了一批有影响的著作。1994年，奈格里与哈特合作出版了《酒神：国家形式的批判》。之后，二人又相继合作出版了批判资本主义全球化的三部曲：《帝国》(2000)、《诸众》(2004)、《大同世界》(2011)等。

和普舒同①来了，斯蒂格勒②和大卫·哈维③这些当代的哲学大师都多次来到南京大学，为老师和学生开设课程，就共同关心的学术前沿问题与我们开展系列研讨与合作。曾几何时，由于历史性和地理性的时空相隔，语言系统迥异，不同文化和不同的政治话语语境，我们对国外马克思主义哲学的研究，只能从多重时空和多次语言转换之后的汉译文本，生发出抽象的理论省思。现在，这一切都在改变。我们已经获得足够完整的第一手文献，也培养了一批批熟练掌握不同语种的年轻学者，并且，我们已经可以直接与今天仍然在现实布尔乔亚世界中执着抗争的欧美亚等左派学者面对

————————————

　　①　穆伊什·普舒同(Moishe Postone，1942—2018)，当代加拿大马克思主义历史学家、哲学家和政治经济学家。1983年获德国法兰克福大学博士学位，代表作《时间、劳动和社会支配：对马克思批判理论的再解释》在国际马克思主义学界产生了很大影响。普舒同教授曾于2012年和2017年两次访问南京大学马克思主义社会理论研究中心，为师生作精彩的学术演讲，并与中心学者和学生进行深入的研讨与交流。

　　②　贝尔纳·斯蒂格勒(Bernard Stiegler，1952—　)：当代法国哲学家，解构理论大师德里达的得意门生。早年曾因持械行劫而入狱，后来在狱中自学哲学，并得到德里达的赏识。1992年在德里达的指导下于社会科学高级研究院获博士学位(博士论文：《技术与时间》)。于2006年开始担任法国蓬皮杜中心文化发展部主任。代表作：《技术与时间》(三卷，1994—2001)、《象征的贫困》(二卷，2004—2005)、《怀疑和失信》(三卷，2004—2006)、《构成欧洲》(二卷，2005)、《新政治经济学批判》(2009)等。

　　③　大卫·哈维(David Harvey，1935—　)：当代美国著名马克思主义思想家。1935年出生于英国肯特郡，1957年获剑桥大学地理系文学学士，1961年以《论肯特郡1800—1900年农业和乡村的变迁》一文获该校哲学博士学位。随后即赴瑞典乌普萨拉大学访问进修一年，回国后任布里斯托大学地理系讲师。1969年后移居美国，任约翰·霍普金斯大学地理学与环境工程系教授，1994—1995年曾回到英国在牛津大学任教。2001年起，任教于纽约市立大学研究生中心和伦敦经济学院。哈维是当今世界最重要的马克思主义思想家，提出地理—历史唯物主义，是空间理论的代表人物。其主要著作有《地理学中的解释》(1969)、《资本的界限》(1982)、《后现代的状况——对文化变迁之缘起的探究》(1989)、《正义、自然与差异地理学》(1996)、《希望的空间》(2000)、《新自由主义简史》(2005)、《跟大卫·哈维读〈资本论〉》(第一卷，2010；第二卷，2013)、《资本社会的17个矛盾》(2014)、《世界之道》(2016)等。

面地讨论、合作与研究，情况确实与以前大不相同了。

2017 年 5 月，我们在南京召开了"第四届当代资本主义研究暨纪念《资本论》出版 150 周年国际学术研讨会"和"《政治经济学批判大纲》专题讨论会"。在这两个会议上，我们与来到南京大学的国外马克思主义哲学研究者们，不仅共同讨论基于原文的马克思《1857—1858 年经济学手稿》中的"机器论片断"，也一同进一步思考当代数字资本主义社会出现的所谓自动化生产与"非物质劳动"问题。真是今非昔比，这一切变化都应该归因于正在崛起的伟大的社会主义中国。

2001 年，哲学大师德里达在南京大学的讲坛上讨论解构理论与当代资本主义批判之间的关系，他申辩自己不是打碎一切的"后现代主义者"，而只是通过消解各种固守逻辑等级结构的中心论，为世界范围内的文化、性别平等创造一种新的思维方式。如今，这位左派大师已经驾鹤西去，但他的批判性思想的锐利锋芒，尤其是谦逊宽宏的学术胸怀令人永远难忘。

2003 年以来，我们跟日本学界合办的"广松涉与马克思主义哲学国际学术研讨会"已经举行了六届，从南京到东京，多次与广松涉①夫人及

---

① 广松涉(Hiromatsu Wataru，1933—1994)：当代日本著名的新马克思主义哲学家和思想大师。广松涉 1933 年 8 月 11 日生于日本的福冈柳川。1954 年，广松涉考入东京大学，1959 年，在东京大学哲学系毕业。1964 年，广松涉在东京大学哲学系继续博士课程的学习。1965 年以后，广松涉先后任名古屋工业大学讲师(德文)、副教授(哲学和思想史)，1966 年，他又出任名古屋大学文化学院讲师和副教授(哲学与伦理学)。1976 年以后，广松涉出任东京大学副教授、教授直至 1994 年退休。同年 5 月，任东京大学名誉教授。同月，广松涉因患癌症去世。代表作：《唯物史观的原像》(1971)、《世界的交互主体性的结构》(1972)、《文献学语境中的〈德意志意识形态〉》(1974)、《资本论的哲学》(1974)、《物象化论的构图》(1983)、《存在与意义》(全二卷，1982—1983)等。

学生们深入交流，每每谈及广松先生从 20 世纪 60 年代就开始直接投入
左翼学生运动狂潮的激情，尤其是每当聊到广松先生对马克思主义哲学
的痴迷和以民族文化为根基，以马克思主义哲学为中轴，创立独具东方
特色的"广松哲学"的艰辛历程时，广松夫人总是热泪盈眶、情不能已。

　　2005 年，卡弗①访问了南京大学马克思主义社会理论研究中心，每
当谈起马克思恩格斯的《德意志意识形态》等经典哲学文本时，这位严谨
的欧洲人认真得近乎固执的治学态度和恭敬于学术的痴迷神情总是会深
深打动在场的所有人。2018 年，卡弗再一次来到南京大学时，已经带
来了我们共同关心的《德意志意识形态》手稿版和政治传播史的新书。
2006 年，雅索普②在我们共同主办的"当代资本主义国际研讨会"上受邀
致闭幕词，其间他自豪地展示了特意早起拍摄的一组清晨的照片，并辅
以激情洋溢的字怀，他对中国社会和中国文化的欣赏与热情展露无遗，
令与会者尽皆动容。

　　令我记忆深刻的还有 2007 年造访南京大学的哲学家齐泽克。在我

---

　　①　特雷尔·卡弗(Terrell Carver，1946—)：英国布里斯托大学政治学系教授，当
代著名西方马克思学学者。1974 年在牛津大学贝列尔学院获得政治学博士学位，1995 年
8 月至今任英国布旦斯托大学政治学系教授。代表作：《卡尔·马克思：文本与方法》
(1975)、《马克思的社会理论》(1982)、《弗里德里希·恩格斯：他的生活及思想》(1989)、
《后现代的马克思》(1998)、《政治理论中的人》(2004)、《〈德意志意识形态〉手稿》
(2016)等。

　　②　鲍勃·雅索普(Bob Jessop，1946—)：当代重要的西方马克思主义理论家。毕
业于英国兰卡斯特大学，从事社会学研究并获得学士学位。在英国剑桥大学获得博士学
位后，任剑桥大学唐宁学院的社会与政治科学研究员。1975 年他来到艾塞克斯大学政府
学院，开始教授国家理论、政治经济学、政治社会学和历史社会学，现为英国兰卡斯特
大学社会学教授。代表作：《国家理论：让资本主义国家归位》(1990)、《国家的过去、现
在与未来》(2015)等。

与他的对话中，齐泽克与我提到资本主义全球化中的那一双"童真之眼"，他说，我们应该为芸芸众生打开一个视界，让人们看到资本的逻辑令我们看不到的东西。在他看来，这，就是来自马克思主义批判的质性追问。也是在这一年，德里克访问南京大学，作为当代中国现代史研究的左翼大家，他在学术报告中提出后革命时代中马克思主义的不可或缺的意义。不久之后，在我的《回到马克思》英文版的匿名评审中，德里克给予了此书极高的学术评价，而这一切他从来都没有提及。

2008 年，苏联马克思主义研究院的那位编译专家巴加图利亚，为我们带来了自己多年以前写作的关于《德意志意识形态》的哲学博士论文和俄文文献。也是这一年，韩国著名马克思文献学学者郑文吉应邀来南京大学访问，他在为南京大学学生作的报告中告诉我们，他的学术研究生涯是"孤独的 30 年"，但是，在他退休之后，他的研究成果却在中国这样一个伟大的国家得到承认，他觉得过去艰难而孤独的一切都是值得的。2011 年，日本新马克思主义思想家望月清司访问南京大学，他将这里作为 40 年前的一个约定的实现地，此约定即谁要是能查到马克思在《资本论》中唯一一次使用的"资本主义"（Kapitalismus）一词，就请谁喝啤酒。已经初步建成《马克思恩格斯全集》电子化全文数据库的我们都喝到了他的啤酒。

最令我感动的是年过八旬的奈格里，他是怀中放着心脏病的急救药，来参加我们 2017 年"第四届当代资本主义研究暨纪念《资本论》出版 150 周年国际学术研讨会"的，曾经坐过十几年资产阶级政府大牢的他，一讲起意大利"1977 运动"的现场，就像一个小伙子那样充满激情。同样是参加这次会议的八旬老翁普舒同，当看到他一生研究的马克思《资本论》手稿的高清扫描件时，激动得眼泪都要流出来了。不幸的是，普舒同教授离开中国不久就因病离世，在南京大学的会议发言和访谈竟然成了他留给世界最后的学术声音。

2015—2018 年，斯蒂格勒四次访问南京大学，他连续三年为我们的老师和学生开设了三门不同的课程，我先后与他进行了四次学术对话，也正是与他的直接相遇和学术叠境，导引出一本我关于《技术与时间》的研究性论著。① 2016—2018 年，哈维三次来到南京大学，他和斯蒂格勒都签约成为刚刚成立的南京大学国际马克思主义研究院的兼职教授，他不仅为学生开设了不同的课程，而且每一次都带来了自己的最新研究成果。我与他的哲学学术对话经常会持续整整一天，当我问他是否可以休息一下时，他总是笑着说："我到这里来，不是为了休息的。"哪怕在吃饭的时候，他还会问我："马克思的异化概念到底是什么时候形成的？"

对我来说，这些当代国外马克思主义哲学家和左派学者真的让人肃然起敬。他们的旨趣和追求是真与当年马克思、恩格斯的理想一脉相承的，在当前这个物质已经极度富足丰裕的资本主义现实里，身处资本主义体制之中，他们依然坚执地秉持知识分子的高尚使命，在努力透视繁华世界中理直气壮的形式平等背后深藏的无处控诉的不公和血泪，依然理想化地高举着抗拒全球化资本统治逻辑的大旗，发出阵阵发自肺腑、激奋人心的激情呐喊。无法否认，相对于对手的庞大势

---

① 张一兵：《斯蒂格勒〈技术与时间〉构境论解读》，上海，上海人民出版社，2018。

力而言，他们显得实在弱小，然而正如传说中美丽的天堂鸟①一般，时时处处，他们总是那么不屈不挠。我为有这样一批革命的朋友感到自豪和骄傲。

其实，自 20 世纪 80 年代以来，中国马克思主义理论界接触、介绍和研究国外马克思主义哲学已经有 30 多个年头了。我们对国外马克思主义哲学家的态度和研究方法也都有了全面的理解。早期的贴标签式的为了批判而批判的研究方式早已经淡出了年轻一代的主流话语，并逐渐形成了以文本和思想专题为对象的各类更为科学的具体研究，正在形成一个遍及中国的较高的学术探讨和教学平台。研究的领域也由原来对欧美马克思主义哲学的关注，扩展到对全球马克思主义哲学研究的全景式研究。在研究的思考逻辑上，国内研究由原来零星的个人、流派的引介和复述，深入到对国外马克思主义哲学的整体理论逻辑的把握，并正在形成一批高质量的研究成果。各种国外马克思主义论坛和学术研讨活动，已经成为广受青年学者关注和积极参与的重要载体和展示平台，正在产生重要的学术影响。可以说，我们的国外马克思主义哲学学科建设取得了喜人的进展，从无到有，从引进到深入研究，走过的是一条脚踏实地的道路。

从这几十年的研究来看，国外马克思主义哲学研究对于我国的马克思主义学术理论建设，对于了解西方当代资本主义社会的变迁具有极为

---

① 传说中的天堂鸟有很多版本。辞书上能查到的天堂鸟是鸟，也是一种花。据统计，全世界共有 40 余种天堂鸟，在巴布亚新几内亚就有 30 多种。天堂鸟花是一种生有尖尖的利剑状叶片的美丽的花。但是我最喜欢的传说，还是作为极乐鸟的天堂鸟，在阿拉伯古代传说中是不死之鸟，相传每隔五六百年就会自焚成灰，在灰中获得重生。

重要的意义。首先，国内的马克思主义哲学研究由于长期受到苏联教条主义教科书的影响，在取得了重大历史成就的同时也存在着一些较为严重的缺陷，对这些理论缺陷的反思，在某种意义上是依托对国外马克思主义哲学的研究和比较而呈现出来的。因而，在很大的意义上，国外马克思主义哲学的研究推动了国内马克思主义研究在理论和方法上的变革。甚至可以说，国外马克思主义哲学研究和国内马克思主义哲学研究是互为比照、互相促进的。其次，我们对国外马克思主义哲学的研究同时也深化了对西方左翼理论的认识，并通过这种研究加深了我们对于当代资本主义现实的理解，进而也让我们获得了中国特色社会主义道路自信最重要的共时性参照。

当然，随着当代资本主义的发展，国外马克思主义哲学理论逻辑也发生了重大变化，比如，到 20 世纪 60 年代，以阿多诺的《否定的辩证法》和 1963 年"红色五月风暴"学生运动的失败为标志，在欧洲以学术为理论中轴的"西方马克思主义"在哲学理论逻辑和实践层面上都走到了终结，欧洲的马克思主义哲学研究出现了"后马克思"转向，并逐渐形成了"后马克思思潮"、"后现代马克思主义"、"晚期马克思主义"等哲学流派。这些流派或坚持马克思的立场和方法，或认为时代已经变了，马克思的理论和方法已经过时，或把马克思的理论方法在新的时代条件下加以运用和发展。总的来说，"后马克思"理论倾向呈现出一幅繁杂的景象。它们的理论渊源和理论方法各异，理论立场和态度也各异，进而对当代资本主义的认识和分析也相去甚远。还应该说明的是，自意大利"1977 运动"失败之后，意大利的马克思主义理论研究开始在欧洲学术界华丽亮相，出现了我们并没有很好关注的所谓"意大利激进思潮"①。在 20 世纪 60 年代曾经达到学术高峰的日本马克思主义哲学研究界，昔日的辉煌不再，青年一代的马克思追随者还在孕育之中；而久被压制的韩国马克思主义哲学研究，才刚刚进入它的成长初期；我们对印度、伊朗等第三世界国家的马克思主义哲学研究还处于关注不够、了解不深的状况之中。这些，都是我们在今后的国外马克思主义哲学研究中需要努力的方向。

本丛书是关于国外马克思主义哲学研究的专题性丛书，算是比较完整地收录了近年来我所领导的南京大学马克思主义哲学研究学术团队和学生们在这个领域中陆续完成的一批重要成果。其中，有少量原先已经出版过的重要论著的修订版，更多的是新近写作完成的前沿性成果。将这一丛书作为南京大学"双一流"建设工程的重要成果之一，献礼于马克思诞辰 200 周年，我深感荣幸。

张一兵

2018 年 5 月 5 日于南京大学

---

① 意大利激进理论的提出者主要是 20 世纪六七十年代意大利新左派运动中涌现出来的以工人自治活动为核心的"工人主义"和"自治主义"的一批左翼思想家。工人运动缘起于南部反抗福特主义流水线生产的工会运动，他们 1961 年创刊《红色笔记》，1964 年出版《工人阶级》，提出"拒绝工作"的战略口号。1969 年，他们组织"工人运动"，1975 年，新成立的"自治运动"取代前者，成为当时意大利学生、妇女和失业者反抗斗争的大型组织。1977 年，因一名自治主义学生在罗马被法西斯分子杀害，引发"1977 运动"的爆发。因为受红色旅的暗杀事件牵连，自治运动的主要领导人于 1979 年 4 月全部被政府逮捕入狱，运动进入低潮。这一运动的思想领袖，除去奈格里，还有马里奥·特洪迪（Mario Tronti）、伦涅罗·潘兹尔瑞（Raniero Panzieri）、布罗那（Sergio Bologna）以及马西莫·卡西亚里（Massimo Cacciari）、维尔诺（Paolo Virno）、拉扎拉托（Maurizio Lazzarato）等。其中，维尔诺和拉扎拉托在理论研讨上有较多著述，这些应该也属于广义上的意大利激进理论。这一理论近期开始受到欧美学术界的广泛关注。

目　录

第一章 | 导 论

> 为了从奴役中拯救出这个世纪，为了开创一
> 个崭新的世界。新的岁月的衔接，需要用一根长
> 笛。这是世纪在掀动人类忧伤的波浪，而蝮蛇在
> 草丛中，享受着世纪的旋律。
>
> ——曼德尔施塔姆

毫无疑问，巴迪欧是当代世界哲学思想史上最为重要的角色之一，这一点已经逐渐为欧美学界、第三世界国家所公认，而且近几年来，在中国学界已经形成了研读和讨论巴迪欧思想的热潮。从每年大量出版和发表的研究巴迪欧的书籍和论文，以及巴迪欧的法文著述甫一出版，就立刻被翻译为英文的情况来说，巴迪欧无疑都是当代世界上影响最大的思想家之一。

在左翼思想界，巴迪欧是与齐泽克、朗西埃、阿甘本齐名的左翼思想新的巅峰，在这个方面，可以说，他是继福柯、德勒兹、德里达之后，法国又一个新的思想标杆式人物。当然，在国际学术界，对于巴迪欧的思想争议很大，有人狂热迷恋之，有人厌恶之，但无论是支持者还是反对者，都毫无保留地认为，巴迪欧是当代思想史上一个独特而不能忽视的现象。

对于今天的中国而言，巴迪欧的思想也不再陌生，实际上，对巴迪欧的介绍在 21 世纪的最初十年已经出现在国内学术杂志上，他的一些重要著作的译文的片段也摘录在一些书籍之中。迄今为止，巴迪欧著作的中译本已经出版了 11 本，分别为《世纪》、《哲学宣言》、《第二哲学宣言》、《小万神殿》、《元政治学概述》、《爱的多重奏》、《维特根斯坦的反哲学》、《圣保罗》、《海德格尔 纳粹主义、女人和哲学》、《柏拉图的理想国》、《当前时代的色情》，关于巴迪欧思想的研究著述也陆续出现，如中国人民大学毕日升博士的《阿兰·巴丢"非美学"文艺思想研究》，华中师范大学艾士薇博士的《阿兰·巴迪欧"非美学"思想研究》，复旦大学张莉莉博士的《从结构到历史——阿兰·巴迪欧主体思想研究》等，对巴迪欧的思想研究已经达到了一个不错的水平。与此同时，国内学界对阅读和理解巴迪欧的呼声也越来越高，所以，需要对巴迪欧的基本思想脉络和线索给予一个清晰的梳理。

此外，巴迪欧本人著作中的文字绝不像人们想象中那么友好。由于巴迪欧的数学背景，他与之前的一些思想家不太一样。巴迪欧十分重视数学在哲学中的基础地位，所以，没有一定的数学知识，尤其是后康托尔集合论背景，或者是对拉康式精神分析不够了解的人，进入巴迪欧的文本是有难度的。我的问题是，对于理解巴迪欧的思想，是否一定需要经过那么复杂的数学式的推理运算，最终才能将巴迪欧所想传达的东西表达出来？或者说，我们是否可以用浅显易懂的原理和话语来阐释巴迪欧，让那些觉得巴迪欧遥不可及的人也可以理解巴迪欧到底在说什么？这本书就是我在这个方面所做的尝试，当然，我的观点仍然是，巴迪欧的数学原理是必要的，但是在本书中，我尽可能少地去涉及数学上的推理，将巴迪欧所想传达的思想以另一种不太晦涩的方式表达出来。这就是我的初衷。不过在达到这个目的之前，我们还需要了解一些基本情况和线索。

一、问题的源起

在当今哲学的舞台上，世界上还有谁可以当之无愧地被称为哲学家？的确，哲学家这个名称在历史上曾经是一种荣耀，一种辉煌的象征，以苏格拉底、柏拉图、亚里士多德为代表的古希腊圣哲的光辉绵延千年，他们以古朴智慧的光芒，为在黑暗中亦步亦趋求索着的人们点燃了指路的明灯。启蒙运动以来的笛卡尔、斯宾诺莎、莱布尼茨、洛克、休谟，乃至康德，仍然是这种精神的承袭者，因为启蒙所对应的西方词汇，无论是英语的 enlightenment，还是法语的 lumière，或者德语的 Aufklärung，以及拉丁语的 illuminationis，在本意上都是点燃和照亮的意思，在根本上，它们与光和明亮相关，其直接的引申义就是在漆黑一片的大地上，点燃一点亮光，让人们不惧怕黑暗，可以在亮光中生存或前行。而哲学家就是点燃火光的启蒙者，他们带来的智慧将成为我们在大地上前行和行动的指南。

不过，哲学家的这种地位并不是没有遭到过质疑。实际上，自从20世纪六七十年代之后，无论是在以分析传统为主的英美哲学界，还是在以德法为中心的欧陆哲学界都对哲学家作为点燃人们心中的灵光的角色产生了怀疑。更进一步的怀疑是，哲学，作为一门**学科**，是否真的可以为我们带来真理？在分析传统中，以罗蒂为代表的新实用主义以更具有相对主义色彩的说服力取代了哲学对真理和真实的追求，实际上，更颠覆性的种子早在晚期维特根斯坦的语言游戏理论中就埋下了，这事实上导致了哲学转向的不再是对真实世界的探寻，而是语言中的可说性问题，即所谓语言哲学的转向问题。在欧陆哲学界，法兰克福学派的阿多诺在《否定的辩证法》一书中提出的非同一性的哲学实际上开始了一个解构总体性和同一性，即大写的一的历程。阿多诺最后虽然以非同一性的星丛(Konstellation)保持了一种神秘性的一的观念，但实质上，在阿多诺之后，在我们的知识是否可以把握真理，我们是否生活在一个连续统一的总体之中，我们是否具有起源或者终极的一的观念等问题上，出现了一系列巨大的冲击。在此之后，法国的拉康、罗兰·巴特、福柯、德勒兹、德里达、利奥塔、鲍德里亚、菲利普·拉库-拉巴特(Philippe Lacoue-Labarthes)、让-吕克·南希(Jean-luc Nancy)、弗朗索瓦·拉鲁埃勒(François Laruelle)，甚至女性主义思潮中的露丝·依利加雷(Luce Irigaray)、埃伦娜·西苏(Hélène Cixous)、茱莉亚·克里斯蒂娃(Julia Kristeva)等人都开始从各个侧面拆解形而上学的大厦，他们将批判的锋芒指向了哲学、指向了大写的一、指向了那个曾经被认为是大写的真实(Réalité)。也正是在这个意义上，利奥塔宣布宏大叙事解体了，哲学已经丧失它曾经的地位，而鲍德里亚、布尔迪厄、布鲁诺·拉图尔（Bruno Latour）更愿意说自己是社会理论家或社会学家，而不愿意背负哲学家的头衔，女性主义者们则毫不客气地将哲学视为男性中心的父权制的象征，而用更具有女性特殊性的书写和话语方式来取而代之。

由此可见，哲学在今天承受着污名。哲学不再是指路的明灯，而被视为一种食古不化、远离现实，又自怨自艾的空中楼阁。这样的哲学不仅不能给予人们知识上的助益，相反，它拖着庞大而沉重的身躯，跟在那些社会理论、文学理论、艺术理论等之后踽踽而行。哲学家似乎成为仅仅在当代经院里孤芳自赏的一群人，他们的逻辑只能让他们自己蒙起头来在里面自鸣得意地发笑。而时代、历史、社会、文化，甚至身体、语言都远远地把这种哲学抛在了后面。哲学真的是这种形象？或者说，哲学在今天真的是一无是处吗？真的如同那些后现代主义者和后结构主义思想家们说的那样，哲学业已终结，哲学必须让位于那些更具体、更琐细、更为碎片化的思维方式吗？从总体上，从大写的一的角度来把握问题的方式真的已经成为明日黄花了吗？当然不是，如果哲学是故步自封、远离现实的空中楼阁，或者只是玩赏着只有自己的圈子才能看得懂的屠龙之技，这种哲学就理应灭亡。但是这种哲学并非哲学的全部，一种行将就木的哲学化为历史的沉渣，并不代表哲学的彻底死亡，不仅如此，正如巴迪欧所宣告的那样，只有我们还在这个世界上存在，就一定**存在着哲学**。也正因如此，巴迪欧是在今天为数不多的，仍然如同舍斯托夫那样的哲学家，以旷野呼告的方式，号召一种全新的哲学降临。哲学不会死亡，哲学一定存在。尽管今天生存着的哲学寥寥可数。但正如巴迪欧在他的《哲学宣言》中所宣示的那样："我不仅认为哲学在今天是可能的，而且这种可能性也不具有最终阶段的形式。"①

是的，当后现代的"终结"论和解构论发挥到极致，当它们消解掉我们脚底下站立的一切根基的时候，我们发现我们还需要一个能够让我们的生存得以确立的"根基"。这个"根基"也势必意味着，我们今天仍然还需要哲学！因此，可以看到，当代欧洲以巴迪欧、朗西埃、齐泽克、阿甘本等人为代表的新一代思想家，已经逐渐开始重新审视"哲学存在"的问题。在他们之中，第一个开宗明义地提出"哲学存在"的人正是巴迪欧，他从 20 世纪 70 年代之后，在与阿尔都塞主义渐行渐远的区间中，在实践和理论思考的夹缝中，痛苦地思索着。策兰带有悲苦情结的诗歌《远征》正是他在这个时期的哲学探索的见证：

> 墙间狭小的路径
> 真理无法穿越
> 它
> 在心知肚明的未来中
> 上爬和返回。②

的确，与策兰笔下的诗歌一样，哲学也是在一个不可能穿越的地方不断地"上爬和返回"，不断地去寻找新的道路。事实上，巴迪欧想通过保罗·策兰告诉我们的是，哲学从来就不是在预先铺设好的轨道上运作，没

---

① ［法］阿兰·巴迪欧：《哲学宣言》，10 页，南京，南京大学出版社，2014。
② 转引自［法］阿兰·巴迪欧：《世纪》，98 页，南京，南京大学出版社，2011。

有一条道路可以为哲学指明方向。哲学从一开始，面对的就是一个没有道路的未来，尽管这个未来大家"心知肚明"，但是，我们现在却找不到走向那个未来的道路。于是，哲学的使命降临了，它要远征，正如色诺芬的《远征记》(Anabase)中流浪在异国他乡的希腊勇士们一样，在没有道路的地方，用自己的血肉开创出一条不可能的道路来。这就是哲学！

对于那些动不动就大言不惭宣告哲学终结的态度，巴迪欧以一种非常蔑视的姿态面对它们。在这里，巴迪欧将之与古希腊时期的智者相提并论，智者们提供了一种知识，看似玄妙莫测，实际上在语言的婉转间，并没有给我们提供任何关于真是什么的答案。这是一种诡辩，即巴迪欧反复强调的智术，这种智术的害处就在于，让人们不再追求那些本应该是哲学追求的东西，让人们放弃了对我们在这个世界上最根本问题的追求。也势必意味着我们只能蜷缩在那些被巴迪欧称为当代智者的思想家所谓的语言游戏和碎片化的洞见之中，冷冷地面对这个世界中已有的一切。在巴迪欧看来，维特根斯坦就是这样的现代智者的典型代表，巴迪欧对这个现代智者充满了鄙视。巴迪欧说："维特根斯坦既没有像奥古斯丁一样彻底地变革基督教，也没有像马拉美一样，彻底地变革诗歌。在其可怜卑微的存在之外——实际上任何其他人的存在都同样如此——还可以让我们一看的不过是他那极其负面的样板。"[1]今天的哲学的使命，在巴迪欧看来，就是同这些反哲学(anti-philosophy)的新智术思潮进行斗争，在他们大肆宣告哲学已经死亡，或者将哲学带向穷途末路的时候，重新在一个不可能的地

---

[1] Alain Badiou, *Wittgensitein's Antiphilosophy*, trans. Bruno Bosteels, London: Verso, 2011, p. 157.

基上发现哲学的光辉。尽管巴迪欧赋予哲学近乎史诗色彩的任务，但这实际上并不受人待见，如拉鲁埃勒就曾以极其辛辣的讽刺口吻说道："巴迪欧居然还是个哲学家！"[①]在拉鲁埃勒看来，巴迪欧试图在当下社会中重塑哲学的行为无异于一个改良版的堂吉诃德。

无论巴迪欧是否是在一个不合时宜的年代里大战风车，巴迪欧关于哲学的志向说明了今天所有人在陷入极度怀疑论以及哲学的相对化之后，我们需要一种存在上的关照，即我们不能在流沙之上展开我们的生存，相反，巴迪欧是鼓起勇气为我们奠定地基的人。对于巴迪欧来说，诗歌不能为我们提供对真实的追求。像柏拉图的《理想国》中描述的一样，过多的诗性言辞，实际上伤害了我们对真理的追求，巴迪欧说道："诗人时代业已终结，必须将哲学同诗的前提解缝。这就意味着，今天，我们不再需要在诗的隐喻中去述说消除对象（désobjectivation）和消除方向（désorientation）。"[②]的确，曾经有一个伟大的时代，在那个时代里，海德格尔告诉我们，诗性语言为我们指明了存在的方向，"思与诗的对话把语言之本质召唤出来，以便终有一死的人能重新学会在语言中栖居"[③]。海德格尔对荷尔德林和特拉克尔等诗人的敬意，正是在这种诗性的语言中，向我们敞开了一种可能性。然而，巴迪欧却十分怀疑这种可能性，尽管巴迪欧也十分钟情于诗歌，他对马拉美、佩索阿、保罗·策

---

① François Laruelle, *Anti-Badiou*, *On the Introduction of Maoism into Philosophy*, trans. Robin Mackay, London: Bloombury, 2013, p. xviii.

② ［法］阿兰·巴迪欧：《哲学宣言》，50 页，南京，南京大学出版社，2014。根据法文版，对中译略有改动，Alain Badiou, *Manifeste pour la philosophie*, Paris: Seuil, 1989, p. 55.

③ ［德］马丁·海德格尔：《在通向语言的途中》，25 页，北京，商务印书馆，1999。

兰等人的狂热足以体现巴迪欧对诗的敬意，但这并不意味着巴迪欧将诗
作为其追求真理的必然之路，相反，巴迪欧不太信任由诗性的语言所铺
就的道路，这条道路，并不比数学、爱、政治等道路更为平坦宽阔。也
就是说，巴迪欧肯定诗是通向真理的可能性之一，但是将所有的哲学的
希望都交付给诗歌，巴迪欧是有疑虑的，因为不是所有的真理都是由诗
来给出的。在比，巴迪欧更信任的方式是数学，尤其是以康托尔之后的
策梅洛—弗兰克尔(ZF)公理体系所奠基的集合论。也正是在这个基础
上，巴迪欧与海德格尔式的乡愁与伤感拉开了距离，哲学不再是海德格
尔式的，即认为现代社会和现代科学技术的发展，遮蔽了原本的本真，
唯有在诗性的语言的道路中，我们才能走向那个悬而未分的存在状态，
只有那里，才有本真让我们领悟。这是一种回返式的追求，是一种退缩
的世界观。与此相反，巴迪欧告诉我们，科学技术以及现代社会，并不
像海德格尔笔下的诗人们宣告的那样，让我们远离存在，遗忘我们的本
源。恰恰相反，我们今天的问题正是，我们还不够现代，我们的技术还
不够发达。也正因为如此，巴迪欧更喜欢的诗句是佩索阿的"牛顿的二
项式定理就像米罗的维纳斯一样美丽。事实是，极少有人关心其中的珍
妙"①。我们拥有的不是单一的真理，真理是一个复数，诗并不是为我
们提供唯一真理的场域，相反，我们需要在其他场域，如数学、政治和
爱中，去寻找真的可能性。

　　准确来说，巴迪欧最属意的场域是数学，也正是在他最重要的著作

---

　　① 转引自[法]阿兰·巴迪欧：《哲学宣言》，51 页，南京，南京大学出版社，
2014。

《存在与事件》中，他直接提出了"数学＝本体论"的命题，这个命题几乎是对一个世纪以来大陆哲学反思的一次挑衅。实际上，在巴迪欧的早期著作中，以数学为途径去探讨哲学可能性的倾向就十分明显。在最早期巴迪欧参加的阿尔都塞为科学家和非哲学家开设的哲学课上，巴迪欧就将自己从数学角度来思考哲学的设想展现出来，尽管在那个时期，巴迪欧的数学式哲学仍然只是对阿尔都塞思想的一种补充和阐释。后来，这本数学味道极为浓厚的讲座稿被编订成册，也就是后来的《模式的概念》一书。

在《存在与事件》中，巴迪欧则将以数学探寻哲学的可能性推向了极致，基本上全书的主要部分可以说都是以比较严格的数学式推理来完成论证的。曾经有人说过，其他法国思想家（如罗兰·巴特、鲍德里亚、福柯、德勒兹和瓜塔里、德里达等人）的著作可以从前往后看，也可以从后往前看，甚至可以从中摘录出来一部分单独看，这就是那个时代的法国的文体学。但是巴迪欧的《存在与事件》绝不可以这样来阅读，因为《存在与事件》好比一个巨大的数学逻辑的演绎推理，诸沉思是一环套一环演绎下去的，离开其中任何一环，都会丢失整个思维的逻辑线索，甚至无法达到最后的结论。从这个角度而言，《存在与事件》可以看成一个现代版的斯宾诺莎式的《伦理学》，尽管巴迪欧在此书中也曾对斯宾诺莎致以批判性的敬意，但《存在与事件》以数学为路径来沉思，来切入哲学思考的方式却是不容置疑的。

此后，巴迪欧的著作虽然没有再像《存在与事件》一样，以纯粹数学式的逻辑来论证，但是数学化的痕迹在他之后的一些著作中仍然鲜明地表现出来。如1998年出版的《可递本体论简论》进一步论证了数学本体论，而2006年作为《存在与事件》续篇出现的《世界的逻辑》仍然从数学上对前一本书的主题加以深化。可以说，在巴迪欧看来，抛开那种过于感性、过于依赖于我们的诗性语言，我们真正可以超越自己，在感觉和视野之外去把握真实的唯一途径就是数学。这或许是贯穿巴迪欧思想脉络始终的一根红线。

可以说，巴迪欧的数学式思考甚至影响到了他的学生甘丹·美亚索（Quentin Meillassoux），这位生于 1967 年的哲学天才很快就吸收了他恩师的理论营养，在美亚索的成名作《有限之后》（Après la finitude）中，他跟随着他的恩师，将数学作为探寻哲学新的可能性的钥匙。在美亚索看来，现代以来的哲学理论大多都沿袭了同一种模式，即自笛卡尔和洛克以降，以我们的认识和感知为中心的主体和客体的对应模式。美亚索称之为相关主义（relativism），也就是说，所谓的物体的自在本质，只有在它与我们（即主体）的关系中才有价值，才能得到肯定，甚至才能被判定为是存在着的。那么，美亚索的问题是，我们是否有可能去探索在我们感知和认识之外的自在的世界？美亚索和其老师巴迪欧的答案是一致的：有可能，这种可能性只有通过数学来实现。因此，美亚索宣称："对象的那些可以在数学上被形式概括出来的所有方面，才能被看成是对象的自在的属性。对象的那些可以产生数学思想（即一个数学公式表达或数字化），而不是产生感知或感觉的所有方面，才能有意义地变成事物的属性，这不仅仅是与我有关的属性，也是与我无关的属性。"[1]

实际上，当代西方哲学界已经开始用一个新的名词来概括以巴迪欧

---

[1] Quentin Meillassoux, *After Finitude: An Essay on the Necessity of Contingency*, trans. Ray Brassier, London: Continuum, 2008, p. 3.

和美亚索为代表的新的哲学思潮，即思辨唯物主义（speculative materialism）或思辨实在论（speculative realism）。这种新的唯物主义的登场，在一定程度上，真正面对了自 20 世纪 80 年代以来，唯物主义学说遭受的巨大挑战。也就是说，以巴迪欧和美亚索为代表的思辨唯物主义，在某些方面，为经典唯物主义学说加入了全新的内涵。一方面，思辨唯物主义避免了以往那种以抽象的物质概念作为核心的庸俗唯物主义①（实质上也是一种唯心主义的变种）的堕落；另一方面，思辨唯物主义也极力抵抗现代怀疑论和现代智术（无论是英美学派的新实用主义还是欧陆学派的解构主义和后现代主义）对唯物主义的哲学根基的消解。他们不认同"一切坚固的东西都烟消云散了"，拒绝那种走向相对化和碎片化的状态，认为必须承认存在着一种普世主义（universalism）的根基；同时，这种思辨唯物主义甚至也拒绝了那种绝对外在的救赎的神学方式。在《世纪》一开始，巴迪欧就将探索的方法定义为内在（immanent）方法，这势必意味着，巴迪欧承袭了德勒兹和瓜塔里的内在（immanence）概念，批判那种在超越性（transcendence）维度上预先设定一个天启性的"一"的方式，从而保证了一种绝对从唯物主义的根基本身来思考问题的方式。

或许，对巴迪欧来说，另一个重要的积极根源是拉康。拉康是巴迪

---

① 这种庸俗唯物主义有多种变种，实质上，在思辨唯物主义看来，它们都是以观念为核心架构起来的意识形态体系。无论是以认识论上的物质为中心构建起来的唯物主义，还是以实践为中心构建起来的所谓协调了主客体之间矛盾的唯物主义，甚至新近出现的以存在论为倾向，打着唯物主义旗号，实际上走向海德格尔化的"唯物主义"都是这种庸俗唯物主义的变种，这种庸俗唯物主义甚至连巴迪欧在《世界的逻辑》中所谓的只谈身体和语言的"民主唯物主义"都不是。

欧思考的一个重要的线索，也是让巴迪欧真正走向思辨唯物主义的动因。在一篇悼念拉康的小文中，巴迪欧指出，拉康对欲望的思考求助于拓扑几何，这使得他"在根本上走向了唯物主义"①。然而，这样的唯物主义是反认识论的。在这方面，巴迪欧极力秉承拉康的经典命题"真理就是在知识上打洞"，真正的唯物主义是认识力所不逮之处，也就是说，真理是相对于认识的绝对的空（vide），没有任何现有的知识，或现有语言能概括出这个空是什么。在这个地方，我们需要的是一种开创性的决定，一种作为不可能的决定，在一个绝对的断裂处，让真汩汩流淌的决定。面对真实相对于我们固有的知识框架（或用拉康的话语，能指链）的绝对的空，我们不是要惧怕，不是要退缩，而是要成为一个主体，在此处决断。在这里，我们千万不要误解巴迪欧的意思，巴迪欧从来也不准备去构建一个大全式的数学本体论②，实际上，巴迪欧最根本的指向是一种元本体论（méta-ontologie），即让本体论成为可能的东西，这个东西才是思辨唯物主义的内核。

由此可见，巴迪欧的哲学思想体系是一个与以往的哲学范式有着较大差别的体系，故而我们需要循序渐进，亦步亦趋地对巴迪欧的思想脉络进行梳理，才能找到理解巴迪欧思想范式的线索，才能真正理解巴迪

---

① ［法］阿兰·巴迪欧：《小万神殿》，10 页，南京，南京大学出版社，2014。

② 正如很多阐释者误解的一样，他们认为巴迪欧的数学本体论仍然是观念论或唯心主义的，因为所谓的数学本体论仍然是以数学观念（idée）架构起来的，在此，他们认为巴迪欧并未真正超越传统本体论或形而上学的樊篱。其实，这种解释出现了方向性错误，因为巴迪欧的数学本体论的架构，在根本上是为他后面的事件和主体的元本体论来开路的，换句话说，巴迪欧更关心的是一般本体论的被事件—真理—主体的三位一体的格局所打破，所决裂。

欧的思辨唯物主义的开创性意义。或许只有真正明白了这一点，我们才能理解巴迪欧的命题——在今天，我们为什么更需要哲学？或许也只有在这里，我们才能像巴迪欧在《哲学宣言》中所说的那样，让哲学向前再进一步（faire un pas de plus）。

二、巴迪欧的生平

如实说，巴迪欧的家境还是不错的。1937 年 1 月，他出生于法国在非洲的殖民地摩洛哥，不过，他的家族在摩洛哥的身份是欧洲的殖民者。阿兰·巴迪欧的父亲雷蒙·巴迪欧（Raymond Badiou）实际上是阿列省（Alier）阿列河畔的小镇贝勒里夫（Bellerive-sur-Allier）人，后来雷蒙成为一名高师生（normalien），这个称呼基本上在当时的法国来说是巨大的荣耀。在巴黎高师，雷蒙学习的是数学，并于 1927 年获得了中学数学教师的资格。此后，显然，雷蒙·巴迪欧及夫人迁移到当时还属于法国殖民地的摩洛哥首府拉巴特以及著名的海滨城市卡萨布兰卡定居，在拉巴特和卡萨布兰卡居住期间，阿兰降生了。根据阿兰·巴迪欧的记述，在摩洛哥生活期间，小阿兰度过了一段十分惬意的时光：

> 我记得我父亲的形象，他是一个数学教师，我在白色别墅上看着他在紫色的叶子花下，在猎狗和仆人们的簇拥下打猎归来，弯腰

端详着那些刚被猎杀的猎物。①

　　由此可见，巴迪欧家族在摩洛哥过的是十分悠闲而富足的生活，他们不仅居住在典雅的白色别墅里，而且也有当地仆人的簇拥，甚至可以在悠闲时打打猎以消磨时光。这是一个小资产阶级家庭的温馨画面，也正因为如此，后来的阿兰·巴迪欧更愿意以圣-琼·佩斯的诗歌来回忆那段美好的时光。正如巴迪欧所说，圣-琼·佩斯充当着瓦莱里之后的法国共和国官方诗人的角色，实际上圣-琼·佩斯一生谈不上多么璀璨，但是，他的生活却在一种安逸和休闲中度过，他有着"天堂般的童年，国家的高级公职，高贵的四处游历，真挚的爱、无与伦比的荣誉"②。圣-琼·佩斯的诗歌意境与阿兰·巴迪欧那个梦幻般的童年的意境是一致的，没有那么多的苦难，诗意中传达出来的是一种恬静和和谐，而巴迪欧似乎一生都无法忘却童年的那个景象。

　　梦幻般的童年很快被一场世界大战的波涛所摧毁。老雷蒙此时已经回到了巴黎本土，在南部的城市图卢兹参加了抵抗运动，他加入了由雷蒙·那夫（Raymond Naves）领导的上加龙省的解放运动部门委员会③（Comité Départemental de Libération de la Haute-Garonne）。在同纳粹

---

①　［法］阿兰·巴迪欧：《世纪》，92页，南京，南京大学出版社，2011。

②　同上书，93页。

③　由于雷蒙·那天在1944年2月被纳粹占领军逮捕，雷蒙·巴迪欧成为上加龙省解放运动部门委员会的实际领导人，他担当此职位一直到第二次世界大战结束。而正是这个地位，帮助他以绝高的声誉赢得了图卢兹市市长的竞选。

德国占领军以及维系傀儡政府的斗争期间，老雷蒙为尚处于少年时期的阿兰树立了十分具有英雄主义色彩的形象，从这个时候起，少年阿兰就对政治抱有浓厚的兴趣。老雷蒙除了在政治上影响了年幼的阿兰之外，他的数学专业和训练也对小阿兰产生了毕生的影响。作为一名数学教师，老雷蒙给阿兰·巴迪欧讲述了当时最前沿的数学，尤其是提到两位参加了抵抗运动并死在纳粹的屠刀之下的数学家，一位是卡瓦耶（Cavaillès），另一位是劳特曼（Lautman）。后来在《元政治学概述》中，巴迪欧将他们称为"用逻辑"来抵抗的战士，巴迪欧说："可以毫不夸张地说，这个结果（指纳粹处决卡瓦耶和劳特曼）永远改变了法国哲学的进程。"[1]老雷蒙对阿兰·巴迪欧的影响，可以充分地通过卡瓦耶和劳特曼体现出来，正如阿兰·巴迪欧一生所坚持的那样，数学和政治天生有着密不可分的联系，而数学本身就是抵抗强权的最佳武器。也正是在父亲雷蒙的影响下，阿兰·巴迪欧不愿意以一种非理性的方式来思考问题，相反，巴迪欧始终认为，自己是彻头彻尾的理性主义、彻头过彻尾的哲学家、彻头彻尾的战士，这都可以理解为是老雷蒙对阿兰·巴迪欧的思想的投射。

阿兰·巴迪欧除了有一位理性主义、参加过抵抗运动、勇于担当并对儿子十分严厉的父亲之外，还有一位学文学的母亲。老雷蒙与巴迪欧的母亲是在巴黎高师相识的，他的母亲也是高师的高材生，主攻法国文学。父亲的理性和严厉，以及母亲的感性与慈爱的叠加，造就了巴迪欧独特的性格和思维。也正因为如此，分析哲学在法国的代表人物雅

---

① Alain Badiou, *Abrégé de métapolitique*, Paris：Seuil，1998，p. 13.

克·布弗尔斯(Jacques Bouveresse)曾略带讽刺地比喻巴迪欧是"八个爪子的兔子","全速在数学形式论的方向上前进，并突然来了个急转弯，难以理解的是，又退转到另一个方向上，以同样的速度一头扎进文学里"①。巴迪欧的母亲将自己情感感受性的一面传达给儿子。在巴迪欧的一个带有自传性的文本中，他这样写道：

> 我母亲已经非常老了，而且父亲不在巴黎。我带她到餐馆吃饭。在那里，她给我讲了很多之前从未告诉过我的东西。那是老母亲最后一次对我充满温情地讲述，讲述得那么感人。那天晚上，她告诉我，在她认识我的父亲之前，还在阿尔及利亚教书的时候，她爱上了一个哲学老师，对她来说，这是一次强烈而巨大的爱的冲动。这个故事绝对真实。我听着这个故事，很明显，我当时的处境你们可以想象，然后我对自己说：很好，那就是，我仅仅只是完成我母亲的欲望，而那个阿尔及利亚的哲学老师忽略了她的欲望。那个哲学老师已经跟别人走了，只有我做哲学来安慰母亲最痛苦的悲伤。——这一直支撑着她到 81 岁高龄。②

母亲对哲学的欲望，也是母亲对哲学的情感。作为儿子的阿兰，帮

---

① Alain Badiou, "L'aveu du philosophe", Centre International d'Étude de la Philosophie Française Contemporaine, www. ciepfc. fr/spip. php? aricle70. 不过在巴迪欧另一个文本中，布弗尔斯这句话被说成是五个爪子的兔子，参见 Alain Badiou, "Philosophy as Biography", http：//www. lacan. com/symptom/phi/osophy. html；2017. 10. 31.

② Alain Badiou, "Philosophy as Biography", http：//www. lacan. com/symptom/phi/osophy. html；2017. 10. 31.

助母亲实现了这一情感。阿兰·巴迪欧的哲学从一开始就既承载着父亲那严格而稳重的数学秉性，也带有母亲那柔情似水的感性色彩。于是，我们可以看到，阿兰·巴迪欧成为法国哲学界一个另类的存在，在他极力走向形式化数学表达的同时，又对保罗·策兰、圣-琼·佩斯、佩索阿、曼德尔施塔姆、兰波、马拉美的诗歌情有独钟，他也喜欢贝克特的戏剧，瓦格纳的歌剧、勋伯格和韦伯恩的复调音乐。也正因为如此，阿兰·巴迪欧对爱的主题才有如此刻骨铭心的认识。他不仅将爱与政治、艺术、科学一道，界定为哲学的前提，而且他认为，爱是一种让我们独特地体会到真实的方式，亦即让我们真正地走向了永恒。在他的《爱的多重奏》中，巴迪欧谈道："爱的可贵经验就在于，从某一瞬间的偶然出发，去尝试一种永恒。"[①]

战后，巴迪欧的父亲老雷蒙当上了图卢兹市的市长，而且一当就是十三年。与在抵抗运动时期对父亲的崇拜不同，年轻气盛并略带叛逆的阿兰开始将自己的父亲视为一个隶属于行政体系的官僚。尽管雷蒙·巴迪欧是代表当时的左翼政党竞选并当上图卢兹市市长的，但是阿兰·巴迪欧对父亲这个官僚气十足的左翼市长并不感冒。相反，他个人觉得父亲的形象与法国共产党一样，逐渐被官僚体制所僵化，逐渐远离真正的群众运动。1955 年，法国爆发了反阿尔及利亚殖民战争的反战运动，当时年仅 18 岁的阿兰·巴迪欧也走上街头，与其他青年学生一起抗议，并遭受警察的橡胶警棍的殴打。对于阿兰的上街抗

---

① ［法］阿兰·巴迪欧：《爱的多重奏》，79 页，上海，华东师范大学出版社，2012。

议，父亲不仅没有给予支持，反而对阿兰·巴迪欧的遭遇不闻不问。这次运动，导致阿兰·巴迪欧对父亲的形象产生了怀疑，也是阿兰·巴迪欧自身界定的与传统左翼和传统马克思主义政党决裂的开始。这种政治上的弑父浦斯情结后来一直支撑着巴迪欧到20世纪六七十年代，在后来的红色岁月里，巴迪欧成为最激进的毛主义成员，与他志同道合的是弗朗索瓦·雷诺（François Regnault）和席尔万·拉撒路（Sylvain Lazarus），他们将最彻底的革命行动作为唯一的指南，认为所有的理论最终都需要在行动的塑造下形成。这是巴迪欧的弑父，他在政治上已经否定了按照固定已有的路线来行走，相反，巴迪欧所信任的政治道路向来是要在血与火中开辟的，如同色诺芬的远征一样。

1957年，和父母一样，阿兰·巴迪欧也成了一名高师生。也正是在巴黎高师，阿兰·巴迪欧结识了对他一生影响极大的几位导师：伊波利特、萨特、阿尔都塞、拉康。伊波利特是当时巴黎高师的校长，这位不那么严肃的校长是阿兰·巴迪欧入学的面试教师之一。巴迪欧记得，伊波利特问巴迪欧的一个问题是："什么是事物？"结果巴迪欧没有约定俗成地按照经典答案回答，而是一反常态用了巴门尼德的一个句子"夜晚那道浅亮，在大地上随处游荡，来自于他处的光"[1]，而正是这个诗句，让伊波利特对巴迪欧青睐有加。1959年，阿兰·巴迪欧创作了他的第一部文学作品，并实际上给予它十分特殊的地位。他为这部作品起

---

[1] 转引自［法］阿兰·巴迪欧：《小万神殿》，38页，南京，南京大学出版社，2014。

的书名是《大成之书》(*Almagestes*)，实际上，这个书名与希腊化时期亚历山德利亚的天文学家托勒密所编撰的一部集天文学和数学为一体的专著同名，阿兰·巴迪欧实际上也在自己的书中糅杂了许多他自己对数学和天文学的理解。而伊波利特成为阿兰·巴迪欧这部小说的第一个读者，并给他的这部处女作提出了不少有趣的意见。也正是在伊波利特的鼓励下，阿兰·巴迪欧继续创作了续篇《航海图》(*Portulan*)，以及其他小说和戏剧作品。当然，伊波利特自己对黑格尔《精神现象学》的解读也影响了这位后来的哲学家。

尽管萨特也是高师生，但在阿兰·巴迪欧就读于高师期间，萨特已经成为当时法国最重要的知识形象，他每到一处，都得到明星一般的待遇。也正因为如此，巴迪欧本人与萨特的交集并不多。根据阿兰·巴迪欧自己的回忆，他与萨特最亲近的一次接触发生在20世纪50年代末萨特返回母校进行讲座期间。在这次讲座之前，巴黎高师官方委派了三名学生去迎接萨特，而阿兰·巴迪欧有幸成为这三名学生之一。实际上，那次萨特的演讲，并没有如巴迪欧所愿，会讲讲萨特的新著《辩证理性批判》的内容，相反，萨特带来的是关于埃及局势的一场国际政治形势的分析，这让巴迪欧大跌眼镜。不过，在讲座之后，萨特很友好地邀请了这三位学生一起去喝咖啡，当然，还邀请了萨特曾经的挚友——因为口头官司多年未来往的梅洛-庞蒂，而康吉莱姆(Canguilhem)也参加了那次咖啡座谈。可以说，这次咖啡座谈才是巴迪欧的正餐，在咖啡座谈上，萨特和梅洛-庞蒂进行了交锋，但总体气氛还是十分融洽。在这次会谈中，萨特把经过自己加工变型的毛主义拿了出来，这一下子吸引了当时求知欲极强的阿兰·巴迪欧。萨特讲到了 1955 年他和波伏娃一起游历中国的场面，他毫无保留地将自己对毛主义的理解写进了《辩证理性批判》一书中。而在后来的阿兰·巴迪欧看来，《辩证理性批判》简直就是活脱脱地为毛泽东提供了哲学和理论上的论证和辩护。尽管我们很难判断，是否是这次与萨特的亲密接触导致阿兰·巴迪欧彻底倒向了毛主义，并对中国的"文化大革命"充满了好感，但是可以肯定一点，萨特关于中国的介绍和毛主义的言辞无疑说服了青年巴迪欧，而后来的巴迪欧在《主体理论》、《存在与事件》中关于毛主义的理解，以及巴迪欧对共产主义和"文化大革命"的理解，都与萨特的阐释密切相关。

如果问在高师对阿兰·巴迪欧影响最深的导师是谁，毫无疑问答案是路易·阿尔都塞。迄今为止，仍然有人将阿兰·巴迪欧与雅克·朗西埃、埃迪安·巴里巴尔（Étienne Balibar）和皮耶尔·马舍雷（Pierre Macherey）称为阿尔都塞门下的四大弟子。尽管习惯于学术弑父的巴迪欧和朗西埃一样，早已叛出师门。但是，与朗西埃不同的是，巴迪欧始终对这个在高师期间对他谆谆教诲的导师心存敬意。1967 年，路易·阿尔都塞成立了一个名为"斯宾诺莎小组"（groupe Spinoza）的组织，其中的主要成员有弗朗索瓦·雷诺、雅克·朗西埃、埃迪安·巴里巴尔、罗格·艾斯塔布勒（Roger Establet）和皮耶尔·马舍雷。他们一起阅读了马克思的经典。尽管巴迪欧本人之前并没有参与阿尔都塞的读《资本论》小组，也没有文章收录在阿尔都塞在 1965 年主编的《读资本论》文集中，但是"斯宾诺莎小组"的活动对他影响深刻。在这个小组中，巴迪欧理解了阿尔都塞的认识论断裂以及症候阅读等概念，同时，他也十分赞赏阿尔都塞在科学与意识形态之间截然二分的态度。在阿兰·巴迪欧看来，阿尔都塞的绝对无主体的科学理解，正是对亚历山大·科瓦雷（Alexandre Koyré）、康吉莱姆、卡瓦耶、劳特曼、加斯东·巴什拉（Gaston Bachelard）等人科学观念的发扬光大。也正因为如此，巴迪欧后来加入了阿尔都塞1967年在巴黎高师专门为科学家开设的哲学课。阿尔都塞曾在他的《哲学和科学家们的自发性哲学》一书的序言中说道：

这个时期，我和一些朋友关注科学史上的一些问题，关注它们所产生的哲学上的冲突，这些冲突是由意识形态斗争所引发的，并在从事科学实践的知识分子中间酝酿成形，这迫使我们这些同志需要对此进行一系列的公共讲座课程。

眼下这个作品所开创的实验，在皮耶尔·马舍雷、埃蒂安·巴里巴尔、弗朗索瓦·雷诺、米歇尔·佩雪（Michel Pêcheux）、米歇尔·费翔（Michel Fichant）和阿兰·巴迪欧的帮助下，将这个讲座延续到1968年那个伟大事件爆发的前夕。

讲座的文本很快被油印出来，并迅速流传开来。后来，在一些学生的倡议下，其中一些人甚至在外省（尼斯、南特）重现了这些讲座。

从我们一开始实施计划——或许有些仓促——就准备出版这些讲座稿。最后，在一个理论集中，开创了一些"系列"，即出现了米歇尔·佩雪和米歇尔·费翔的讲座集《论科学史》（*Sur l'Histoire des sciences*）以及阿兰·巴迪欧的讲座集《模式的概念》（*Le Concept de modele*）。由于某些原因，其他一些讲座稿——尽管讲座已经公开了——不可能出版。①

可以说，在这个为科学家开办的研讨班上所有的学生，都是阿尔都塞精挑细选出来的。阿兰·巴迪欧有幸成为其中一员，并在导师阿尔都塞的帮助下，出版了他在这个讲座上的演讲稿——《模式的概念》。这是阿尔都塞对巴迪欧的能力和思想的肯定，也正因为如此，没有参与《读〈资本论〉》写作的巴迪欧，以这种方式成为阿尔都塞弟子中的核心成员。

这个时期，阿尔都塞对阿兰·巴迪欧的另一个推动作用在于，他交给了这位他十分倚重的弟子一个重要任务，那就是让阿兰·巴迪欧和后来成为拉康女婿的让-雅克·米勒（Jean-Jacques Miller）一起去参加在巴黎知识界已经是颇有些影响力的拉康的研讨班（Seminaire）。阿尔都塞的动机是明显的，在他后期对科学和意识形态斗争的论证中，他必须弄清楚意识形态的运作机制，而他认为拉康的精神分析或许会为他的思考提供帮助。这也直接造就了阿尔都塞后期那篇著名的《意识形态与意识形态国家机器》，阿尔都塞直接在其中应用了一些经过他自己思想加工后的拉康学说。如果说阿尔都塞对拉康精神分析学说的挪用还带有削足适履的成分，那么拉康讲座对阿兰·巴迪欧的影响则是具有冲击性的。也就是说，从此之后，巴迪欧意识到，只有拉康，才能帮助他找到新的思想的路径，也正是拉康讲座的冲击，让阿兰·巴

---

① Louis Althusser, *Philosophy and the Spontaneous Philosophy of Scientists*, ed. Gregory Elliott, London: Verso, 1990, p. 71.

迪欧觉得需要摆脱阿尔都塞在他身上的影响。首先是，阿兰·巴迪欧开始为带有拉康背景的杂志《分析手册》(*Cahiers pour l'analyse*)撰稿，实际上这本杂志也是巴黎高师的一些听过拉康研讨班的学生创办起来的，其中的主力军不乏阿尔都塞的亲授弟子，如让-雅克·米勒、弗朗索瓦·雷诺以及巴迪欧本人。从1966年到1969年，《分析手册》共发行了十期，其中巴迪欧为之贡献了两篇论文，一篇为1969年冬季号上的《记号与空缺：论零》("Marque et Manque：à propos de zéro")，另一篇是发表在1968年夏季号上的《无穷小的颠覆》("La Subversion infinitésimale")。这两篇文章虽然都是谈论数学逻辑的论文，但是巴迪欧指出："我在这个杂志(即《分析手册》)上发表的关于数学逻辑——那是我在那个时期的最大兴趣之一，现在也是我的兴趣——的两篇论文，非常接近并明显参考了拉康，尽管带着点批判的口吻，并与之保持了一段距离。"[①]不过，值得注意的是，这个时期的巴迪欧，最关心的问题不是拉康的精神分析内核，而是拉康将数学和符号形式化表达纳入精神分析的努力，尤其是拉康提出的数元(mathème)概念和拓扑几何学方式的接受，是巴迪欧最为关心的内容。也正因为如此，在《分析手册》中的文章发表五十多年之后，巴迪欧在一次针对《分析手册》的采访中，向彼得·霍尔沃德(Peter Hallward)说道："对于拉康和我们这些拉康主义者来说，在科学的正中心的东西就是数学。正如拉康所说：'我们的目的，我们的理想，就是形式化。'"[②]可以这样说，巴迪欧在20世纪

---

① Alain Badiou & Élisabeth Roudinesco, *Jacques Lacan：Past and Present*, trans. Jason E. Smith, New York：Columbia University Press，2014，p. 5.

② *Ibid.*，p. 282.

80 年代的几部作品都是在拉康的思想启迪之下而创作的，尤其是《主体理论》，几乎可以说是巴迪欧向拉康致敬的作品，在这部作品中，我们都可以隐约看到矗立在巴迪欧笔墨背后的拉康的影子。也正因如此，巴迪欧才会说："对我来说，与其他精神分析大师相比，拉康是处于第一位的思想家。他所写的东西至高无上！正因为如此，从我的第一本综合性哲学著作《主体理论》开始，他就始终在我们的哲学著作中占据着十分重要的地位。"①在巴迪欧的主要著作，如《存在与事件》、《世界的逻辑》等书中，他仍然将拉康视为不可或缺的渊源之一。可以说，拉康始终是伴随着巴迪欧进行思考的影子。

巴迪欧在 20 世纪六七十年代另一个不可忽视的层面是他积极参与到毛主义和激进左翼运动中。准确来说，早在 1968 年五月风暴之前，巴迪欧就活跃在各种政治性场景之中。1964 年到 1965 年，巴迪欧就与一些激进学生们一起编辑了一个名为《马克思—列宁主义手册》(*Cahiers Marxist-Leinistes*)的小册子，按照阿兰·巴迪欧本人的说法，之所以出版这个小册子，是因为他们讨论过从中苏关系破裂到"文化大革命"这段时期的中国社会主义革命的思想和政治的变化。而中苏之间的分裂也意味着在巴黎高师中左翼学生的分裂，巴迪欧认为他们这一支比与法国共产党走得更近的共产主义学生联合会（UEC）更具有共产主义的理想和战斗精神，而《马克思—列宁主义手册》就成为他们这一支力量与法国共产党巴黎高师分部和共产主义学生联合会决裂的象征。正如巴迪欧所说：

① Alain Badiou & Élisabeth Roudinesco, *Jacques Lacan：Past and Present*, trans. Jason E. Smith, New York：Columbia University Press, 2014, p. 9.

"高师的共产主义机制陷入了危机——似乎对我来说，这是根基上的危机——一方面，这次危机涉及一些新的观念，即对马克思主义的重新概括，但另一方面更为重要的是越战的爆发，在更一般的意义上，这涉及法共在殖民问题上和民族解放问题上的立场。"①在这种背景下，高师的学生分裂为托派和毛派，一派变成阿兰·克里维涅（Alain Krivine）和达尼埃尔·本萨伊德（Daniel Bensaïd）所领导的托派组织共产主义革命路线（Ligne Communiste Révolutionnaire），另一派则变成巴迪欧参与其中的马克思—列宁主义共产主义青年团（Union des jeunesses Communistes-Marxist- Leinistes）。实际上这两个派别都针对苏联共产主义模式以及官僚化的法国共产党提出了批评，不过他们争论的焦点是中国式社会主义革命是否可以作为未来共产主义社会的样板的问题。巴迪欧说："可以说，高师乌尔姆校区的马克思—列宁主义共产主义青年团（UJC-ML）实际上融合了中国经验，还有中国'文化大革命'之后的中苏论战中的某些东西，还有法国知识界最重要，也最活跃的一批人。就是这批人创办了《马克思—列宁主义手册》。"②

1968年五月风暴之后，巴迪欧和席尔万·拉撒路将原来乌尔姆校区的马克思—列宁主义共产主义青年团变革为法国马克思—列宁主义共产主义联合会（Union des communistes de France marxiste-léniniste）。按照巴迪欧的说法，他们试图在法国将毛主义作为社会主义的根本路

---

① Alain Badiou & Peter Hallward, "Theory form Structure to Subject: An Interview with Alain Badiou", in Peter Hallward and Konx Peden ed., *Concept and Form: Volume Two, Interviews and Essays on the Cahiers pour l'Analyse*, London: Verso, 2012, p. 276.

② *Ibid.*, p. 276.

径，也正因为如此，阿兰·巴迪欧和席尔万·拉撒路在著名的左翼出版机构弗朗索瓦·马斯佩罗出版社（Librarie François Maspero）专门开办了一个"延安文丛"（La Collection《Yenan》）。对于创立这套文丛的目的，巴迪欧这样写道：

> 那些无政府主义的清算者拒绝"拯救"马克思，甚至也不要毛泽东，要为列宁、党的问题和无产阶级专政的问题画上句号。对于各种流派的修正主义，对于各种欲望的意识形态宗派及其在新经院主义的对应物，对于那些在研究中谨小慎微，阐释文本，而避免站队的人来说，无论在理论上还是在实践中，最为重要的事情就是赋予马克思—列宁主义以生命力与意义：在中国和阿尔巴尼亚发生的反修斗争的意义是什么？我们需要保留哪些东西并将之转化为同法国修正主义的斗争？此时此刻，马克思主义与真正的工人运动结合之后的道路如何？
>
> "延安文丛"将自己镌刻在这些问题的运动之中。
>
> 它有三个任务：
>
> 1. 证明马克思—列宁主义是有生命力的，唯有将之付诸行动，才能去思考现实，才能在理论领域进步，才能将自己镌刻在革命阵营之中。
>
> 2. 批判和谴责修正主义及其联盟，批判和谴责那些选举主义，他们的"新"理论，他们那令人担忧的实证主义，以及他们的思辨综合体，他们相信自己可以去剖析业已成为马克思主义成为尸体的东西，从而远离了阶级斗争，远离了历史。

3. 挞伐当今新唯心主义的霸权，它们为反革命提供了意识形态的营养。①

"延安文丛"的编撰以及法国马克思—列宁主义共产主义联合会的宗旨都是以中国式革命为目标，将共产主义斗争坚持下去，拒绝修正主义，拒绝仅仅停留在理论和文本阐释的层面上，以及同不愿意从事实际斗争的新经院主义进行斗争。这样，巴迪欧甚至将矛头指向了自己的导师阿尔都塞。这套书里面包括巴迪欧最具有毛主义色彩的著作《矛盾理论》和《论意识形态》，同时他翻译了中国马克思主义哲学家张世英先生的《黑格尔辩证法的理性内核》一文，加上他自己撰写的《黑格尔在法国》和《黑格尔在中国》一起编撰成书。之所以要翻译张世英先生的著作，巴迪欧说："我在这里翻译了张世英 1972 年出版的新书《论黑格尔的逻辑学》②中的一章，一方面，它可以作为'工人、农民、解放军、革命同志和革命知识分子学习马克思列宁的材料'，另一方面，在'反先验论和反唯心主义历史概念'斗争中，以此来反对那些提升了黑格尔哲学的保守一面的资产阶级思想家，以及反对那些接受了不相信历史进步的蒙昧主义态度的人。"③

进入 20 世纪 80 年代之后，如火如荼的政治斗争业已退潮，曾经的

---

① Alain Badiou, *Théorie de la contradiction*, Paris: Librarie François Maspero, 1976, p. 115.

② 《论黑格尔的逻辑学》一书，由上海人民出版社 1959 年初版，1964 年第二版，1972 年第五次印刷。——编注

③ Alain Badiou, *The Rational Kernel of the Hegelian Dialectic*, Melbourne, 2011, p. 19.

街头战士们退回到教室、办公室和工厂里，重新开始了年复一年、日复一日的日常生活。这是新自由主义开始抬头的时代，美国的总统里根和英国首相撒切尔夫人同时转向了新自由主义，这意味着在"二战"之后成为主流的福利国家和国家资本主义潮流开始衰退，同时左翼的革命运动也被新自由主义击退。

巴迪欧看到，许多以前他的战友都倒向了对方阵营，如安德烈·格鲁克斯曼（André Glucksmannn）和利奥塔都倒向了自由主义一边。这被巴迪欧称为复辟的年代，是热月党人向雅各宾派的复仇。而此时此刻，阿兰·巴迪欧和众多左翼思想家一样，开始退回书斋和教室里重新思考革命的道路和可能性的问题。正如巴迪欧后来所说，对左翼而言，这不是一个美好的年代，他们——包括阿兰·巴迪欧自己——必须重新退回来思考道路问题。

也正是在这样的背景和动机下，巴迪欧首先开始从政治理论上转向，撰写了《三体理论》和《我们能思考政治吗？》。也正是在这个时代，巴迪欧必须面对一种不可能的可能性的问题，无法决断的决断的问题。也正是在这里，巴迪欧对其导师阿尔都塞的"历史是一个无主体的过程"这一命题产生了质疑。在巴迪欧看来，在一个复辟和革命退潮的年代，"历史是一个无主体的过程"是一个反动的命题。在一个几乎令人窒息的时代里，必须要有主体，一个能够让情势发生天翻地覆变化的主体，而这个主体，不是自康德以来的那种抽象的主体，必须是在一种特定的前提之下，面对绝对的偶然性而诞生的主体。事实上，与其说巴迪欧的《主体理论》解决了问题，不如说《主体理论》真正在巴迪欧的认识上撕开了一道他难以弥合的裂缝，他必须在理论和实践上同时去面对这个裂缝。

在理论上，他用一部《存在与事件》面对了这道裂缝，在事件—真理—主体的三位一体的格局下，提出了新的可能性；而在实践上，1985年，他和拉撒路以及娜塔莎·米歇尔（Natacha Michel）一起成立了一种新的左翼政治组织，他们为这个组织起名为"政治组织"（l'Organisation politique）。这个组织是在法国马克思—列宁主义共产主义联合会分裂和终结之后，巴迪欧和拉撒路重新以毛主义原则建立起来的政治组织。不过，在20世纪90年代以及进入21世纪之后，这个名为"政治组织"的组织实际上发挥的影响力十分有限，组织成员们从事的工作也多为关注法国的外来非法移民和无证工人的状况，越来越偏离法国社会的主流。实际上，巴迪欧和拉撒路的关系也出现了隔阂，2007年，由于在共产主义观念认识上的差异，巴迪欧决定退出这个组织，而拉撒路也宣布经历了二十二载风雨的"政治组织"正式解体。拉撒路本人与人类学家阿兰·贝尔多（Alain Bertho）一起成立了一个名为"国际郊区观察"（l'Observatoire international des banlieues）的组织，并到巴西和塞内加尔的郊区开展研究。而阿兰·巴迪欧再没有加入任何实际的政治组织，而是安心在巴黎高师担任哲学教授直至退休。现在已经80岁高龄的阿兰·巴迪欧仍然笔耕不辍，不断地在理论领域（而不是实践领域）阐发他的思想。

三、巴迪欧的著作与思想分期

巴迪欧十分高产，从1969年出版第一本专著《模式的概念》开始，他已经出版了八十多本学术著作。此外，他还出版了三本小说和五本戏剧集。我们可以将巴迪欧迄今为止的著作依照出版的时间顺序依次归纳如下：

法文版学术著作

1.《模式的概念》(*Le Concept de modèle*) 1969

2.《矛盾理论》(*Théorie de la contradiction*) 1975

3.《论意识形态》(*De l'idéologie*) 1976

4.《法国共产党内部的抗争》(*La Contestation dans le P. C. F.*)1978

5.《黑格尔辩证法的理性内核》(*Le Noyau rationnel de la dialectique hégélienne*)1978

6.《哲学前沿的实际状况》(*La situation actuelle sur le front de la philosophie*)1977，与拉撒路合著

7.《主体理论》(*Théorie du sujet*)1982

8.《我们能思考政治吗？》(*Peut-on penser la politique ?*)1985

9.《存在与事件》(*L'Être et l'Événement*)1988

10.《哲学宣言》(*Manifeste pour la philosophie*)1989

11.《数与数字》(*Le Nombre et les Nombres*)1990

12.《戏剧狂想曲》(*Rhapsodie pour le théâtre*)1990

13.《一场无妄之灾》(*D'un désastre obscur*)1991

14.《诸前提》(*Conditions*)1992

15.《伦理学：论恶的意识》(*L'éthique, essai sur la conscience du mal*)1993

16.《贝克特：难以置信的欲望》(*Beckett，l'increvable désir*)1995

17. 《德勒兹：存在的喧嚣》(*Deleuze：La clameur de l'Être*)1997

18. 《圣保罗：普世主义的基础》(*Saint Paul. La fondation de l'universalisme*)1997

19. 《元政治学概述》(*Abrégé de métapolitique*)1998

20. 《可递本体论简论》(*Court traité d'ontologie transitoire*)1998

21. 《非美学手册》(*Petit manuel d'inesthétique*)1998

22. 《境况1：科索沃、9·11、希拉克/勒庞》(*Circonstances，1. Kosovo，11-septembre，Chirac/Le Pen*)2003

23. 《境况2：伊拉克、伊斯兰妇女的面纱、德国/法国》(*Circonstances，2. Irak，foulard，Allemagne/France*)2004

24. 《境况3："犹太"一词的意义》(*Circonstances，3. Portées du mot «juif»*)2005

25. 《世纪》(*Le Siècle*)2005

26. 《论极限》(*De la limite*)2005，与于连等人合著

27. 《世界的逻辑：存在与时间2》(*Logiques des mondes. L'Être et l'Événement，2*)2006

28. 《境况4：为何是萨科齐的名字?》(*Circonstances，4. De quoi Sarkozy est-il le nom ?*)2007

29. 《小万神殿》(*Petit panthéon portatif*)2008

30. 《毛泽东：实践论和矛盾论》(*Mao. De la pratique et de la contradiction*)2008，与齐泽克合著

31. 《第二哲学宣言》(*Second manifeste pour la philosophie*)2009

32. 《维特根斯坦的反哲学》(*L'Antiphilosophie de Wittgenstein*)2009

33.《爱的多重奏》(*Éloge de l'Amour*)2009

34.《境况 5：共产主义假设》(*Circonstances，5. L'Hypothèse communiste*)2009

35.《民主，在何种状态下？》(*Démocratie，dans quel état ?*)2009，与齐泽克、阿甘本、朗西埃等人合著

36.《电影》(*Cinéma*)2010

37.《瓦格纳五讲》(*Cinq leçons sur le cas WAGNER*)2010

38.《有限与无限》(*Le Fini et l'Infini*)2010

39.《哲学与事件》(*La Philosophie et l'Événement*)2010

40.《海德格尔　纳粹主义、女人和哲学》(*Heidegger. Le nazisme，les femmes，la philosophie*)2010，与芭芭拉·卡桑合著

41.《不存在性关系：拉康"眩晕"二讲》(*Il n'y a pas de rapport sexuel. Deux leçons sur《 L'Étourdit 》*)2010，与芭芭拉·卡桑合著

42.《共产主义观念第一卷》(*L'Idée du communisme，*vol. 1)2010，与齐泽克、伊格尔顿等人合著

43.《解释：与奥德·朗西兰对话》(*L'Explication，conversation avec Aude Lancelin*)2010

44.《哲学与政治的神秘关系》(*La Relation énigmatique entre politique et philosophie*)2011，英文版改名为《战士的哲学》(*Philosophy for Militants*)，2012

45.《无处不在的反犹主义：今日法国状况》(*L'Antisémitisme partout. Aujourd'. hui en France*)2011，英文版改名为《反犹主义反思》(*Reflection on Anti-semitism*)，2013

46.《共产主义观念第二卷》(*L'Idée du communisme* vol. 2)2011，与齐泽克、奈格里等人合著

47.《境况 6：历史的重生》(*Circonstances*，6. *Le Réveil de l'Histoire*)2011

48.《对话集 1：1981—1996》(*Entretiens 1*，*1981—1996*)2011

49.《柏拉图的理想国》(*La République de Platon*)2012

50.《法国哲学的历险》(*L'Aventure de la philosophie française*)2012

51.《境况 7：萨科齐：比预想的更坏；其他人：预期最坏的人》(*Circonstances*，7. *Sarkozy：pire que prévu，les autres ： prévoir le pire*)2012

52.《论战》(*Controverse*)2012，与让-克劳德·米尔内合著

53.《红色岁月》(*Les Années rouges*)2012

54.《戏剧颂》(*Éloge du théâtre*)2013

55.《什么是人民?》(*Qu'est-ce qu'un peuple ?*)2013，与茱蒂丝·巴特勒、朗西埃、迪迪-于贝尔曼等人合著

56.《讲座 1994—1995，拉康的反哲学 3》(*Le Séminaire，Lacan：L'antiphilosophie 3，1994—1995*)2013

57.《讲座 1986，马勒布朗士：存在 2-神学的形象》(*Le Séminaire，Malebranche：L'Être 2- Figure théologique*)2013

58.《现时代的色情》(*Pornographie du temps présent*)2013

59.《雅克·拉康，过去与现在：一次对话》(*Jacques Lacan，passé présent：Dialogue*)2013，与伊丽莎白·鲁迪内斯科合著

60.《黑客帝国：哲学机器》(*Matrix ： machine philosophique*)

2013，与艾利·杜琳合著

61.《怎么办?》(*Que faire?*)2014，与马塞尔·高歇合著

62.《讲座 1985—1986，巴门尼德：存在 1-本体的形象》(*Le Séminaire-Parménide. L'Être 1. Figure ontologique，1985—1986*)2014

63.《讲座 2001—2004，现时代的图像》(*Le Séminaire-Image du temps present，2001—2004*)2014

64.《希腊的病症》(*Le symptôma grec*)2014，与巴里巴尔等人合著

65.《真正幸福的形而上学》(*Métaphysique du bonheur réel*)2015

66.《追忆消逝的真实》(*A la recherche du réel perdu*)2015

67.《苏格拉底的第二次审判》(*Le second procès de Socrate*)2015

68.《柏拉图主义对话集》(*Entretien Platonicien*)2015

69.《哪种共产主义? 与彼得·恩格尔曼对话集》(*Quel commu-nisme? Entretien avec Peter Engelmann*)2015. 与彼得·恩格尔曼合著，英文版改名为《哲学与共产主义的观念》(*Philosophy and the Idea of Communism*)2015

70.《讲座 1986—1987，海德格尔：存在 3—回退的形象》(*Le Séminaire-Heidegger：L'être 3-Figure du retrait*)2015

71.《数学颂》(*Eloge des Mathematiques*) 2015

72.《黑色》(*Le noir*)2016

73.《我们的恶来自远方》(*Notre mal vient de plus loin*)2016

74.《真正的生活》(*Le Vraie vie*)2016

75.《怎么思考诗?》(*Que pense le poème?*)2016

76.《讲座 1983—1984：一，笛卡尔、柏拉图、康德》(*Le Séminaire-*

L'Un. Decartes，Plafon，Kant［*1986—1984*］）2016

77.《讲座 1984--1985：无限、亚里士多德、斯宾诺莎、黑格尔》（*Le séminaire-L'Infini Aristote，Spinoza. Hege*［*1984—1985*］）2016

78.《境况 8：希腊道路》（*Cironstances. 8. Un parcours Grec*）2016

79.《我怎样理解马克思主义》（*Qu'ese-ce que j'enterrcls par marx-isme*？）2016

80.《论目的》（*De la fin*）2017

81.《讲座 2010—2012："改变世界"代表什么?》（*Le Séminaire-Que signifie* 《*changev le monde*》？［*2010—2012*］）2017

82.《讲座 1987—1988：真理与主体》（*Le Séminaire-Vérité et sujet*［*1987—1988*］）2017

83.《哲学中的德国传统》（*La tradition allernande dans la philoso-phie*）2017

84.《政治颂》（*Éloge de la politique*）2017

85.《我如此了解你们》（*Je vous sais si nombreux*）2017

86.《从意识形态到观念》（*De L'idéologie à l'idée*）2017

法文版小说与戏剧

1.《大成之书》（*Almagestes*）1964

2.《航海图》（*Portulans*）1967

3.《红披肩》（*L'Écharpe rouge*）1979

4.《细心的艾哈迈德》（*Ahmed le subtil*）1995

5.《哲人艾哈迈德，生气的艾哈迈德》（*Ahmed philosophe；Ahmed se fâche*）1995

6.《南瓜(喜剧)》(*Les Citrouilles*)1997

7.《这里的街区静悄悄》(*Calme bloc ici-bas*)1997

8.《安叆克事件：三幕悲剧》(*L'Incident d'Antioche：Tragedie en trois actes*)2013

以英文撰写的著作

1.《理论著作集》(*Theoretical Writings*)2004

2.《无陬思想》(*Infinite Thought*)2005

3.《论争集》(*Polemics*)2006

4.《现今的哲学》(*Philosophy in the present*)2009

5.《巴迪欧与哲学家们：20 世纪 60 年代法国哲学访谈录》(*Badiou and the Philosophers：Interrogating 1960s French Philosophy*) 2013

6.《变革的主体》(*Subject of Change*)2013

7.《诗人时代》(*The Age of the Poets*)2014

8.《超越论的数学》(*Mathematics of the Transcendental*)2014

这样我们可以对迄今为止的巴迪欧思想做一个基本的分期，从研究上而言，我们暂时可以把巴迪欧的那些文学和戏剧作品悬置起来。尽管在一定程度上，这一类作品势必也与巴迪欧的思想谱系有着密切的联系，但是，在一本思想导论类的书籍中，我们尚没有足够的时间和精力去挖掘巴迪欧早期的小说、戏剧作品所蕴含的思想，或者说对这一类作品的分析，更适合让文艺理论和文学研究专业来进行。所以，下面对巴迪欧作品的分期，仅仅涉及上面条目中列举的学术类著作部分。

第一阶段，阿尔都塞主义时期。

实际上，在阿尔都塞为科学家开办的哲学研讨班的讲稿《模式的概念》发表之前，巴迪欧就写过专业的学术类文章。其中最为著名的有三篇，一篇是 1967 年发表在《批判》(*Critique*) 杂志上的《辩证唯物主义的(再)开始》，这篇文章是公认的巴迪欧发表的第一篇学术论文，也是巴迪欧替阿尔都塞立场辩护的文章。实际上，有趣的是，这篇为阿尔都塞辩护的文章，恰恰是在萨特的主导下发表在《批判》杂志上的，当时，萨特还是《批判》杂志的编委之一。在一般人看来，萨特的存在主义或人道主义的马克思主义，与阿尔都塞的科学唯物主义和反人道主义的马克思主义简直是势同水火的关系，但是，萨特并没有因为观点上的差异，而否定巴迪欧的这篇明显带有反人道主义立场的文章。不过，《辩证唯物主义的(再)开始》的发表，的确让巴迪欧十分振奋，他开始在这个时期从事理论性写作。

按照巴迪欧和当时巴黎高师的一些激进毛主义分子的说法，当时激励他们的文本就是列宁的《怎么办?》，因为列宁的这个文本提出了理论斗争的迫切性和必要性问题，在阿尔都塞的后期文本中，重点强调的也是理论阶级斗争的问题，因此，这些理念激励了巴黎高师的一些带有左翼思想倾向的青年学生。此外，这一批学生大多跑到拉康在圣安娜医院的精神分析讲座班上去汲取拉康式精神分析的营养，或者说，在拉康的精神分析的鼓励下，雅克-阿兰·米勒 (Jacques-Alain Miller)、让-克劳德·米尔内 (Jean-Claude Milner)、弗朗索瓦·雷诺 (François Regnault)、伊夫·丢鲁 (Yves Duroux) 以及巴迪欧等人开创了《分析手册》杂志。

尽管《分析手册》杂志带有明显的拉康主义色彩，但是，巴迪欧在这个杂志上发表的两篇文章，即《记号与空缺：论零》和《无穷小的颠覆》实际上仍然是阿尔都塞主义式的文章。与《辩证唯物主义的（再）开始》的目的相同，在这两篇文章中巴迪欧并非要用数学去颠覆什么，更重要的是，巴迪欧的数学是捍卫阿尔都塞式科学和认识论断裂的最有效的武器，这种精神自然也体现在后来的《模式的概念》之中。

实际上，这就是巴迪欧在阿尔都塞主义阶段的全部的公开文献，一共是三篇论文，加上一本讲稿。在这个时期，巴迪欧的立足点仍然是其恩师阿尔都塞的基本框架，虽然在有些地方，巴迪欧对阿尔都塞有所微词，但总体上，巴迪欧是为阿尔都塞辩护的。也正因为如此，巴迪欧在这个时期，尽管创造了若干的文本，但他仍然没有树立起真正属于自己的灵魂。

第二阶段，毛主义时期。

1968 年的五月风暴明显打断了巴迪欧的思考与写作。他那带有阿尔都塞主义式的数学论证的文本，已经无法囊括他心中涌动的政治性冲动。也就是说，在如火如荼的学生运动中，巴迪欧已经不可能仅仅作为一个真实运动的旁观者和见证者，而是很坚定地要成为那场运动的参与者和行动者。在这一点上，阿尔都塞在真实斗争上表现出来的保守性，的确让原来对恩师充满憧憬的巴迪欧感到不快，他希望阿尔都塞不仅是他们思想和理论上的导师，也应该是他们行动和实践上的导师。但是阿尔都塞没有。在实际的运动中，尽管他像阿多诺一样站在学生运动的对立面，但是，他更愿意与正常运动保持距离。在后来那个著名的批判学生的文本①——《学生问题》中，阿尔都塞也明显表现了对当时学生运动的不满：

> 学生们也会辜负他们教授的良好意愿，这些教授因此会在其教学活动中被怀疑、受到不公正的对待，他们的知识被认为是多余的。他们甚至会在政治上疏远教授们，以至于把战斗中可能的同盟者和同志，变成学生们所捍卫的政治或工会事业的敌人。通过推迟科学的训练，有些学生满足于"参与主义"方法，并由此给自己提供了一种关于知识的民主幻象，这些学生会长久地困于一种半知识中，也就是说，长久地困于这样一种状态中：不能获得科学学习的武器。②

相对来说，不那么叛逆的巴迪欧对恩师也产生了怀疑。尽管他不像巴里巴尔那样成为阿尔都塞的忠实追随者，但积极投身学生运动的巴迪欧毫无疑问被老师的态度泼了冷水。因此，我们看到，和朗西埃一样，巴迪欧也试图从理论上和实践上同自己的恩师进行决裂，成为继朗西埃之后，又

---

① 更准确地说，阿尔都塞的《学生问题》最主要的对象是雅克·朗西埃。尽管这篇文本实际上发表于 1964 年，后来朗西埃针对阿尔都塞进行批判的文本《阿尔都塞的教训》(*La Leçon d'Althusser*) 出版于十年之后的 1974 年，但正如后来的瓦伦·蒙塔格（Warren Montag）所说，在之前的读资本论小组中，朗西埃就表现出十分叛逆的倾向，经常对阿尔都塞的权威性进行质疑。如朗西埃和另一位学生达尼埃尔·本萨伊德（Daniel Bensaïd）指责阿尔都塞有着新哲学王的倾向，颐指气使地站在大师的位置上，对普通工人和学生横加指责。瓦伦·蒙塔格的文章参见 Warren Montag, "Introduction to Althusser's 'Students Problems'", *Radical Philosophy* 170，2011，pp. 8-10. 朗西埃对阿尔都塞的批评，参见 Jacques Rancière, *Althusser's Lesson*, Emiliano Battista trans., London: Continuum, 2011, pp. 19-21.

② Louis Althusser, "Students Problems", *Radical Philosophy* 170，2011，p. 15.

一个叛离阿尔都塞师门的弟子。除了接受拉康派精神分析的洗礼之外，巴迪欧的写作在这个时期明显受到了毛主义的影响。事实上，与席尔文·拉撒路的接近，为他带来了毛主义的曙光。巴迪欧这个时期的文本明显具有毛主义的倾向，而且文字非常富有挑衅性。

这个时期巴迪欧的文本，除了他与拉撒路共同主办的"延安文丛"系列中的《矛盾理论》、《论意识形态》、《哲学前沿的实际状况》之外，还有一篇论及当时法国共产党内部政治斗争和理论斗争的文本——《法国共产党内部的抗争》，此外，他还在左翼杂志《理论与政治》(Théorie et politique)上发表了两篇明显的政论型文章，一篇是《党的创立与工会问题》("Édification du parti et question syndicale")，以及《现代工团主义和修正主义》("Syndicalisme et révisonnisme moderne")。从这一时期的巴迪欧著作和论文的标题来看，巴迪欧带有的政治性倾向明显高于之前的阿尔都塞主义阶段。这个时期的巴迪欧，投身于学生运动，投身于左翼的路线斗争，尤其是对法国共产党内部的修正主义和工团主义思潮进行了无情的批判，并指出这个时期的法国共产党走的就是一条投降主义的道路，最终会葬送掉如火如荼的学生和工人运动，也会葬送掉法国马克思主义的前途。

同时，这个时期的巴迪欧坚定不移地将他所理解的毛泽东作为自己思考的坐标。在这个时期，他出版了自己的《矛盾理论》，在这部几乎与毛泽东著作同名的著作中，巴迪欧直接将毛泽东作为自己最坚实的理论武器：

    在一份 1970 年的宣告中，毛泽东毫不犹豫地指出，统治世界的仍然是帝国主义和社会主义帝国主义，世界发展最主要的趋势，仍然是革命。帝国主义和社会主义帝国主义就是结构的关键点（point du vue）之所在：世界上绝大多数人民仍然处在他们的压迫之下。但更重要的是，这也是历史运动的关键点所在。正如毛泽东所说，这就是直接面对未来事物的辩证法。①

与此同时，巴迪欧翻译了张世英先生的《黑格尔辩证法的理性内核》一文，动机也是对毛泽东的敬仰。如巴迪欧认为，在 1956—1957 年，毛泽东要求中国人民从实践中学习辩证法，学习矛盾的统一性。而这个学习运动，导致了中国在理论上的斗争，"在这种情况下，1956 年，张世英出版了他的重要著作《论黑格尔的哲学》②，那时，他是北京大学哲学系的一位教授，此后 1959 年，这位作者也出版了另一本主要著作《论黑格尔的'逻辑学'》③，这个文本系统地考察了'西方哲学史上最最艰涩的文本'，在对马列主义的经典作家们的回应中，这个文本分析和批判了《逻辑学》的基本观念"④。也就是说，巴迪欧对于张世英论述黑格尔的著作，即《论黑格尔的哲学》和《论黑格尔的"逻辑学"》的关心，实际上也源自毛泽东。他认为，正如毛泽东号召中国人民从实践中学习辩证法

---

① Alain Badiou, *Théorie de la contradiction*, Paris：Maspero，1976，p. 79.

② 张世英的《论黑格尔的哲学》第一版出版于 1956 年，由上海人民出版社出版，第一版为 59 页。随后 1957 年再版，为 76 页，后 1962 年重印。

③ 张世英的《论黑格尔的"逻辑学"》初版于 1959 年，由上海人民出版社出版，共222 页，里面包含了《黑格尔辩证法的理性内核》这篇文章。

④ Alain Badiou, Zhang Shiying, *Le noyau rationnel de la dialectique hégéllienne*, Paris：Maspero，1978，p. 21.

的要义在于，从真正的社会的现实、从革命的实践出发，对黑格尔的哲学进行批判，从而在批判了黑格尔哲学的反动外衣之后，仍然保留黑格尔辩证法的合理内核。而北京大学张世英教授的著作和文章正好能满足这一要求。

而在进入"冬月"的 20 世纪 80 年代，毛主义的理想仍然没有被巴迪欧彻底放弃，不过，《主体理论》基本上算是在他自己的新哲学思想崛起之前，最后一次与毛主义的亲密接触。尽管许多学者认为，巴迪欧的哲学转向是从《主体理论》开始的。如英国米德尔塞克斯大学的教授彼得·霍华德（Peter Hallward）就认为："无论从何种标准来看，《主体理论》都是最难以接近的巴迪欧的著作……也正是在这部著作里，巴迪欧实现了与之前阶段的决裂。"①而《主体理论》的英文版译者布鲁诺·波斯蒂尔（Bruno Bosteels）在他为《主体理论》撰写的英译本导言中，就直接指出："《主体理论》……是阿兰·巴迪欧最富激情，也最具有实验性的著作……在我看来，《主体理论》也是巴迪欧最大胆、最神秘，也最令人疑惑的哲学著作，而自从这本书首次出现所经历的时间已经进一步增加了这本书的困惑感。"②的确，在这本书中，巴迪欧开始大量使用一些新词汇，并且明显套用了拉康的精神分析学说的框架，也就是说，许多研究者认为，《主体理论》一书代表着巴迪欧同以往思维的决裂。但是，巴迪欧最主要的英译者之一，澳大利亚学者奥利弗·费尔坦（Oliver Feltham）坚持认

---

① Peter Hallward, *Badiou: A Subject to Truth*, Minneapolis: University of Minnesota Presss, 2003, p. 30.

② Bruno Bosteels, "Tranlator's Introduction"for Alain Badiou, *Theory of Subject*, London: Continuum, 2009, p. vii.

为，《主体理论》仍然是巴迪欧在毛主义时期的最主要的著作，并没有真正过渡到下一个时期。

的确，在《主体理论》中，巴迪欧开启了不少新的问题领域，这些问题在他之前的著作中是没有的。而且《主体理论》是巴迪欧第一部大部头的著作，三百多页的篇幅，足以让其成为巴迪欧早期著作中最重要的一本。但是问题是，正如其英文译者所说，这本书过于实验性了，因而变成了巴迪欧所有著作中最不容易接近的著作。不过正如费尔坦所说，在《主体理论》中，巴迪欧试图将他原先的阿尔都塞的框架，以及黑格尔，还有拉康、毛泽东，甚至马拉美的诗歌都共同塞到一个框架下，巴迪欧认为他自己完成了一个"诗人、哲人、精神分析师的综合，这种综合最终形成了他所谓的'结构辩证法'"①。费尔坦认为，巴迪欧在《主体理论》中的一个野心就是，将这种所谓的"结构辩证法"贯彻到底，这里面自然有他老师阿尔都塞的影子，实际上，细心的、熟读过阿尔都塞著作的读者不难发现，这个所谓的"结构辩证法"，不过是阿尔都塞"超越决定"（surdétermination）的总问题式的另一种变型的表达而已。因此，我们可以这样判断，在这个阶段，巴迪欧并没有真正与传统的阿尔都塞主义决裂，而唯有当他彻底摒弃阿尔都塞在他身上的影子，即摒弃"结构辩证法"的框架时，巴迪欧才真正迈出他后来的哲学转向的第一步。

费尔坦认为巴迪欧的《主体理论》并没有真正形成突破的第二个原因是，巴迪欧在这个时期过于关注政治理论。尽管他已经将诗歌和精神分析纳入考虑之中，但是，他尚未像后来提出四个真理程序那样，明确将

---

① Oliver Felthem, *Alain Badiou: Live Theory*, London: Continuum, 2008, p. 40.

爱、艺术、科学与政治并列，同时作为哲学的前提。此外，更重要的一
个事实是，这个时期，巴迪欧对党还抱有幻想，因为在《主体理论》中所
提出的主体还是党，这导致了在《主体理论》中的"主体"概念，与他后来
在《存在与事件》和《世界的逻辑》中谈及的主体概念有一个巨大的差别。
费尔坦说："《主体理论》中，巴迪欧开始以超越列宁主义的方式来思考
马克思主义，为了做到这一点，他重新将党**看成是主体**，也就是说，将
党看成是国家的萎缩形式。"①换句话说，在《主体理论》阶段的巴迪欧，
还有一个心结没有抛弃，这是他在此书中抓住的最后一根稻草，也就是
说，在理论形式上，他仍然保留着阿尔都塞主义的痕迹，而在政治实践
上，他仍然对党，甚至国家的形式保留了一丝幻想，这与他后来彻底与
党—国家的形式决裂有着天壤之别。②

　　也正是在这个意义上，尽管《主体理论》存在着诸多开创性的创举，但
是这个实验性的文本，这个带有神秘性的文本，始终没能让巴迪欧走出最
为关键的一步。并不像某些研究者所说的那样，巴迪欧的新哲学诞生于其
中。相反，我与费尔坦的结论一样，《主体理论》代表的只是黎明前的黑

① Oliver Feltham, *Alain Badiou: Live Theory*, London: Continuum, 2008, pp. 58-59.
② 在后来的《元政治学概述》(*Abrégé de métapolitique*)中，巴迪欧最后已经十分明确
地将其元政治批判的矛头指向了这种他在《主体理论》中还有所留恋的"党—国家"(parti-
état)的形式。他指出："政治才是'自由'(liberté)。事实上，国家无条件地奴化了情势中的
诸部分，这种奴化的秘密正是国家对其超级权力的滥用，亦表现为约束尺度的缺席。在这
里，自由需要与国家保持一定的距离，其手段正是通过建立一种集体的尺度来约束其过剩
权力。如果权力的过剩得到约束，那么正是因为集体能够约束它。"也就是说，巴迪欧认为
真正的政治，完全不再依附于任何传统的政治形式，无论是党还是国家，都无法面对真正
的政治情势，那么，巴迪欧意义上的政治(la politique)，一种阴性的政治，必然是远离党，
也远离国家的。参见 Alain Badiou, *Abrégé de métapolitique*, Paris: Seuil, p. 160.

暗，那一刻，密涅瓦的猫头鹰即将张开双翼，展翅高飞。

第三阶段，数学本体论的确立。

费尔坦指出，相对于《主体理论》，巴迪欧真正的破晓时刻是 1985 年，那一年他出版了《我们能思考政治吗?》(*Peut-on penser la politique?*)。在这本书中，巴迪欧的很多东西似乎在一瞬间被打通了，他的思考被引领到一个全新的方向，也就是说，正是《我们能思考政治吗?》中的问题的展开——而不是《主体理论》——才让阿兰·巴迪欧真正走向了他的巨作《存在与事件》。

准确来说，巴迪欧并不是仅仅依靠自己完成了这个如同涅槃一般的转变。《主体理论》完成之后，巴迪欧参加了德里达的学生，让-吕克·南希(Jean-Luc Nancy)和菲利普·拉库-拉巴特(Philippe Lacoue-Labarthe)开创的两个研讨班，这两个研讨班的开始时间仅仅相差一年，即分别是在 1983 年 1 月和 1984 年 6 月。他们为研讨班所起的名称是"哲学的撤退"。实质上，《我们能思考政治吗?》是巴迪欧在参加完这两个研讨班之后撰写的一个小册子，后来巴迪欧才将之命名为《我们能思考政治吗?》。正如费尔坦所说："巴迪欧将这个小册子命名为《我们能思考政治吗?》，再一次，我们面对了政治领域中的匮乏问题，也是政治领域中的撤退问题。再一次由哲学家对此做出回应。不过这一次哲学的状态不再是悬而不决的了：它不再是一个前沿，更不是一片荒漠，它是一个可以持续发展的研究领域。"①在这本书中，巴迪欧认识到，阿尔都塞主义的

① Oliver Felthem, "Philosophy", in A. J. Bartlett & Justin Clements ed. , *Alain Badiou: Key Concepts*, Durham: 2010, p. 19.

"结构性辩证法"框架已经不能帮助他去思考真正的政治问题。政治问题实际上一定在这个结构性框架之外，它不是作为一个结构的可能性因素而被展现出来的。相反，巴迪欧发现："辩证法思想并不是从规则开始的，而是从例外开始的，而新的力量法则，必须在主体的存在下来说明这种例外。"①相较于之前对常规性结构的考察，或者对阿尔都塞主义的结构辩证法的考察，巴迪欧注意到，比常规的结构辩证法更为重要的是例外，一种不能用结构性认识论来把握的、作为结构的不可能性而存在的例外。在本书中，巴迪欧已经引入了"事件"的概念，而这个概念基本上已经为后面的《存在与事件》的诞生铺平了道路。

在《我们能思考政治吗？》一书中，或者说，在让-雅克·南希和菲利普·拉库-拉巴特的影响下，巴迪欧也注意到传统的话语方式表达真理的可能性，即我们不能囿于语言之中，更不能用一种理论型的话语方式来触及真理。因为真理绝对地在这些东西之外。但是巴迪欧也不愿意跟随晚期德里达、让-吕克·南希以及菲利普·拉库-拉巴特等人，走向一种对在场形而上学的解构，用绝对偶然、绝对例外的独特性，来彻底消解阿尔都塞式的总问题（problématique）②的架构，甚至以此来彻底解构

---

① Alain Badiou, *Peut-on penser la politique*, Paris: Seuil, 1985, p. 90.

② 国内学术界在解释阿尔都塞的这个专业术语时出现了比较大的偏差，实际上，我们在《保卫马克思》或《读〈资本论〉》等阿尔都塞的著作中，将这个词翻译为总问题（顾良译法）或问题式（张一兵译法），都是有问题的。或者说，problématique 的概念只有相对于阿尔都塞的另外的多元决定的概念才有意义，即在一个总体框架的层面上，我们不能用一概而论的方式来认识一个绝对的实体或总体，对总体的把握总是从各个特殊层面的接近和触及来达到的。也就是说，阿尔都塞承认了存在一个总体结构，但是这个总体不可能通过某个单一逻辑、单一决定来将之化约 这个总问题或问题式本身就是多元决定的。在一定程度上，它是各种或然性因素偶然相遇和碰撞的结果，对其的把握不能纯粹建立在我们的认识框架之上。

全部哲学和形而上学。在让-吕克·南希的《作为独特的多元》(*Être sin-gulier pluriel*)一书中，让-吕克·南希毫不客气地提出了最后的"第一哲学"的问题，即在独特性和偶然的个别之物面前，实际上大哲学或结构主义的方式已经彻底丧失了说服力。正如南希所说："正是独特的多元构成了存在的本质，正是这个本质在构成上消解了实质性的大写存在本身的本质。这不仅仅是一种言说方式，因为没有任何可供我们去消解的先在的实体。大存在绝对不先于独特的多元而存在，绝对而言，大存在绝对不是预先给定的，没有任何东西是预先给定的，唯一存在的就是在那里存在着的东西。"①这样，南希以及拉库-拉巴特消解了作为哲学本体论所附着的存在问题，同时也消解了自从巴门尼德以来，直至晚期海德格尔②的存在论传统。或者用后来巴迪欧的学生甘丹·梅亚苏的话来说，南希和拉库-拉巴特之类的论断，因为否定了我们可以通过某种绝对方法触及物质实体的可能性，便彻底否定了外在实体的存在，这走向了一种相关论(correlationism)。而这个时期巴迪欧和以他学生梅亚苏为首的思辨唯物主义，他们的一个共同信念是，必然存在一个真实的实在。但是这个实在不能以传统的方式，如感知、语言、话语来获得，因为这种获得方式本身是成问题的。而可以摒弃我们有限存在的偶然性的唯一方式，就是

---

① Jean-Luc Nancy, *Being Singular Plural*, Robert D. Richardson & Anne E. O' Byrne trans. , Stanford: Stanford University Press, 2000, pp. 28-29.

② 让-吕克·南希主要面对的是晚期的海德格尔，尤其是《哲学论稿：自本有而来》以及海德格尔德文版全集第71卷《本有》中的海德格尔，而本有(Ereignis)，或者应理解为让世界成为如此的原发性事件，成为本体论或存在论最后寓居的场所。一旦将这个原发性生成的事件加以解构，哲学、存在论、本体论，乃至形而上学便丧失了地基。这也是后来拉库-拉巴特坚持喊出"哲学终结"的原因所在。

数学。数学的形式化表达，正是可以让我们脱离我们有限存在的限制，是通向无限的一条可能性的道路。在《我们能思考政治吗?》之中，巴迪欧的一个核心论断就是，我们能思考政治，当然也能思考哲学，但是，我们思考哲学和政治的方式不是传统的方式，而是形式化的数学方式。

也正因为如此，巴迪欧试图用斯宾诺莎在《伦理学》以及《笛卡尔哲学原理》中那种几何学证明方法来展开其形式化方法。巴迪欧说："我采用了斯宾诺莎式的展开风格。"①在随后的内容中，巴迪欧依次界定了一些在他看来十分重要的概念：前政治情势(situaion pré-politique)、情势的结构(struture de la situaton)，事件(événement)，忠实(fidélité)等。熟悉巴迪欧之后文本的读者一定会惊奇地发现，巴迪欧对这些概念的定义和概括，基本上就是《存在与事件》的预备和雏形。例如巴迪欧界定的情势的结构："我所谓的情势的结构就是一种计数为一(compte-pour-un)的实存机制，这和实存机制将某个情势定性为在可再现的范围内的**这样**的情势。"②同样，还有对事件的定义："我所谓的时间就是大一机制的辨识定性留下了一个剩余(un reste)，这个剩余让大一的机制失效(dysfonctionnement)了。事件不是预先给定的，因为大一的体制就是全部给定物的法则。事件也就是一种解释的产物。"③从这些定义和描述中，我们可以看出，巴迪欧在《我们能思考政治吗?》一书中已经很自觉地采用了康托尔集合论的相应原理来解释政治及其事件。在这些定义的描述上，已经非常接近于《存在与事件》之后巴迪欧对于这些概念的经典

---

① Alain Badiou，*Peut-on penser la politique?*，Paris：Seuil，1985，p. 76.

② *Ibid.*，p. 76.

③ *Ibid.*，p. 77.

界定（巴迪欧在《存在与事件》中将这些概念重新界定为情势、情势状态、事件和忠实）。而且巴迪欧已经认定大一是一种我们计数为一的机制，在这个机制之外，存在着某种无法被这个大一机制所消化的剩余，而这些剩余物一旦显现，便会让原先的大一机制趋于失效。于是，尽管我们还没有看到如同《存在与事件》之中那种精心的推理与证明，但从这些片段中可以充分断定，巴迪欧已经在 1985 年的《我们能思考政治吗？》一书中形成了被他后来称为数学本体论的东西。尽管还是零碎的言论和定义，描述还比较稀少，但是，这里的雏形已经是《存在与事件》中的架构了，一个新的体系已经酝酿在这本仅有一百多页的小书之中，这是 1982 年的《主体理论》所不具有的东西。

由是观之，我们完全可以断言，成熟的巴迪欧的本体论，第一次出场就是《我们能思考政治吗？》，而不是那本实验性的《主体理论》。《主体理论》所体现出来的巴迪欧试图尝试的方向太多，而《我们能思考政治吗？》剪除了一些不太重要的枝节，将从康托尔集合论和策梅洛—弗兰克尔公理体系中的数学本体论思考作为唯一可能的路径加以推进，最终形成了《存在与事件》中的逻辑架构。尽管如此，《我们能思考政治吗？》仍然是一个实验性质的文本，我们只有在《存在与事件》的完整架构之中，才会真正感到，作为一个哲学家的巴迪欧的诞生。

唯有如此，我们才能理解 1988 年出版的《存在与事件》对于巴迪欧哲学的里程碑意义。这个里程碑意义应该从两个方面来理解：首先，巴迪欧在经历了《主体理论》时期在多种路径中的彷徨和艰难抉择之后，坚决选用了后康托尔集合论的数学路径来探索新哲学的可能性。也正是在这个意义上，巴迪欧提出了他著名的"数学即本体论"，这个足以影响到在他之后的哲学发展的口号。在《存在与事件》的导言中，巴迪欧曾解释了他的"数学即本体论"命题与《主体理论》，乃至《主体理论》之前的各个著作在诉诸数学方式来阐述本体论问题上的根本不同：

> 围绕着逻辑的困境，我探索了几载岁月——发展了对洛文海姆—斯科兰(Löwenheim-Skolem)定理、哥德尔定理、塔斯基定理的封闭的解释——除了一点点技术上的改动之外，并没有超越《主体理论》的框架。若没有注意到这一点，我就会陷入逻辑主义主题的囚笼之中，这种逻辑主义的主题认为，由于逻辑—数学话语已经完善地确立了其所有的意义约结果，那么逻辑—数学话语必然是形式的。这种主题还认为，在任何情况下，都没有理由去研究外在于逻辑—数学话语连贯性之外的陈述所考察的东西。我陷入这样的思考之中，如果我们认为存在着一个逻辑—数学话语的参数，那么我们不可避免地会选择去认为这个参数要么是通过抽象[经验主义]获得的对象，要么是一种超—感性的大写观念[柏拉图主义]。这是同一个困境，在其中，我们陷入被盎格鲁—撒克逊在"形式"学科和"经验"科学之间做出的区分之中。这二者均与清晰的拉康学说不相一致，按照拉康的说法，本真就是形式化的困境所在。我已经弄错了路线。
>
> 最后，通过偶然一次机会，在我对离散/连续的配对(le coup discret/continu)的文献性和技术性的研究中，我开始认为有必要去变革其根基，并在形式上概括出关于数学的激进主题。对我而言，构成著名的"连续统假设"的本质，就是要内在于数学思想之中去触及约束它的**屏障**(obstacle)，在其中，恰好是不可能性构成了数学

的局限。在研究了许多与该多部分集合之间的关系的明显悖谬之后，我开始得出结论，让我们可以从内部发现清晰可辨形象的唯一方式就是，如果我们首先认可，那个多，对于数学而言，并不是一个[形式上的]透明的和建构的概念，而是一个真实的东西，它的内在裂缝，它的困境，都可以通过理论得以展开。

于是，我倾向于肯定，有必要认为，数学性的书写，即存在本身，在纯粹多的理论的领域之中是可以宣告的。似乎对我来说，一旦我们认为数学绝非一种没有对象的游戏，而是从支持本体论话语的严格法则中抽离出某种例外，理性思想的整个历史就可以得到阐明。在对康德式问题的颠倒中，我们不再追问"纯粹数学如何可能？"，而是回答说，由于先验主体的存在。相反，纯粹数学就是存在的科学，即"一个主体何以可能？"①

在这一长段引文中，巴迪欧指出了他后来的思想与《主体理论》的架构决裂的关键所在。《主体理论》及其相关架构的问题是，我们是否可以在一个逻辑—数学的框架下来阐明问题。在《存在与事件》之前，巴迪欧倾向于在绝对逻辑—数理的框架下来陈述，倘若如此，巴迪欧就会成为雅克·布弗尔斯（Jacques Bouversse）的同路人，成为盎格鲁—撒克逊式逻辑实证主义在法国的代表。事实上，从《模式的概念》以及发表在《分析手册》上的两篇文章即《无穷小的颠覆》和《记号与空缺：论零》，直到《主体理论》，这种强烈地诉诸逻辑—数理的方式，已经让巴迪欧无法真正建立起一个独创性

---

① Alain Badiou，*L'Être et l'Événement*，Paris：Seuil，1988，pp. 11-12.

的思维框架。但是，借助一个偶然的机会，巴迪欧突然理解了一个问题，即数学难道仅仅就是那种以连贯性和清晰性来表达的逻辑体系吗？简而言之，**数学一定就是逻辑吗**？在《主体理论》中，巴迪欧过于依赖康托尔集合论，尽管他已经注意到了非康托尔集合论的存在。康托尔集合论所依赖的根本框架是连续统假设，而后来的哥德尔定理进一步提出绝对可建构的集合体系。然而，公理本系集合论以及后来的集合论的发展，尤其是科恩和布尔巴基小组的贡献，已经让巴迪欧认识到，存在着一种激进的数学，一种非逻辑实证主义框架的数学。真正的问题并不在于建构一个绝对完善、在逻辑连贯性上无懈可击的数学，而是相反，数学思考能够打破通常被视为是逻辑连贯性的东西。即真正彻底激进的数学不是去塑造连贯性和统一性，而是要像拉康一样提出，数学要面对真实，要在既有的逻辑连贯的能指链上打洞，让那些被逻辑连贯性体系视为不可能的因素通过某种数学的表达——如科恩的力迫法——呈现出来。也就是说，巴迪欧所关心的数学，不是那种逻辑符号体系与事实性一一对应的体系，以符号性的真理对应于事实性的真理，从而借此建立起强大的逻辑体系和本体论体系。相反，巴迪欧的激进数学指向了一个不同方向，即数学能够呈现出一种纯存在，一种不依赖于那种一一对应关系的纯存在，用巴迪欧自己的话来说："严格来说，数学**并不展现任何东西**，也没有构筑一个空洞的游戏，因为除了呈现本身——即大写的多——之外，它并没有任何其他东西展现，因而就绝不可能采用对一象（ob-jet）的形式，而这正是在存在之所以为存在基础上的所有话语的一个前提。"①

①　Alain Badiou, *L'Être et l'Événement*, Paris: Seuil, 1988, p. 13.

其次，巴迪欧的激进数学，或者数学的本体论，并不是一个后现代主义的以消解和解构为目的的学说。尽管他以激进数学的思考方式，避免面对对既有逻辑框架的悬置和决裂。实际上，巴迪欧十分传统，与那些后现代主义者不同，巴迪欧分别向两位主要的思想家致敬。第一位是柏拉图，尤其是《巴门尼德篇》和《理想国》中的柏拉图。在《存在与事件》的沉思 2 中，巴迪欧的思考就是围绕着《巴门尼德篇》中的一个重要命题，即"若一不存在，则无物存在"①而展开的。此外，巴迪欧所崇敬的数学家，如哥德尔、科恩，都是数学上的柏拉图主义者，正是哥德尔和科恩的柏拉图主义式的数学理念，使得他们倾向于反对康托尔的连续统假设，为非康托尔集合论，或后康托尔集合论奠定了基础。事实上，从这个角度而言，无论是哥德尔，还是科恩，他们所相信的不是数学可以建构一个完整统一的连贯性逻辑体系，相反，和两千多年前的柏拉图一样，他们所相信的数学实质上是真正的面向存在和真理的数学，而在真理和真实面前，逻辑体系本身的完整性实际上不是最为重要的，而数学的关键在于，是否能摆脱沉溺于自身连贯一致和完整性的诱惑，面向真理，真正地呈现出存在的必然所在。也正因如此，巴迪欧致敬的另一位哲学家就是斯宾诺莎，他的《存在与事件》通篇采用沉思的方式来书写。在表面上，《存在与事件》以 37 个深思构成，这一写作方式看起来更近

---

① 这句话出自柏拉图的《巴门尼德篇》的 166C，法文原文为 Si l'un n'est pas, rien n'est. 从字面翻译过来是"如一不存在，无物存在"。上面的译文在陈康译本中被翻译为"若一不是，无一是"，而在王晓朝编辑的《柏拉图全集》中，这句话被翻译为："如果一不存在，那么就根本没有任何事物存在。"在这里翻译的时候，考虑到原文和上下文语境的关系，将其翻译为"若一不存在，则无物存在"。

似于笛卡尔的《第一哲学沉思录》和帕斯卡的《思想录》。但实际上，真正矗立在这之后的是磨镜片的斯宾诺莎，巴迪欧的写作方式更近似于斯宾诺莎的《伦理学》。尽管笛卡尔进行了沉思，但真正将笛卡尔哲学体系转化为一种形式化语言的恰恰是斯宾诺莎。这种形式化语言的论辩方式（注意，不是结论，实际上巴迪欧不太赞同斯宾诺莎在《伦理学》中的结论，他喜欢的仅仅是斯宾诺莎的论辩方式），成为巴迪欧写作的模仿对象。不仅如此，在《存在与事件》中，巴迪欧的沉思 10 就是向斯宾诺莎致敬的，因为这位思想家的形式化表述方式，以一种更为清晰明朗的方式，让我们接触了存在本身（在斯宾诺莎那里，是大实体，Substance）。巴迪欧指出："令人震惊的是，斯宾诺莎看起来一点也没有受到这种困境的干扰。在这里，我要解释的并非是这样一个作为事实的明显的困难，对于斯宾诺莎自己来说这并不是一个问题。在我看来，问题的关键是，斯宾诺莎有一个基本逻辑：**最终的计数为一是由一个元结构，即情势状态所保障的**，而他将这个元结构称为上帝或实体。斯宾诺莎表达出最激进的野心，他甚至想在本体论上认识结构和元结构，将一的结果直接赋予情势状态，让属于和包含于在本体论上彼此无法区分。同样，很明显，斯宾诺莎的哲学是**在排斥空上做得最好的**哲学。"①尽管斯宾诺莎用大实体与样态的方式排斥了被巴迪欧所看重的"空"的可能性，最终导致了巴迪欧的结论与斯宾诺莎完全南辕北辙。不过，这仍然不能抵挡巴迪欧对斯宾诺莎的赞美，因为，在巴迪欧看来，尽管斯宾诺莎的结论错误，但是他所提供的沉思的思辨方式，正是后来哲学所应该具有的形式化思考方向。

---

① Alain Badiou, *L'Être et l'Événement*, Paris：Seuil，1988，p. 130.

懂得这一点之后，我们才能得出结论说，我们千万不能以罗兰·巴特、德勒兹、鲍德里亚的方式来阅读巴迪欧。罗兰·巴特的《S/Z》拒绝了读者一定需要从作者安排的顺序来阅读的方式，认为读者可以尽可以按照自己的选择来阅读，从而扼杀作者的霸权，用自己的阅读来生产文本。

我恢复的不是某个读者（你或我），而是阅读。我的意思是说，一切阅读都出自超越个体的形式：由文的字面意义（但这字面意义在何处呢？）造成的联合，无论我们做什么，都绝不会是杂乱无章的；它们总是由某些符号、语言、某些定型的清单标好价格（预先取用和写入）。能够想象的最为主观的阅读仅仅是照着某些规则来玩的游戏而已……这些规则所来之处，远不及作者那么显而易见，它们出自古老的叙事逻辑，出自某种甚至我们出生之前就将我们构织起来的象征形式，一句话，出自广阔的文化空间，我们个人，身处其中，只不过是一个通道而已。打开一篇文章，将它置于阅读的系统内，就不仅仅是需要和实现它能被自由地理解，还特别地、更为彻底地导致了这种确认：不存在阅读的客观和主观的真理，而只有游戏的真理。又，游戏在此不能理解为一种消遣，必须看作一桩工作——但那儿劳作的艰辛烟消云散了：阅读，就是使我们的身体积极活动起来（自精神分析处，我们明白这身体大大超越了我们的记忆和意识），处于文之符号、一切语言的招引之下，语言来回穿越身体，形成句子之类的波光粼粼的深渊。①

---

① ［法］罗兰·巴特：《S/Z》，52—53 页，上海，上海人民出版社，2000。

实际上·罗兰·巴特他们宣称，可以让读者在阅读中自己来生产文本，来选择自己的阅读顺序，从而可以将原来的写作背景和逻辑搁置起来。这一类的文本有很多，如鲍德里亚的《冷记忆》、《美国》，德勒兹的《反俄狄浦斯》、《千高原》，都号称可以让读者自由选择阅读的顺序，可以从头看到尾，也可以从尾看到头，甚至随意从中间摘选几段话分开来看都是可以的。但是这种阅读方式，在阿兰·巴迪欧的《存在与事件》这里却是行不通的。从根本上说，《存在与事件》就不是一个后现代的文本，甚至我们可以将之定性为一个类似于现代早期的文本，它在性质上类似于斯宾诺莎的《伦理学》，或者莱布尼茨的《单子论》。也就是说，巴迪欧的《存在与事件》虽然由 37 个沉思构成，但是这 37 个沉忌不能看成后现代文本中那种任意排列的格局，相反，这些文本具有强烈的内在逻辑一贯性。在我看来，《存在与事件》更像是巴迪欧所做的一道巨大的数学推理题，在这个数学推理中，贯穿了巴迪欧自己的逻辑。如果忽略了前面的一步运算，直接跳跃到后面的部分，就会丢失逻辑线索，也难以把握整个推理的脉络。而恰恰作为读者我们不太懂连续统假设和非康托尔集合论，那么唯一可能准确把握巴迪欧的思想线索的方式，就是从沉思 1 渐进式地阅读到沉思 37。

　　《存在与事件》是一个奠基性的著作，更准确地说，它只是邑迪欧一个总体框架的形式架构部分，即巴迪欧所谓他自己的"逻辑学"部分。然而，正如后来巴迪欧的一些批评者所指出的那样，仅仅停留在形式架构和数理逻辑演算的部分，并不能让巴迪欧的哲学获得广泛基础，而巴迪欧自己也十分清楚地意识到了这一点。故而，巴迪欧进一步提出了一个问题，即哲学如何可能的问题。在《存在与事件》中，巴迪欧很明确地指出，哲学不是一个独立的学科，它有着很强的依附性，简而言之，哲学是建立在对其他事物的反思和形式化基础上的，因而哲学存在着前提。在《存在与事件》时期的巴迪欧看来，哲学至少存在着四个前提：科学、艺术、政治和爱。在1989年出版的《哲学宣言》中，巴迪欧进一步强化了这个主题，即"哲学存在四个前提……这四个前提是：数元、诗、政治创造和爱……这个问题也是我《存在与事件》的中心。也正是出于这些理由，四种类型的类性程序对所有可生产出真理的程序进行了说明和归类（即存在着科学真理、艺术真理、政治真理和爱的真理）。因此，我们可以说哲学需要在这些所有让真理得到证明的程序中，存在着真理的前提"①。可以说，在巴迪欧看来，最为关键的实际上并不是从哲学上，或从本体论上，对这些类性程序进行形式化概括，而是让这些形式化的表达，或从数学上概括出来的公式，可以降临在一个现象学和实存论层面。用巴迪欧自己的话来说，他要面对自己的"精神现象学"，从实存的角度，来对其理论进行展开。② 这就是我在《第二哲学宣言》的中译导言中提出的巴迪欧在后期的"现象学"转向问题。③

所以，可以这样来理解，实际上，我们不能将《世界的逻辑》看成一个新的分期，应该将巴迪欧在《存在与事件》之后的所有作品看成是对于

---

① ［法］阿兰·巴迪欧：《哲学宣言》，14页，南京，南京大学出版社，2014。

② Alain Badiou, *Logiques des mondes. L'Être et l'Événement*，2，Paris：Seuil，2006，p. 16.

③ 参见［法］阿兰·巴迪欧：《第二哲学宣言》，中译前言，4—9页，南京，南京大学出版社，2014。

这个形式化框架的进一步补充和完善。在此之后的《伦理学》、《非美学手册》、《元政治学》、《前提》、《德勒兹：存在的喧嚣》、《圣保罗：普世主义的基础》、《维特根斯坦的反哲学》、《瓦格纳五讲》、《爱的多重奏》、《共产主义假设》、《政治与哲学的神秘关系》、《真实幸福的形而上学》等著作，以至于作为《存在与事件》第二部的《世界的逻辑》都在重复着同样的事情，即如何从实存论和现象学的角度来展开在《存在与事件》中所涉及的形式化体系。

在对西方思想家的思想研究中，我们经常容易犯的一个错误是，想当然地认为，这个思想家的某某思想是绝对正确的。或者更有投机取巧者，则将这个思想家的思想全盘端来，仅仅只给一个简单的描述。在以某个的思想家为对象的许多研究中，我们往往会看到一种惨不忍睹的景象，这个思想家被某些人强行按在他们的手术台上肆意解剖，最终从思想家业已支离破碎的尸块中，找寻可以印证研究者自己想法的东西。或许，当研究者进入这些思想家之前，忘却了一种方法论上的准备工作，即我们是否拥有一种比较可靠的方式，来对思想家的思想理论进行分析。

我们知道，很多西方思想家在谈论问题的时候，根本不是针对中国发言的(虽然巴迪欧曾多次谈到中国和毛泽东)，他们所面对的理论对象，严格来说，仍然是那个发达的西方社会。因此，在表述问题时，他们省略了很多他们认为没有必要解释的背景，他们面对的读者和听众，也首先是西方人。在这些话语被引入中国时，会出现某种水土不服。不存在一种思想或理论，完全不考虑其运用的具体语境就可以简单地挪用。即便是马克思，也必须警告俄国的女民粹主义者查苏利奇，他所指出的"运动的'历史必然性'明确地限于西欧各国"①。当然，对于巴迪欧的理论，我们也必须要有这样的思想准备，即我们必须将巴迪欧的种种论述看成一种在具体的西方语境中生成的话语体系。

四、如何接近巴迪欧

事实上，摆在我面前的一个更为直接的问题是，在当代的中国，我们应当如何来阅读巴迪欧？在我这本专门为巴迪欧所撰写的导论型著作中，我究竟应该如何去谈论巴迪欧的哲学思想？按照我的想法，这本书是一本仅仅为中国读者书写的关于巴迪欧的思想导论。即便如此，我仍然要对后面的文字做一个简要的说明。实际上，我们对于任何一个思想家的分析，在进入之前，必须要思考他的思想中，哪些东西是活的，哪些东西是死的；哪些东西依附于他立论的背景，而哪些东西需要在当下中国的语境中加以重新理解与改造。不过这种处理方式，很容易在一些

---

① 《马克思恩格斯选集》第 3 卷，774 页，北京，人民出版社，1995。马克思给查苏利奇的信一共写了四稿，第四稿是正式稿。但无论是哪一稿，马克思所表达的一个中心观念是，他所归纳的历史运动的趋势，是立足于西欧表达出来的，对于俄国的特殊性，他之前没有进行详尽的考察。不过，这并不表示马克思认为俄罗斯不适用于他的理论概括和思考，而是说，针对俄国的历史特殊性，需要重新思考他所提出的"历史必然性"问题。在初稿至三稿中，马克思曾经比较详细地谈了俄国的状况，但是在正式的复信中，马克思谈论俄国状况的内容全部省去了。我们可以这样来理解马克思这个举动，即便马克思对俄国的村社共产主义制度有一个比较详细的分析和理解，但是其视角仍然是西欧式的，谈得过于具体，或许会给诸如查苏利奇这样的民粹派带来误解。因此，他在最终的成稿中，完全不谈俄国现有状况，这样就给予俄国的革命者自己解释和发挥的余地。

人那里堕入另一个极端，即如果巴迪欧的话语是西方式的，那么他的话语就是截然不能为中国所用的。这绝对是一个误读。在一个话语之中，包含某种具体性是非常自然的，但是，这种具体性并不妨碍从另一种具体性出发来吸收其思想养分的可能性。关键的问题是，我们如何将思想家的文本和话语当下化。我们可以借用拉克劳的"沉淀"（sedimentation）与"激活"（reactivation）来说明，当一个思想家的文本被生产出来之后，它就处于一种沉淀状态之中。这种沉淀状态将某种思想整体加以固定化，如同一个被施咒的睡美人，需要一种新的事件（如王子的亲吻）来得到激活。不过，所激活的思想，绝对不是那个业已死去的公主的身躯（作为一种沉淀），那个被亲吻的公主早已脱胎换骨。

　　这样，在思想家的研究中，的确存在某种内质性的东西，这个东西有点类似于晚近巴迪欧所强调的真理。对于巴迪欧来说，真理是存在的，这种真理是"超世界的普遍性的价值"①。不过这个带有普遍性的价值的真理不会直接以它的本来面目在这个世界上显现出来，而所能显现的仅仅是真理的一个侧面，或者用斯宾诺莎的概念来说，是一个样态（mode），一个属性。尽管思想的内质性具有不变性，但是一个思想在表述上必然会遭遇在某个具体情形下的样态问题，也就是说，思想家原始的文本仅仅是裹挟着真理的一个样态，当面对一个新的情景时，我们必须要剥除它身上的那层死皮，让真正的内在性在具体的当下得以情景化。因此，囫囵吞枣地移植，或者大卸八块的解剖都不可避免地会让我

---

① Alain Badiou, *Second manifeste pour la Philosophie*, Paris: Fayard, 2008, p. 30.

们面对思想的尸身，而真正的思想的灵韵却与我们擦肩而过。

正因为如此，本书所呈现出来的巴迪欧，一定带有被作为作者的我人为切割过的痕迹。由于我所处的情境，由于我思考方式的特点，必然会为我自己的巴迪欧研究渗入属于我自己的观点和立场。这是一种对巴迪欧思想研究的必然的"歪曲"。不过，我并不认为，这种"歪曲"是对巴迪欧思想的恣意篡改，或者正如某些人批评我的那样，只是挂着巴迪欧的羊头，售卖我自己的狗肉。实际上，我认为虽然巴迪欧的原本思想无法返回，在当下中国语境以及思考方式的架构下，注定巴迪欧的思想会被我们重写，但是这种重写绝对不是无原则的。换句话说，这是一种德勒兹式的重复，这种重复中显示出来的差异，并不是刻意而为之，而是我们自己的生命在当下语境中流淌时必然呈现的命运，当我在书写出某种被称为巴迪欧思想或哲学的东西的时候，已经制造了某种不可化约的距离，我只能在这个距离的范围内操作。但是，这绝对不等于我可以随意地偏移出其轨道，将其中的核心思想全部偷换成我自己的概念。因此，对于本书中巴迪欧哲学思想的处理，我需要做出如下三点说明：

首先，本书的目的并不是深入地去剖析巴迪欧的思想，而是为中国读者阅读巴迪欧提供一个简单的导论性读本。这样，本书并不打算带着商榷和批判的目的深入巴迪欧思想之中，尽管我自己在经过一段时间对巴迪欧的阅读之后，希望与巴迪欧的哲学思想保持一定的批判性距离。但对这个批判性距离的解释，并不是本书想要展现的东西，因此，我的写作，尽可能地贴近巴迪欧自己的思想脉络，即尽可能展现出巴迪欧的思想论证的线索，让整个线索，以最近似于巴迪欧的方式展现出来。或许，在不久的将来，我会专门去撰写一本与巴迪欧的哲学思想进行商榷和批判的书籍，但是，在本书中，我会刻意将这种企图压制下来。毕竟，尽管我强调了任何出于当下中国背景时对巴迪欧的解读，不可避免都带有一种偏移和歪曲，但是，我并不希望，这本书过多地带有我自己的痕迹，尽管我有着十分强烈的欲望，希望对巴迪欧的哲学思想进行一定的改造。换句话说，我在此处，希望呈现出来的还是一个比较忠实于原貌的巴迪欧。我对巴迪欧哲学思想的处理，仅限于通俗化和本土化两个方面，即用相对比较容易理解的话语，将巴迪欧的思想原貌概括出来。的确，对于那些刚刚接触巴迪欧文本的朋友来说，阅读《哲学宣言》、《第二哲学宣言》这类巴迪欧为自己的思想写的通俗版本，难度不是太大，但是一旦涉及巴迪欧深奥的文本，如《主体理论》、《存在与事件》以及《世界的逻辑》等，就会遇到巴迪欧那繁琐的数学论证，大量数学公式的堆砌，以及巴迪欧自己建立起来的庞杂的哲学用语体系（注意，巴迪欧的哲学用词虽然比较多地借自数学领域，尤其是后康托尔集合论，但是，巴迪欧在术语选择上，有着他自己的独创，也就是说，巴迪欧的术语尽管类似于集合论数学，但仍然属于他自己独创的术语体系）中略显佶屈聱牙的行文。这些都需要认真用通俗易懂的话语来解释，也只有如此，大家才能去探索巴迪欧的思想空间，去进一步把握巴迪欧的问题域，乃至于进一步探索 21 世纪最初二十年内当代欧洲哲学思想发展的主要问题，以及这些问题是否适合在当下的中国进行谈论。于是，本书将严格地在一个导论的层面上运作，这个导论，旨在将巴迪欧哲学中最为基础的层面，以较为清晰的方式为中国读者揭示出来。当然，我也必须要承认，由于自己的角度和能力所限，在这种导论式介绍中，不可避免地会存在歪曲与误读。不过，作为一种尝试，我们需要迈出这一步。

其次，阅读巴迪欧，解释巴迪欧，或者为巴迪欧的哲学思想写一个导论，所面对的最大问题是，巴迪欧在他最主要的三本著作中（其实，还应包括他的早期的几篇文章，《模式的概念》、《数与数字》、《可递性本体论导论》等）使用了大量的数学公式，尤其是集合论公式，而且在《世界的逻辑》中，巴迪欧还大量使用了 20 世纪后半叶数学领域，尤其是范畴论和拓扑学领域中大量的新成果和公式。这对于我这样一个毕业于文科的学者来说，的确是一个不小的挑战。尽管我之前曾经受过理工科的一些学习和训练，但是，后康托尔集合论，以及新的与范畴论、拓扑学相关的内容，绝对是我从未接触过的数学领域。正如前文所介绍，阿兰·巴迪欧诞生于一个数学教授家庭，从小就有很好的数学素养，在巴黎高师就读期间，他与高师的一些著名的数学家有过一定的来往，尤其是接触了布尔巴基小组的最新成果，也十分熟悉哥德尔、塔斯基以及李奥帕德·莱文海姆（Leopold Löwenheim）①等人的研究。而在《世界的逻辑》中，巴迪欧又将自己的数学推进到指向了麦克·兰恩（Mac Lane）②、

---

① 李奥帕德·莱文海姆（1889—1957）是一位德国数学家，主要成就在数理逻辑方面。纳粹政权强迫勒文海姆退休，因为他被认为只有四分之三的雅利安人血统。1943年，勒文海姆的大部分作品都在柏林的一次空袭下被摧毁了。不过，他在第二次世界大战后存活了下来，并且恢复教导数学的工作。勒文海姆于 1915 年给出了现在被称为勒文海姆—斯科伦定理的第一个证明，此一定理通常被认为是模型论的起点。

② 麦克·兰恩（1909—2005），美国数学家。与塞缪尔·爱伦伯格一同创立了范畴论的研究。麦克·兰恩的早期研究方向为域论与赋值论，他在赋值环、维特向量（Witt vector）以及无限扩张域的可分离性方面发表了许多论文。从 1942 年开始，他开始研究扩张群，并与 1943 年，与塞缪尔·爱伦伯格一起展开了一项划时代的伟大研究——现在被称为"范畴论"的重要研究领域。

爱伦伯格（Eilenberg）①和威廉·洛韦雷（William Lawvere）②等人的范畴论领域，以及由亚历山大·格罗滕迪克（Alexander Grothendieck）③所开创的拓扑理论传统。尽管我曾试图努力地学习公理集合论、布尔代数，以及范畴论和数学拓扑理论等方面的知识，但是由于自己的智力局限以及知识框架的限制，实际上我很难真正触及这些高深的数学理论的内涵。在这个方面，我可以肯定，一旦我装腔作势地谈这些问题，一定会漏洞百出，且会为真正懂得这些理论的学者所不齿。与其如此，不如我主动地不去触动这些过于深奥的领域，而将这个领域的研究，留给那些真正理解和明白公理集合论和范畴论的专家。但是，另一个麻烦是，正如许多国外的巴迪欧的研究学者所说的那样，如果完全不涉猎巴迪欧的形式数学，即从他基本的数学原理出发去理解，很难真正触及巴迪欧哲学思想的核心。有鉴于此，我在本书中所涉猎的数学部分，仅限于我自己捉襟见肘的理解能力所能把握的范围，以最为基本的形式来向大家介绍巴迪欧的思想。对于那些过于复杂的证明和论证，如巴迪欧在选择公理和力迫问题上的论证，我只能采取跳过的方式，这种跳过，实在是不

---

① 爱伦伯格，全名为塞缪尔·爱伦伯格（1913—1998），波兰裔美籍数学家。他生于华沙，后来远渡美国求学，并任教于哥伦比亚大学。他是巴迪欧所称道的布尔巴基小组的成员之一，他主要研究的领域为纯粹范畴论，也是这个领域的奠基者。

② 威廉·洛韦雷（1937— ），是爱伦伯格的学生，现在在世的范畴论、拓扑理论方面的数学家。

③ 亚历山大·格罗滕迪克（1928—2014）在德国柏林出生，在法国圣利齐耶逝世，法国数学家，在1966年获得菲尔兹奖。他于德国出生，一生主要在法国成长及居住，但是在他工作生涯中长时期是无国籍的，后来在20世纪七八十年代入籍法国。他被誉为20世纪最伟大的数学家。他是现代代数几何的奠基者，他的工作极大地拓展了代数几何的领域，并将交换代数、同调代数、层论以及范畴论的主要概念也纳入其基础之中。他的"相对"观点导致了纯粹数学很多领域革命性的进展。

得已而为之，望各位读者谅解。在这些问题上，我会直接利用巴迪欧已经证明得出的结论，而不是去重复巴迪欧复杂的论证过程。

最后，是对全书篇幅的考虑。巴迪欧一生的哲学思想极为丰富，而且至今笔耕不辍，在 2015 年，他又连续有 4 本新书出版。对于如此众多的著作，我们实在难以用一本书的篇幅，将他整个思想变化的历程和脉络描述清楚，因此，本书在介绍时，会有一定的取舍。由于本书主要集中于巴迪欧的哲学思想，对于巴迪欧本人与哲学关联不大的文本，如讨论贝克特戏剧的《贝克特：难以置信的欲望》，讨论电影的《电影》，讨论戏剧的《戏剧狂想曲》、《戏剧颂》，甚至一些讨论具体人物的著作，如《德勒兹：存在的喧嚣》、《维特根斯坦的反哲学》、《瓦格纳五讲》均不在本书的讨论范围之内。实际上，本书将主要集中于巴迪欧一个最主要的哲学文本——《存在与事件》——进行展开，本来有计划将相关内容的讨论延伸到《世界的逻辑：存在与事件 2》，但是由于篇幅和能力所限，对于《世界的逻辑》的讨论，我只能在另一本书中进行。所以，本书后面的章节将这样来分配：

（1）第二章将讲述从《辩证唯物主义的（再）开始》到《主体理论》这一区间内的巴迪欧早期哲学的演变，这个时期的巴迪欧哲学，处于一种萌芽和不稳定时期，即便在《主体理论》中，仍然有多重不同的思路交织在一起，我们均可以将这一时期的文本视为处于一种游荡的、不定的状态，巴迪欧还没有成为那个以事件为中心的数学本体论的哲学家。对这一时期文本的讨论，主要集中于五个文本，即《辩证唯物主义的（再）开始》、《模式的概念》、《记号与空缺：论零》、《无穷小的颠覆》以及《主体理论》。鉴于《主体理论》这个文本本身的难度，第二章仅仅只对这个文本做最基本的介绍，而不对之进行深入分析。

（2）鉴于直接进入《存在与事件》这个经典文本的难度，我们需要在讨论《存在与事件》之前，对巴迪欧自己所构建的概念框架和众多术语给出介绍，对其中最核心的术语给出界定，在界定了这些术语之后，我们便可以进一步理解巴迪欧的哲学体系所依赖的一系列公理。这些公理可分为两种不同的类型，其中一些公理被广泛接受，而另外一些公理，如选择公理存在很大的争议。在第三章中，我们会对这些基本术语、基本概念、基本公理和定理给出最基本的介绍。必须指出的是，这些公理和定理，实际上并不是巴迪欧哲学的内容，而是理解其哲学的前提。一些学者在这些术语、概念和公理上却步了，认为巴迪欧的哲学成就不过尔尔，实际上，他们将巴迪欧对这些概念和公理、定理的介绍等同于巴迪欧自己的哲学创见。准确地说，巴迪欧的《存在与事件》一书，从沉思 2 到沉思 30，都在做这样的铺垫工作，即基本术语体系的介绍、基本公理体系的描述。这个铺垫性的部分，实际上占去了巴迪欧《存在与事件》三分之二以上的篇幅。同样，本书也不得不从事类似的工作，因为这一类术语，不仅对于那些从未涉足过哲学，而且对于那些读过一些哲学，但对数学哲学，尤其是集合论哲学不够熟悉的读者而言，也相当的陌生。因此，在这一章中，耗费一定的篇幅是必要的。

（3）第四章是对巴迪欧自己最精彩的哲学创见的介绍，即作为不可能，或者不可辨识的事件在数学逻辑体系中的发生问题，在这一章中，主要涉及的是三个巴迪欧重点讨论的内容。①事件发生所产生的真理程序。我们不能直接把握真实，因此，我们只能借助一定的真理程序来缝合真实所撕开的裂缝，这种真理的程序，也被巴迪欧称为类性程序。

②主体理论，显然，巴迪欧与其老师阿尔都塞已经决裂，他不再相信科学或者知识体系是一个无主体的过程，相反，主体一定会在真实撕开的裂缝中，通过力迫运算，使之成为一种真理程序，在那一刻，主体降生了。尽管，这种主体理论在1982年的《主体理论》中已经有过初步的描绘，但是只有在《存在与事件》中，巴迪欧才真正第一次将主体理论建立在形式化数学上，并由力迫运算来实现。③在主体创立了面向真实的类性真理程序之后，巴迪欧将另一种运算即忠实运算作为事件之后建立结构的关键性运算。实际上，这个时期巴迪欧的主体理论更为主要的立足点，正是忠实运算。在这个部分中，我们会简单地介绍巴迪欧的类性真理程序、力迫运算下的主体理论，以及力迫运算之后的忠实运算的关系。这一部分是本书最核心的部分，介绍了巴迪欧最重要的哲学思想是如何在集合论数学的形式下诞生，巴迪欧又是如何利用这些数学形式来论证推理的。巴迪欧的主要的结论，正是通过非康托尔集合论的介入概念，以及在这个概念之下引出的一系列结论（通过主体的介入，我们可以人为地将在体系中不可辨识、不可决定之物加以辨识）加以决定的。

（4）《存在与事件》之后，巴迪欧主要从他自己所谓的四个真理程序出发进行展开。这个阶段很难说是巴迪欧一个全新的思想阶段，在更广义的范围上，包括《世界的逻辑》都是《存在与事件》的延伸。因此，我们在最后一章中，会进一步分别就巴迪欧的四个真理程序进行讨论，即科学、艺术、政治和爱，其中涉及的文本会很多，例如涉及科学的部分《可递性本体论导论》、《数与数字》、《超越性的数学》等；涉及艺术的部分《非美学手册》、《电影》、《贝克特：难以置信的欲望》、《瓦格纳五讲》

等；涉及政治的文本很多，包括《元政治学概念》、《共产主义假设》、《哲学与政治的神秘关系》、《历史的重生》、《反犹主义》等；涉及爱的文本《爱的多重奏》、《不存在性关系》等。不过，巴迪欧的四个前提理论是巴迪欧哲学中存在争议最大的一个理论，即为什么是四个，而不是更多的前提，为什么偏偏是这些前提，另外一些东西——如伦理和宗教（如巴迪欧讨论了圣保罗，但是他坚持将圣保罗作为一个政治创造的例子，而不是宗教上的先知）——为什么不能作为一个前提。巴迪欧尽管近来提出，有可能不止四个前提，但是，他仍然坚守一个底线，即那些前提尚未被我们所认知，而我们迄今为止的前提只有四个，就是科学、艺术、政治和爱，除此之外，任何其他东西都不能构成真理程序的前提，也无法成为真理程序。正如前文所述，本书的目的不是试图同巴迪欧的哲学思想进行商榷或批判，因此，在本书中，我并不打算就为什么只有四个前提，为什么偏偏是这四个前提的问题进行讨论（实际上，我曾在其他地方讨论过这个问题），对于这个问题的思考，可以留给各位读者自己来进行。因此，在本书的最后一章中，所涉及的也仅仅是从介绍角度对四种前提的描述，并通过一系列翔实的例子，来讨论相应的问题。其中，会涉及巴迪欧与当代一些思想家的争论，如巴迪欧和朗西埃在美学和政治问题上的争论（巴迪欧在《非美学手册》和《元政治学概念》中都对朗西埃提出了批判，而朗西埃则在《美学及其不满》中直接针对巴迪欧提出了自己的批评意见），此外，巴迪欧哲学思想的最大敌人之一弗朗索瓦·拉鲁埃勒对巴迪欧的不恰当批评，以及巴迪欧的嫡传弟子甘丹·梅亚苏对巴迪欧的数学本体论观念的发展，在这一章中都会有所涉猎。

　　总而言之，本书的宗旨是为中国的读者简要地介绍巴迪欧的哲学思想，这也正是我坚持将本书副标题命名为"巴迪欧哲学思想导论"的原因所在。希望通过阅读这本书，大家可以对巴迪欧的哲学思想有一个相对比较直观的认识。当然，这本书并没有面面俱到地总括性地谈论巴迪欧的哲学思想，尤其对巴迪欧那些过于复杂的数学论证敬而远之。这或许是本书的缺陷所在，不过，我相信，即便如此，仍然有可能通过言简意赅的话语和方式，来带领大家进入巴迪欧神秘的思想世界之中，既然如此，让我们开始吧。

第二章 | 巴迪欧的早期哲学思想

啊，严密无误的数学呀！

我无法忘记你，

因为你那睿智的教诲，

比蜂蜜甜美百倍，

如同芬芳四溢的炽焰，

沁入我的心脾。

——洛特雷阿蒙

　　这是阿兰·巴迪欧在他为最后一期《分析手册》所写的文章《记号与空缺：论零》中所引述的一段诗句，诗歌的作者是洛特雷阿蒙，这是阿兰·巴迪欧相当喜欢的一位诗人。在他自己的作品中，曾多次引述过洛特雷阿蒙的作品。与那些拒斥数学的诗人不同，他与佩索阿一样，都十分重视数学和诗歌的关系。

实际上，巴迪欧从进入哲学领域那一刻开始，就坚决将数学作为自己哲学思考的路径。尽管早期的巴迪欧思想还比较飘摇不定，他还在阿尔都塞主义、毛主义以及拉康的精神分析学说中反复摇摆，但是在具体的方法论上，可以说，康托尔开创的集合论传统，一直就是巴迪欧进行哲学思想的最主要的路径。在这个方面来说，康吉莱姆、卡瓦耶、劳特曼都是巴迪欧的精神导师，在他们的精神指引下，巴迪欧毫不犹豫地走向了一条数学化的哲学之路。

一、科学与意识形态之分

对于在巴黎高师读书期间的阿兰·巴迪欧来说，阿尔都塞的思想无疑是对他影响最深刻的，阿尔都塞在课堂上的谆谆教诲，以及在课下的口传心授，都让阿兰·巴迪欧无法抵挡这位当时最为重要的哲学理论家的魅力，因此，巴迪欧最早的哲学文本，毫无疑问都带有阿尔都塞主义的痕迹。而阿尔都塞主义对阿兰·巴迪欧的思想影响最大的，莫过于科学与意识形态的区分，这个区分基本上一直被阿兰·巴迪欧坚持了下来，并成为巴迪欧在展开自己的哲学思考时最基本的信念。直到今天，已经撰写了八十多部著作的巴迪欧仍然坚持这种信念，他始终相信科学的力量，而这个力量不可能被意识形态和日常庸俗的见解所超越。

《保卫马克思》一书中最重要的一个论断，即马克思思想发展史上的一次决裂，阿尔都塞用了加斯东·巴什拉（Gaston Bachelard）的一个说法，称之为"认识论的断裂"。路易·阿尔都塞相信，在马克思自己的思想脉络中，的确存在着这个"认识论的断裂"，而这个断裂就发生在撰写《关于费尔巴哈的提纲》与《德意志意识形态》期间，而《关于费尔巴哈的提纲》就是"这个断裂的前岸"，用阿尔都塞自己的话来说："这个'认识论的断裂'将马克思的思想分成两大阶段：1845 年断裂前是'意识形态'阶段，1845 年断裂后是'科学'阶段。"①

很明显，阿尔都塞这个论断，建立在一个基本的区分上，即科学与意识形态的区分。实际上，阿尔都塞对于科学观念的认识，直接来自于加斯东·巴什拉。加斯东·巴什拉在他的《科学精神的形成》一书中，谈到了阻碍现代科学精神的众多障碍，而在这些障碍之中，巴什拉认为最大的障碍可能来自于一种他所谓的"一般认识"（le savoir général）。巴什拉说："从亚里士多德起到培根时代为止，错误的一般学说曾经盛行于天下，在无数人眼里，它今天依然是基本的知识学说。这种一般学说比任何东西都更加阻碍科学知识的进步。"②在这里，比较难以理解的是，什么是巴什拉所谓的"一般认识"或"一般学说"，为什么这种"一般认识"和"一般学说"会对科学的发展造成危害。实际上，对这个"一般认识"，我们应当恢复巴什拉的原初语境来理解。

巴什拉在《科学精神的形成》中所针对的主要对象是弗朗西斯·培根（同时作为巴什拉批判对象的还有美国实用主义学派代表人物威廉·詹

① ［法］路易·阿尔都塞：《保卫马克思》，16 页，北京，商务印书馆，2006。
② ［法］加斯东·巴什拉：《科学精神的形成》，56 页，南京，江苏教育出版社，2006。

姆士和奥地利经验主义物理学家和哲学家恩斯特·马赫），实际上，真正引起巴什拉不满的，是培根所倡导的依附于实验的归纳法："可不是要用火，而是要用推理和真正的归纳法，并辅以实验；要用与其他物体相区别的办法；还要用将复合物体还原为聚会并且混合于其中的若干单纯性质及其若干法式的办法。一言以蔽之，我们若想揭露物体的真正组织和结构——那是事物中一切隐秘的性质以及所说的种属性质与种属性德所依附，也正是每一有力的变化和转化的规律所从出——我们必须由火之神转为工艺之神才可以。"①

事实上，在巴什拉看来，如果没有正确的归纳知识的框架，我们即便从观察和实验中看到了某种结果，仍然不可能得出科学的结论。巴什拉的例子是法国的贝托龙神甫。在担任朗格多克财政区的实验物理教授时，这位法兰西皇家科学院院士尽管对电力实验进行了多次观察，但是仍然得出了一个怪异的结论，即某一地区国民性格的多样性，实质上受制于大气电荷的变化。实际上处在 20 世纪的巴什拉，已经不需要怎么费力就可以反驳贝托龙神甫的观点。但问题的关键，并不是贝托龙神甫的观点如何荒谬，而是这位堂堂皇家科学院院士的荒谬结论是如何以"科学"的名义提出来的。从方法而言，贝托龙神甫严格秉承了培根主义的实验归纳法，他将所观测到的大气中的电荷的情况，与人体的电荷情况做了记录，并进行一一比较，同时考察了人的性格秉性与这种正负电荷多寡之间的归纳性关系。在这些严格的数据记录的基础上，贝托龙神甫得出了结论，大气中正负电荷的多寡，

————————

① ［英］弗朗西斯·培根：《新工具》，114—115 页，北京，商务印书馆，1984。

与人的性格有直接关联，并导致了人的性格的多样性。因此，真正的问题是，仅仅依照培根式的数据收集和实验观察真的能得到正确的科学结论吗？巴什拉认为，贝托龙神甫的问题不是出在实验归纳的方法上，而是出在其进入实验之前就已经对他的结论产生巨大影响的"一般认识"上。也就是说，贝托龙神甫是带着一个神秘的认识框架进入实验中的，而所谓实验的归纳不过是对这个框架的填充。在这里，倘若没有真正科学的认识结构，即便采用了培根主义的实验方法，仍然不可能让我们触及真正的科学知识。

　　这样，巴什拉的科学精神，涉及对这种"一般认识"的反驳。这种"一般认识"，实际上，就相当于我们日常生活中的常识，这种常识是在日常的俗见中逐渐形成的，缺乏任何科学精神的塑造。"一般认识"类的常识，囿于日常经验，因而不可避免地往往狭隘和残缺，这种庸俗的常识性的"一般认识"框架才是真正阻碍我们获得科学知识的障碍所在。于是，巴什拉认为，真正的科学探索需要一种精神上或心理上的架构作为支持，而这种精神上或心理上的架构需要我们通过科学的教育来培养，来一点点地摒弃日常生活中那些对我们探索科学形成障碍的"一般认识"。在《科学精神的形成》一书的结尾处，巴什拉语重心长地提出，整个社会需要改革，尤其是需要进行教育改革，通过科学教育，帮助人们树立关于科学的正确的意识。巴什拉说道："我们将看到科学教育必须全部进行改革；我们将意识到，现代社会似乎根本没有把科学纳入一般文化中去。"①这样，在巴什拉那里形成了一个对立，即"一般认识"或常

---

　　① 　［法］加斯东·巴什拉：《科学精神的形成》，262 页，南京，江苏教育出版社，2006。

识与真正的科学精神的对立。真正的科学，恰恰是采用了科学的精神和认识，来与那些不健全和不完善的"认识"决裂，从而摒弃日常生活中的众多庸见与常识，真正走向一种科学精神。

在巴什拉的描述中，我们很容易读出阿尔都塞的影子，基本上，巴什拉的科学精神与"一般认识"的对立，在阿尔都塞那里，毫无悬念地被转变为科学与意识形态的对立。在为《保卫马克思》一书所撰写的"致读者"中，阿尔都塞毫不犹豫地揭示了他在进入马克思的文本研究之前，就已拥有的这个二元区分的框架：

> 这双重介入使存在于各种论证、各种文本分析及各种理论探讨细节之后的巨大的对立突显出来了：把科学和意识形态区别开来的对立，准确地说，就是把正在自我构建中的新科学同前科学理论的意识形态（它占据着科学要在其上建立的"场所"）区别开来的对立。下面这一点非常重要：科学/意识形态对立所探讨的东西涉及的是科学和理论意识形态之间"断裂"的关系，在科学建立之前，科学给予知识的对象在这种关系中被"思考"。这一"断裂"没有触及各种意识形态（宗教、伦理、法律和政治的意识形态）所占据的客观的社会领域。在这一非理论的意识形态领域中，存在着各种"断裂"或"中断"，但他们是政治的断裂（政治事件、各种伟大的革命事件的结果），而非"认识论"断裂。[1]

---

[1] ［法］路易·阿尔都塞：《保卫马克思》，252 页，北京，商务印书馆，2006。

在这段文字中，我们可以清晰地看到阿尔都塞在《保卫马克思》中这个基本的对立框架的几个明显的特点：

第一，在科学和意识形态之间没有任何相同之处，在一定意义上来说，科学与意识形态分属于不同的框架和总体结构，用阿尔都塞的术语来说，就是它们分属于不同的"问题式"（la problématique）。

第二，在科学和意识形态之间，不存在任何连续发展的关系，即我们无法简单从一个意识形态的状态，直接过渡到科学状态。而导致它们之间不能连续过渡的原因正是它们"问题式"上的区别，在科学的问题式建立之前，我们是不可能在之前的认识状态中形成真正的科学认识的。

第三，从意识形态转变为科学，不是连续，而是瞬间的一跃，即一种"认识论断裂"。在这个瞬间的一跃中，有的问题式就此崩溃了，或者说，虽然还在，但不能再起作用。相反，随着科学问题式的树立，我们可以很轻易地将一切经验认识转化为科学知识。

这样，我们不用寻怀疑中世纪经院哲学家们的智力。他们不可能发现今天被我们称为科学的东西，原因恰恰在于他们的意识形态问题式的限制。比如，有人认为中世纪的炼金术士是现代化学和科学的先驱，他们的实验精神为后世的科学精神奠定了基础。但是，阿尔都塞并不会这样认为，因为中世纪的炼金术士，如著名的帕拉塞尔苏斯（Paracelsus）①，他提

---

① 帕拉塞尔苏斯（1493—1541），中世纪瑞士医生、炼金术士、占星师。塔罗牌中大阿尔克那中的魔术师即是以他为原型设计的。但是由于塔罗牌早在他诞生之前就已经存在，因此这和说法被认为是后世因为对他存在的神秘感而与塔罗牌联系到了一起。帕拉塞尔苏斯确立了物质的三元素理论，他认为人类同样也是由灵魂（硫黄）、精神（水银）、肉体（盐）三元素构成。

出炼金术的要领并不是去从诸多炼金材料中炼取黄金，而是去炼制对人体有益的药物和材质。尽管帕拉塞尔苏斯的实验已经带有现代医学和现代化学的目的，尽管他的炼金术方法与现代化学实验极为相似，但我们仍然不能将他与拉瓦锡这样的现代化学家等同起来，因为帕拉塞尔苏斯的基本认识框架是建立在中世纪十分流行的四元素学说之上的。尽管他对四元素说进行了改造，但是他的所谓的三元素说仍然奠基在空想和幻想基础上。当然今天我们不能像帕拉塞尔苏斯一样，把灵魂看成是硫黄元素，把精神看成是水银元素，而将我们的肉身看成是盐，这种区分完全缺乏准确的科学框架，或者现代科学的客观性根基。但是，在帕拉塞尔苏斯那里，他对所有物质的分类，对于所有药物炼制规程的制定，都与硫黄—水银—盐的三元划分有关。当他判定一个人在灵魂上有缺陷时，他自然采用带有硫黄元素的炼制药物来对人进行治疗。

对中世纪炼金术士行为的回溯，是建立在现代社会基础上，对现代化学和科学发展的一种回想。也就是说，在拥有了科学的问题式之后，我们才回溯性地发现，中世纪的炼金术士所进行的活动类似于后来的化学的科学实验。于是在现代科学的问题式之下，我们将炼金术士定性为现代化学的先驱，而不是相反，即在没有现代科学问题式确立的前提下，炼金术士不可能真正变为一个现代的科学家或化学家。

阿尔都塞另一个关键的指认是，科学就是科学，不存在科学的哲学，所有的哲学都是一种意识形态的产物。在《保卫马克思》中收录的《论青年马克思》一文中，阿尔都塞将青年马克思，尤其是撰写《1844年经济学哲学手稿》的马克思定性为哲学的阶段，而只有在1845年之后，即《关于费尔巴哈的提纲》和《德意志意识形态》问世之后，马克思的学说才真正变成一种科学。这就是他最为经典的马克思思想发展中的"认识论断裂"的命题。正如阿尔都塞所说："在马克思先同黑格尔、后同费尔巴哈的双重决裂中，真正的问题就在于'哲学'一词的含义。同哲学的传统形式相比较，马克思主义的'哲学'能够是什么？"①在这段文字中，阿尔都塞强调的带引号的"哲学"实际上与不带引号的哲学是一种断裂和对立的关系，也就是说，"哲学"不是哲学，而是马克思通过"认识论决裂"所带来的一个全新的科学。而我们由于暂时没有适当的名称去称呼它，所以暂时只能以带引号的"哲学"来加以处理。这是因为哲学总是处在意识形态的襁褓之中，被意识形态所浸透和贯穿，它本身与真正的科学不能同日而语。在后来的文本中，阿尔都塞反复强调"哲学家总是无谓自扰，他们是脱离实践的知识分子，远离一切事情。他们的话语无非是对这种距离的评注，以及抵赖。他们要隔着这段间距，用自己的词语掌握实在，把实在嵌入体系。词语复词语，体系复体系，而世界一如既往继续它的集成。哲学？这种理论话语对其他方面的实际工作（科学、艺术、政治②等方面的实践）无能为力。哲学：它的企图弥补了名号上的缺陷。这种企图产生了漂亮的话语。所以哲学因为这种企图而成为艺术的一员。一门艺术。我们又看到一幅场景。这一次它是舞蹈：翩翩起舞以免跌倒"③。在另一个地方，阿尔都塞强调，哲学"并无对象可言，但还是

① ［法］路易·阿尔都塞：《保卫马克思》，32 页，北京，商务印书馆，2006。

② 注意阿尔都塞这里所列举的三个实际工作的例子，这三个例子实际上后来都成为阿兰·巴迪欧所谓的真理程序的前提，只是阿尔都塞在此处尚未提到爱。

③ ［法］路易·阿尔都塞：《哲学和科学家的自发哲学》，见陈越主编：《哲学与政治：阿尔都塞读本》，10—11 页，长春，吉林人民出版社，2003。

存在着所谓'哲学对象'，即内在于哲学的'对象'"①，它的研究对象实际上依附于科学的研究对象，哲学只能附着在其他的话语上自我陶醉式地生长。由于哲学在一个话语的封闭回路中做着孤芳自赏的游戏，由于没有真正面对实际世界的对象，因此阿尔都塞强调，哲学"不会出错"，因为它本身就是一个自我旋转着跳舞的一套逻辑，也是一个咬住自己尾巴的衔尾蛇乌洛波洛斯（οὐροβòρος）。这样仅仅在自己领地里自娱自乐的哲学，对于一种开创性的科学实践，乃至政治实践毫无益处。

也正是在这个基础上，阿尔都塞认为，有必要为当时的法国科学家开设哲学课。因为正是有这个意识形态和科学的划分，欧洲科学的发展，随时会陷入危机之中。尽管科学家们有着自己的思考问题式和范式，尽管科学家们在自己的领域中为人类科学的发展奠定了坚实的根基，但是，阿尔都塞感到，科学家一旦脱离自己的专业领域，一旦让进入自己不熟悉的场域之中，随时都可能被意识形态的哲学所侵袭。阿尔都塞说："他们与其说是在批判科学及其实践，不如说是在批判那些天真的哲学观念，他们发现自己到目前为止一直就生活在这样的观念当中……一旦他们对哲学有所醒悟，他们就会在事后承认，因为他们是科学家，所以一直都有一个哲学家蛰伏在他们内心之中。"②这样，我们可以看到，阿尔都塞为科学家们开办哲学课的真正动机，是让科学家们信守自己的科学理念，不要轻易地跨越界限，进入所谓的哲学之中，并

---

① ［法］路易·阿尔都塞：《哲学和科学家的自发哲学》，见陈越主编：《哲学与政治：阿尔都塞读本》，10—12 页，长春，吉林人民出版社，2003。

② ［法］路易·阿尔都塞：《哲学和科学家的自发哲学》，见陈越主编：《哲学与政治：阿尔都塞读本》，59 页，长春，吉林人民出版社，2003。

受到这些不良哲学的影响和干扰。因为这些科学家们自发性形成的哲学观念，并不是科学，而是一种意识形态，一种被认为是真的常识。这种意识形态，这种哲学，对于科学家们去探索科学有百害而无一利，因此，必须通过这样的哲学课程，帮助科学家们排除这些自发性哲学对于他们科学研究的干扰，从而避免陷入当代科学危机之中。在这个课程上，阿尔都塞甚至引用了列宁在《唯物主义和经验批判主义》中对马赫、阿芬那留斯以及这种经验主义在俄罗斯的代表波格丹诺夫的批判，指出所谓的科学哲学"不过是在他们的科学家的哲学里认出自己是哲学家罢了"①。

不过，不是阿尔都塞的所有弟子都赞同这个严格的科学与意识形态的划分，比如在他们的"斯宾诺莎小组"中，最先将批判的矛头指向自己老师的雅克·朗西埃在他的《阿尔都塞的教训》中毫不客气地指出阿尔都塞的科学和意识形态区分的虚伪性。朗西埃说："实际上，知识的概念不仅仅要么是科学，要么是意识形态的'内涵'问题。知识是一个体系，我们不能外在于其兵用（承认、传达、控制、使用）的形式来理解其'内涵'。这个体系是由阶级的意识形态所支配的体系。它既不是'科学'，也不是'意识形态'。相反科学的阶级用途，与统治阶级的意识形态同属于这个体系。科学/意识形态之分掩盖真正的要害所在，即它们表达的是某个阶级的意识形态的支配。"②很明显，雅克·朗西埃反对阿尔都塞

①　[法]路易·阿尔都塞：《哲学和科学家的自发哲学》，见陈越主编：《哲学与政治：阿尔都塞读本》，6□页，长春，吉林人民出版社，2003。

②　Jacques Rancière, *Althusser's Lessons*, Emiliano Battista trans., London: Continuum, 2011, p.143.

的原因在于，后者所主张的科学与意识形态的区分，根本是一个虚伪的区分。真正的区分只有阶级的支配性的意识形态的区分。在阿尔都塞看来是马克思主义的科学，放在朗西埃眼里，不过是无产阶级或者受压迫阶级的意识形态而已。朗西埃认为，任何知识，实际上根本不存在科学与意识形态的区分，不存在超越任何阶级立场，超越政治背景的知识，一切知识的合法性和正确性都必须要纳入阶级立场的角度来衡量。朗西埃的这个立场，实际上在许多地方已经向他的老师表达出来，除了《阿尔都塞的教训》一书，朗西埃还有一篇《论意识形态理论：阿尔都塞的政治学》，实际上也向他自己的老师表达了同样的观点。

对于朗西埃的批判，阿尔都塞在著名的《学生问题》一文中坚持提出对于科学的问题，不能将教师与学生等同对待。阿尔都塞认为，朗西埃的错误在于，他将政治上的平等，与知识上的平等画了等号，认为学生在享有政治权利的平等的同时，也可以在科学知识上与老师平起平坐。在坚持科学与意识形态划分的阿尔都塞看来，这种知识上的等同是十分讹谬的。因为：

> 让学生参与科学研究实践就会培植这种错误。存在于科学研究实践中的集体工作形式，准确来说，假定了各研究者之间的知识的平等性，这种知识的平等性可以让他们自己进行交流并有效合作。但研究并不仅仅假定了知识的平等性。导致真正研究的必不可少的是知识的平等性，而不是一种幻想的平等。学生认为自己经过长期训练，可以真正地去做研究，只要他们认同资本主义社会下所谓的研究，即研究的零碎技术分工。这种研究在自然科学和人文科学中

非常盛行。不过在那里，研究者只是在他人安排之下，对零碎分工盲目工作的人，而不是一个真正的研究者——这就是一些"半—研究者"，支配着研究领域的实证主义意识形态的牺牲品。①

准确来说，阿尔都塞的意思是，学生还没有成熟到可以掌握科学方法的地步，这就需要真正懂得科学方法的教师来循循善诱地让学生进入科学领域。在这里，我们触及了阿尔都塞和朗西埃之争的要害所在。朗西埃的观点是，一切知识都是阶级和政治立场的产物，实际上不存在任何可以被称为科学的东西，所谓的"科学"也不过是一种论者所支持的阶级立场的映射而已。而阿尔都塞坚持，在超越于所有政治立场之外，必然存在着对于所有阶级都成立的科学知识。这种科学知识，实际上与各自所处的立场和政治无关，而是一种纯粹的"无主体"的过程。正如阿尔都塞在《亚眠的答辩》中指出的那样，马克思主义之所以是科学，不仅因为它是代表着无产阶级革命运动的知识和理论，而且因为它从一开始，作为最后的受压迫阶级的革命理论，就铭刻上了全人类的痕迹。② 在真正的科学，和代表着不同阶级利益的意识形态之间存在着一道绝对不可跨越的鸿沟。

实际上，阿兰·巴迪欧走出了与朗西埃完全不同的路径。尽管阿兰·巴迪欧对自己的老师也十分不满，但是，他是在完全相反的路径

---

① Louis Althusser, "Students Problems," *in Radical Philosophy*，2011（170），p. 17.

② 参见［法］路易·阿尔都塞：《亚眠的答辩》，载《马列主义研究资料》，1986 年3—4 合刊。

上表达了这一点的。也就是说，巴迪欧不会简单地将一切知识还原为各个不同阶级和政治的立场所衍生出来的意识形态的副产品，而是在阶级和政治的划分基础上，取消了阿尔都塞所坚持的科学和意识形态之分。在巴迪欧看来，朗西埃的做法与苏格拉底时期的智者学派无异，将绝对的标准转为相对的尺度的问题。这样，巴迪欧提出的问题是，阿尔都塞在科学与意识形态之间的区分是正确的。巴迪欧坚持认为在科学与意识形态之间的的确确存在着一道不可跨越的鸿沟，但是他的老师的问题是，阿尔都塞并没有真正将这个区分的原则贯彻到底，即用真正的科学的话语来言说这一切。相反，阿尔都塞谈论科学与意识形态区分的话语完全是哲学式的，这种方式本身就让这个区分大打折扣。

实际上，我们可以将巴迪欧最初的两个文本，即《辩证唯物主义的（再）开始》和《模式的概念》视为他对阿尔都塞的缺憾进行弥补的一种努力。《辩证唯物主义的（再）开始》首先对阿尔都塞的贡献给予了充分肯定：

> 阿尔都塞的第一个文本首先致力于将这个被掩盖的差异挖掘出来。恢复这个差别意味着证明了马克思理论事业与黑格尔或黑格尔之后的意识形态之间的"关系"，恰当地说，是势不两立的，即无法同时形式化表达出来。这正是因为形式化表达是掩盖差异的行为，因为马克思理论与黑格尔的意识形态的关系既不是一个颠倒，也不是一个冲突，更不是方法上的借用，而是一个认识论的断裂——诞生了一个新科学对象的架构，这个新科学对象的问

题式内涵与黑格尔的意识形态一点也不兼容。①

在这段话旦，我们可以看出，巴迪欧是坚持阿尔都塞在马克思主义的科学与黑格尔的意识形态之间做出决裂性的划分的，也就是说，巴迪欧坚信科学本身带有绝对真理的性质。不过，巴迪欧的意思是，阿尔都塞的划分并不是错，而是阿尔都塞坚持得不够彻底。他的用词甚至是不明朗的，比如说问题式的用词，往往会产生十分模糊的效果，让人们捉摸不透。同样，对于科学和意识形态的根本区别是什么，阿尔都塞仍然没有说清楚，因为他使用的还是带有浓厚意识形态特征的话语。换句话说，巴迪欧对阿尔都塞的不满在于，不是不应该在科学和意识形态之间做出区分（如朗西埃所批判的那样），而是阿尔都塞在这个区分上做得还不够彻底。

那么，对于巴迪欧来说，如何才能真正彻底地实现科学和意识形态的区分呢？巴迪欧的答案是使用形式化的表达方式。在巴迪欧看来，用数学和逻辑的形式化表达，不仅可以终结关于科学和意识形态划分的争论，同时，也可以对阿尔都塞理论中诸多语焉不详、让人无法轻易理解的概念和表达（如多元决定、症候式阅读、归根结底的决定等）加以数理化的澄清。在《辩证唯物主义的（再）开始》的一个注释中，巴迪欧语重心长地解释道："我允许我自己在这样一个基础上进行我的表述，即阿尔都塞在一般意义上决定了这种替代效果的'整体'

---

① Alain Badiou，"The (Re)commencement of Dialectical Materialism,"in Alain Badiou，*The Adventure of French Philosophy*，Bruno Bosteels trans.，London：Verso，2012，pp. 138-139.

效应，我从数理上建立了一种更为完备的理论范例，将某种'排列的排列'作为基本函数，这个例子在这里会十分专业。"①巴迪欧的意思很明显，阿尔都塞没有能力从详细的数理逻辑语言来论证其观点，他给出的仅仅是一个"整体"上的一般论述——实际上，在阿尔都塞那里，以及在阿兰·巴迪欧那里，这种一般的"整体"论述就是意识形态的哲学。因此，巴迪欧需要用更为科学的手段来说明阿尔都塞的发现和原理，而这是阿尔都塞力所不逮的。所以，早期的巴迪欧进入哲学的企图十分清晰和明显，他就是准备用形式化的语言和逻辑，来重复和证明阿尔都塞的结论，而这些结论中最为重要的就是科学与意识形态之间的认识论断裂问题。

事实上，在阿兰·巴迪欧为阿尔都塞为科学家开设的哲学课备课时，如何系统地用形式化表达来说明阿尔都塞的观点，是他进行研究的重点。由此也可以理解，为什么后来巴迪欧的讲稿成为仅有的付印出版的两份讲稿之一。至少在当时的阿尔都塞看来，巴迪欧是站在他这一边的，他用了更为理想化的方式，解决了阿尔都塞所不能解决的形式化表达的问题。

在《模式的概念》中，巴迪欧显然摒弃了阿尔都塞那个不太标准的"问题式"的概念，而使用了一个更为数学化的表达，即模式（modèle）或模态的概念。用巴迪欧的话来说，"'模式'一词在毋庸置疑的科学情景中出场。科学情景不会假装决定理论实践的范阈，而是一个在可证明的连贯体系中

---

① Alain Badiou, "The (Re)commencement of Dialectical Materialism,"in Alain Badiou, *The Adventure of French Philosophy*, Bruno Bosteels trans., London：Verso, 2012，p. 164.

的可以确定的元素：它不是一个观念，不是一个范畴，而是一个概念"①。在这里，我们看到巴迪欧在表面上表达了对阿尔都塞的忠实，同时也暗地里显示出对阿尔都塞话语表达实质上的非科学性的不满。在巴迪欧看来，从严格的认识论上来论证，采用数理逻辑的语言是必要的，这样的语言可以排斥任何特殊性，从而可以保障最终得出一个普遍性的结论，也只有这个结论才能真正叫作模式。在这种情况下，阿兰·巴迪欧用自己惯用的数学语言表达，最终通过严密的论证所得出的模式的概念是"如果这个理论的所有的公理对于这个结构都是正确的，一个结构就是一个形式理论的模式"②。实际上，这个复杂的文字表达，可以更简单地表达为一个形式化的公式（在此我们略去了巴迪欧复杂的论证过程，如果有对论证过程感兴趣的朋友，可以直接阅读巴迪欧的《模式的概念》一书）：

$$(\exists x)P(x) \rightarrow (\forall x)P(x)$$

这个公式的意蕴很明显，存在着某个 x，具有属性 P，符合函数运算 $P(x)$，若从这个命题 $(\exists x)P(x)$ 可以得出 $(\forall x)P(x)$，则可以说明属性 P 为所有 x 的模式。在巴迪欧看来，这样的表达和论证推理模式，比阿尔都塞那些不着边际的话语更确切，也更能切中问题的实质。实际上，巴迪欧的这个定义，完全可以看成是对阿尔都塞"问题式"概念的定义，尽管这一点阿尔都塞或许不会认同。实际上，在这个表面上论证阿尔都塞的思想和理论的文明《模式的概念》中，我们已经看到了巴迪欧与阿尔都塞的分歧，即巴迪欧更相信用

①　Alain Badiou, *The Concept of Model*, Zachary Luke Fraser & Tzuchien Tho trans., Melbourne: Re press, 2007, p. 18.

②　*Ibid.*, p. 34.

数学和逻辑的方法来说明问题，他认为数学和逻辑的表达方式（即可形式化的表达方式），才是真正科学的表达方式，而阿尔都塞的表达是一种意识形态的表达，不足以成为真正的坚持科学知识发展方向的表达。巴迪欧另一个执着的信念是，他只信任数学和逻辑的方式，认为这才是我们触及真实和真理的唯一方式，在这个方面，阿尔都塞显得不够彻底，因为阿尔都塞的表达和话语还停留在感性和踌躇之中，仍然滞留在意识形态的话语中，这使得他不可能真正与意识形态决裂。

二、阿兰·巴迪欧版"读《资本论》"

我们今天之所以如此熟悉阿尔都塞所主持的"斯宾诺莎小组"的名号，以及其中的主要成员，如埃迪安·巴里巴尔、雅克·朗西埃、皮耶尔·马舍雷以及罗格·艾斯塔布勒，正是因为他们阅读马克思的经典著作《资本论》后留下了一个著名的文本，即《读〈资本论〉》。研究阿尔都塞以及阿尔都塞几个弟子的学者都很熟悉，这个著名的《读〈资本论〉》应该有两个版本，第一个版本，是 1965 年，在著名的弗朗索瓦·马斯佩罗出版社出版的，收录在小马斯佩罗丛书之中。这本书之所以受关注还有一个原因，即在这一版中，同时收录了阿尔都塞、巴里巴尔、朗西埃、艾斯塔布勒、马舍雷等人的文章，其中阿尔都塞的最多，其次是巴里巴尔，虽然只有一篇文章，但篇幅最长，雅克·朗西埃贡献了两篇文章，都是重量级的解读，从中可以看出阿尔都塞最初对朗西埃的重视，剩下的是艾斯塔布勒和马舍雷，两人各一篇文章，他们的文章篇幅都不是太长。然而在1973年《读〈资本论〉》再版的时候，阿尔都塞只留下了他自己和巴里巴尔的文章，朗西埃、艾斯塔布勒、马舍雷的文章均被删减掉。艾斯塔布勒和马舍雷的文章篇幅较小，影响力也比较有限。但朗西埃的文章还是有一定冲击力的，然而由于在20世纪70年代初期，朗西埃连续向阿尔都塞发起了几次带有火药味的攻击，朗西埃的文本也自然被阿尔都塞从文集中删除了。

但是，问题是，当时真的只有这几位向阿尔都塞提供了"读《资本论》"的报告吗？答案是否定的。实际上，当时还有一些其他的成员——其中一些并非核心的阿尔都塞"读《资本论》"小组成员①——如让-雅克·米勒、阿兰·巴迪欧、米歇尔·佩雪、米歇尔·费翔，以及弗朗索瓦·雷诺都曾向阿尔都塞提交了读《资本论》的报告，可惜这些文本并没有被阿尔都塞相中，也没有出现在后来的《读〈资本论〉》第一版中。但是，巴迪欧等人阅读资本论的文本后来也没有以另外的途径出版，那么巴迪欧本人在提交给阿尔都塞的文本中所谈

————————

① 按照阿尔都塞传记《来日方长》的编辑者杨·穆利耶·布唐编订的"考订性索引"的说法，阿兰·巴迪欧没有参与"读《资本论》"小组，而巴迪欧在后来他自己编订出版的《红色岁月》一书中则提到他曾去过高师参加阿尔都塞的活动，但只有一两次，所以布唐坚决把巴迪欧排斥在这个"读《资本论》"小组之外的说法是可以理解的。巴迪欧谈到，他曾经就自己阅读《资本论》的看法与阿尔都塞进行了交流，并提交了一份阅读报告，但这份报告不知所踪，但巴迪欧自己将报告的部分内容加入他此后的两篇文本中，即《辩证唯物主义的（再）开始》与〈论意识形态〉。布唐的说法参见[法]路易·阿尔都塞：《来日方长：阿尔都塞自传》，392页，上海，上海人民出版社，2013。

论的东西，对于今天的我们来说，就是一个谜。我们可以思索以下几个问题：

第一，这篇提交给阿尔都塞的"读《资本论》"的报告，应该是一篇比他的《辩证唯物主义的（再）开始》更早的文本，也就是说，这个文本是巴迪欧更早先的对哲学，尤其是对马克思的哲学的思考。这种直接对马克思的思考是否在他其后的文本中留下任何印记？

第二，在巴迪欧最早的四个文本中，都表现出明显的用数学形式化表达来表述哲学思想的方式，是否在提交给阿尔都塞的这个报告中，巴迪欧也使用了大量数学化的表达方式？

第三，在巴迪欧后来的文本中，对马克思的原著评论极少，甚至很少直接提到马克思的名字。而在巴迪欧长达 50 年的写作生涯中，他极少引用马克思和恩格斯的原话，他引用列宁和毛泽东的次数反而更多。例如，在《共产主义假设》一书中谈到巴黎公社的时候，巴迪欧只在"3 月 18 日及其后果"中一个不太起眼的位置引述了马克思的《法兰西内战》①，相反，他多次引用毛泽东的话和布莱希特的著作。一个值得思考的问题是，巴迪欧在此期间是否认真阅读过马克思的文本。或者可以说，巴迪欧对马克思的原著，要么是不太感兴趣，要么是不太熟悉，这才导致在他自己的诸多文本中，几乎很少引用马克思恩格斯的原话。倘若如此，《辩证唯物主义的（再）开始》这个文本就相对来说比

---

① 巴迪欧所引述的原话为"公社也是 19 世纪社会革命的开端。因此，无论公社在巴黎的命运怎样，它必然将遍立于全世界。公社立刻被欧美工人阶级当作求解放的法宝来欢迎。"《马克思恩格斯选集》第 3 卷，94 页，北京，人民出版社，1995。巴迪欧的引文参见 Alain Badiou, *L'Hypothèse Communiste*, Paris: Lignes, 2010, p. 171.

较奇特，因为这几乎是巴迪欧引述马克思最多的一个文本，且在时间上（这个文本 1967 年发表在《批判》杂志上）与 1965 年出版的《读〈资本论〉》第一版非常接近。我们是否可以认为存在这种可能性，巴迪欧部分地将他提交给阿尔都塞的"读《资本论》"报告中的内容，转写到了这个文本之中？当然，我的意思并不是说，巴迪欧原封不动地将那篇报告挪移到这篇文本中，而是强调，巴迪欧在"读《资本论》"期间所产生的想法，很有可能辐射到这篇文章之中。而这篇文章可以视为巴迪欧在"读《资本论》"报告提交之后一种思绪的爆发，他在这种思绪的影响下，完成了这个文本的写作。

若是如此，我们或许可以认为，《辩证唯物主义的（再）开始》这个文本或许承载着更多的价值和命运，即它是那个已经消失在历史烟尘中的巴迪欧"读《资本论》"报告的一个映射版，尽管不是百分之百映射了那个文本的状态。在这个文本中，或许可以找到当时巴迪欧在阿尔都塞阅读《资本论》小组讨论中的状态，可以帮助我们补上巴迪欧在读书活动中思绪如何变化的一环。

那么，《辩证唯物主义的（再）开始》一开始，就带有很强烈的政治经济学批判倾向。例如，巴迪欧强调，马克思分析考察了从斯密—李嘉图的古典政治经济学到弗里德里克·巴斯夏（Frédéric Bastiat）和让-巴蒂斯特·萨伊（Jean-Baptiste Say）的庸俗经济学，而巴迪欧认为巴斯夏和萨伊的庸俗经济学，恰恰是对斯密和李嘉图的古典政治经济学的意识形态化，即将一种现代形态的经济科学（实际上，阿尔都塞的《读〈资本论〉》仍然强调斯密和李嘉图的古典政治经济学未能真正摆脱资产阶级意识形态的影响①)变成了庸俗资产阶级的俗见。我们可以判断，巴迪欧的这个观点，应该是他和巴里巴尔、朗西埃、马舍雷、艾斯塔布勒等人一起在阿尔都塞的"读《资本论》"小组讨论时激发出来的。

在这个观点的影响之下，巴迪欧认为，马克思主义同样也可能存在着被某些意识形态所污染的状态，不是所有的马克思主义都是科学的马克思主义，相反，可能存在着一种理论，打着马克思主义的旗号，而实质上并非真正的马克思主义。为了甄别不同的马克思主义，巴迪欧按照阿尔都塞在《保卫马克思》中的逻辑，将马克思主义大致划分为三种：

第一，原教旨的马克思主义。这是一种阿尔都塞在《保卫马克思》中曾经批判过的所谓人道主义的马克思主义，即以马克思早期的《1944年经济学哲学手稿》为蓝本的马克思主义。这些所谓的马克思主义者，无论在阿尔都塞看来，还是在巴迪欧看来，都存在一个问题，即他们过于关注马克思这早期文本中的异化问题，而忽视了马克思后来著作中科学体系的建立。阿尔都塞在他的论文《马克思主义和人道主义》中批判道：

---

① 在《读〈资本论〉》中，阿尔都塞强调在分析资本主义诞生以及资本主义早期经济运行时，斯密和李嘉图的分析是科学的。但是，真正断裂性的历史维度在他们的视野之外，即他们认为资本主义的经济运行方式是永恒的，在这个方面，他们陷入了意识形态的襁褓之中，而马克思是真正撕破这个意识形态襁褓的第一人，将遮掩在斯密—李嘉图身上的最后一块意识形态遮羞布扯下，将政治经济学批判建构为真正的经济科学和历史科学。阿尔都塞说："马克思同斯密和李嘉图的关系就可以被看作黑格尔同古典哲学的关系。正如人们说黑格尔是运动中的斯宾诺莎一样，人们也就可以说马克思是运动中的李嘉图了。这里说的运动就是历史性。这样又可以说，马克思的全部功绩就在于使李嘉图黑格尔化，辩证化。"参见［法］路易•阿尔都塞：《读〈资本论〉》，101页，北京，中央编译局出版社，2001。

"必须把人的哲学神话打得粉碎，在此绝对条件下，才能对人类世界有所认识。援引马克思的话来复辟人本学或人道主义的理论，任何这种企图在理论上始终是徒劳的。而在实践中，它只能建立起马克思以前的意识形态大厦，阻碍真实历史的发展，并可能把历史引向绝路。"①所以，阿尔都塞多次声称，马克思主义"是一种反人道主义"②。在这一点上，巴迪欧与其老师的观点完全一致，他认为这种原教旨马克思主义，即人道主义的马克思主义提出了一种人类学，他们所倚重的文本，恰恰是马克思所有文本中最多歧义，也是多种逻辑相互交织的文本。而他们的马克思主义事业，就是要去建立一种共产主义体制，即"建立一种未被社会所异化和分裂的总体的人"的社会。③ 而这种马克思主义的核心词汇是"实践"和"异化"④。因此，对于这些原教旨的马克思主义者来说，

---

① ［法］路易·阿尔都塞，《保卫马克思》，226 页，北京，商务印书馆，2006。

② 必须指明，阿尔都塞的这个指认遭到很多马克思主义研究者的批判和反驳，这些反驳既有来自于法共内部的官方理论家，如罗杰·伽罗蒂，也有其他主张人道主义马克思主义的知识分子。在这些反对意见中最有名的反驳来自于英国马克思主义学者爱德华·汤普森（Edward Thompson），他曾经写过一本《理论的贫困：反对阿尔都塞与反人道主义的马克思主义》（*Misère de la théorie：Contre Althusser et le marxisme anti-humaniste*），在这本书中，汤普森仍然从英国式的人道主义或人本主义角度出发，批判阿尔都塞及其弟子不讲"人性"，违背人类的"基本价值"。

③ Alain Badiou，"The (Re)commencement of Dialectical Materialism"，in Alain Badiou，*The Adventure of French Philosophy*，Bruno Bosteels trans.，London：Verso，2012，p. 136.

④ 值得注意的是，巴迪欧在此处加上了一个注释，将这两个词直接指向了阿尔都塞在法国共产党内部理论斗争的对手罗杰·伽罗蒂（Roger Garaudy），指出此时的伽罗蒂已经从一个总体主义的马克思主义者变成了一个人道主义的原教旨的马克思主义者，即从斯大林的马克思主义者变成了一个教皇若望二十三世式的马克思主义者。Alain Badiou，"The (Re)commencement of Dialectical Materialism"，in Alain Badiou，*The Adventure of French Philosophy*，Bruno Bosteels trans.，London：Verso，2012，p. 136.

最为关键的不是建立科学的历史体系，或者科学的政治经济学体系，相反，他们重视的是所谓人的完整性和全面性，试图去寻找一个仅仅停留在意识形态幻想中，根本没有在历史上出现过，也不可能在将来的社会中出现的完整的人的社会形象。最终，这种人道主义的马克思主义，无论在阿尔都塞那里，还是在早期的巴迪欧那里，都是一种意识形态的谵妄，永远不可能变成现实。最终他们会沦为当代资本主义发展的附庸，根本无力从科学的层面对资本主义的政治经济学提出有效或有力的批判。

第二，总体主义的马克思主义，或者翻译为集权主义的马克思主义。这种马克思主义，从名称上就可以联想到，所指的是以斯大林主义为代表，在东欧、苏联建立起来的一种官方正统的马克思主义体系。实际上，尽管阿尔都塞成为法国共产党内部最重要的理论思想家，在很多方面，他不会针对苏联及苏联的马克思主义直接表态，但他也曾隐晦地对这种斯大林式的马克思主义或总体主义的马克思主义表达过不满。在1966 年的一篇发表在《马列主义手册》上，但未署名，后来经过人们研究，将其归为阿尔都塞作品的文章《论文化革命》（"On the Cultural Rev-olution"）①中，阿尔都塞曾这样写道："我们该如何调节党和国家的关系，才能防止落入官僚主义、技术治国论以及其他严重政治的陷阱?"几

---

① 我并未找到这篇文章最原始的 1966 年法文版，现在看到的版本是 2010 年 2 月《滞留》（*Décalages*）杂志所发表的此文的英文译本。网络上的"女神读书会"署名为"东方木雅"的译者将之翻译为中文，因此我参考了"东方木雅"的中译，在此向"女神读书会"以及"东方木雅"表示感谢。他们翻译的此文的中文版参见 http://weibo.com/2492559540/zA9zrzAqD? type=comment#_rnd1431044289685：2015.6.13.

行之后，阿尔都塞继续写道："问题这样得到回答：文化革命并非要建立一种监督党和国家的关系的机制，而是建立群众运动和群众组织。现在在文化革命中，这些组织的'首要'任务就是去揭露并批判那些脱离群众的干部。因为观念和生活、工作和领导作风，这些干部沾染了官僚主义和技术治国论的风气，放弃了'革命的道路'而'走资本主义的道路'。"①在这篇文章中，阿尔都塞明显表达了对苏联式社会主义以及法国共产党宦僚化和技术治理化的不满。在这个意义上，阿尔都塞认为，即便建立了一个社会主义体制，即便有了马克思主义指导，也不等于可以高枕无忧了，相反，在社会主义体制下，仍然存在着所谓的官僚主义和技术治国论等趋势的危险。而巴迪欧则将这种官僚主义和技术治国论的马克思主义追溯到了恩格斯那里，认为从恩格斯开始，就已经将马克思主义带向了他所谓的"总体主义的马克思主义"，即恩格斯更看重的是总体性的生产，以及从官僚体制和技术层面来实现的社会主义和马克思主义。而巴迪欧认定，恩格斯的《自然辩证法》是这种技术治国论和使马克思主义走向官僚化的罪魁祸首，因为这篇文献提出的所谓"辩证法"，不过是"恩格斯脆弱的外推体系"②。

第三，类推的马克思主义，这是巴迪欧自己起的名称，按照巴迪欧的说法，这种马克思主义所依赖的文本正是马克思的《资本论》。巴迪欧

---

① Louis Althusser, "On the Cultural Revolution", Jason E. Smith (2013) trans., *Décalages*, 2010, Vol. 1. Iss, 1, p. 17.

② Alain Badiou, "The (Re)commencement of Dialectical Materialism", in Alain Badiou, *The Adventure of French Philosophy*, Bruno Bosteels trans., London: Verso, 2012, p. 136.

说这种马克思主义：

> 关系的是社会实践的构造和层次。他们主要依赖于《资本论》，以及那些作为奠基性范式的经济学范畴。然而，不难看出，他们以这样的方式使用了马克思主义的概念，但拆解了马克思主义的总体结构。事实上，他们既不是从线性因果关系（总体主义的马克思主义），也不是从富有表现力的中介（原教旨的马克思主义），而是从一个纯粹的同型同构体来思考经济基础和"上层建筑"之间的关系的。①

熟悉阿尔都塞的《读〈资本论〉》的读者，读到这里很容易会联想起阿尔都塞在《从资本论到马克思的哲学》中的一段话："作为经济学家阅读《资本论》，就会在阅读的时候，对《资本论》提出它的分析及其图式的经济内容和意义问题，从而把《资本论》的论述同一个在它之外就已经确定了的对象加以比较，而并不对这个对象提出疑问。"②实际上，无论巴迪欧还是阿尔都塞都认可的一个问题是，存在着一种以非科学的方式，将不同类型的问题式或模式叠加在一起的同型同构式阅读，即阿尔都塞强调的"格栅式"阅读。这种阅读方式，虽然在面对《资本论》时，也会采用政治经济学的术语，也会应用经济学的原理对《资本论》中的某些论述进

---

　　①　Alain Badiou，"The（Re）commencement of Dialectical Materialism"，in Alain Badiou，*The Adventure of French Philosophy*，Bruno Bosteels trans.，London：Verso，2012，p. 136.

　　②　[法]路易·阿尔都塞：《读〈资本论〉》，3页，北京，中央编译局出版社，2001。

行分析，但是从总体上，它们看不到马克思的《资本论》的真正对象，从而割裂了马克思《资本论》中科学的模式。正因为如此。阿尔都塞强调，真正地从马克思主义角度上对《资本论》进行阅读，必须要面对《资本论》对象的特殊性。阿尔都塞说："作为哲学家阅读《资本论》，恰恰是要对一种特殊论述的特殊对象以及这种论述同它的对象的特殊关系进行提问。这就是要对论述—对象的统一提出认识论根据问题。"①那种类推的马克思主义根本没有真正察觉到《资本论》的科学模式，与之前的意识形态模式存在根本区别，在巴迪欧看来，这简直就是和稀泥式的阅读，将意识形态与《资本论》中马克思所开创的历史唯物主义之间的差异给抹除了。这样，相对于阿尔都塞的阅读，这种类推的马克思主义不过是一种抹除差异的庸俗的马克思主义版本。巴迪欧说道："阿尔都塞著作的价值首先在于，他在我们眼前，依照马克思的范例，重新树立了那些各种各样庸俗马克思主义版本的**共性所在**。在这里，我们又一次看到，这些各种各样的粗俗马克思主义的版本并未言明的图示，即被他们所抹杀的体系，而这一点正好形成了超越他们明显差异和对立的一致的一面。"②的确，各色类推的或庸俗的马克思主义的共同特征就是抹除了成熟时期的马克思与之前处在意识形态襁褓中的马克思之间的区别，亦即他们根本无法看到马克思与黑格尔之间的根本差异。他们顶多只能看到，马克思对黑格尔的逻辑和概念的颠倒、对立、具体化，而看不到在这个对立、具体化和概念颠倒背后的关键性的断裂性差异。相反，在巴迪欧看

---

① ［法］路易·阿尔都塞：《读〈资本论〉》，3 页，北京，中央编译局出版社，2001。

② Alain Badiou, "The (Re)commencement of Dialectical Materialism", in Alain Badiou, *The Adventure of French Philosophy*，Bruno Bosteels trans.，London：Verso，2012，pp.137-138.

来，阿尔都塞的《读〈资本论〉》"首先致力于挖掘出这些被掩埋的差异，恢复这些差异意味着证明，马克思的理论事业与黑格尔或后黑格尔主义的意识形态之间的关系绝对是彻底的决裂，亦即它们根本无法用共同的公式表达出来（un-formulatable）"①。这里，巴迪欧使用了一个相当生僻的词，即 un-formulatable，这个词一方面体现了巴迪欧对阿尔都塞在《读〈资本论〉》中基本观点的赞同，但另一方面，在我看来，这个词也暗含着巴迪欧与恩师阿尔都塞之间的差异和潜在的分歧，即巴迪欧更赞同用数学化的公式来表达这种意识形态和马克思的唯物主义科学之间的区分和决裂。

在巴迪欧的文本中，Formula 一般都是指数学公式，或数学上的形式化表达，即可以用代数字母和数学运算符来表达的公式体系。早期的巴迪欧是布尔巴基小组的信徒之一，而布尔巴基小组的一个理想就是，用一种统一的数学形式化表达来统一数学领域。不过，主要的布尔巴基小组成员，如迪奥多涅（Dieudonne）、韦伊（Weil）、嘉当（Cartan）、薛华荔（Chevally）等人，都没有太大的哲学上的野心。然而对布尔巴基小组心悦诚服的巴迪欧自然想到，是否可以将布尔巴基小组的数学形式化和统一化的主张，应用到哲学尤其是本体论上（巴迪欧对本体论数学化的工作一直贯穿他事业的始终，在早期《记号与空缺：论零》、《无穷小的颠覆》、《模式的概念》，到《主体理论》以及《存在与事件》、《世界的逻辑：存在与事件 2》都在进行相关的数学形式化

---

① Alain Badiou, "The (Re)commencement of Dialectical Materialism,"in Alain Badiou, *The Adventure of French Philosophy*, Bruno Bosteels trans., London: Verso, 2012, pp. 138.

和公式概括的工作）。也正因如此，巴迪欧坚信，只有形式化的数学公式表达，才是真正科学的表达，也只有数学公式才能实现阿尔都塞意义上的认识论的断裂：

> 在数学规则的限定下，构建一个新的科学对象，其问题式的内涵与黑格尔主义的意识形态没有丝毫关系。从 19 世纪 50 年代开始，马克思站在了另一个高地上。在这个高地上，马克思绝不可能对黑格尔主义哲学的伪对象及其线性关系形式——即"辩证法"——进行颠倒和批判。理由很简单，我们不会再遇到这些伪对象或关系：这些伪对象和关系变得无迹可寻，我们甚至不可能驱逐它们，因为科学空间已经让自己构建在彻底空缺的地基之上。①

这样，马克思的唯物主义绝对不是黑格尔式的思辨，而正是如此，在巴迪欧看来，只有青年时期的马克思才会去写《黑格尔法哲学批判》，因为那个时期的马克思，尚未真正摆脱黑格尔式思辨的模式，他的思考的根本立足于对黑格尔模式的颠倒与具体化。相反，马克思对《资本论》给出的副标题是"政治经济学批判"，在巴迪欧看来，这足以说明，马克思在《资本论》阶段，业已摆脱了黑格尔式的意识形态模式，进入科学的政治经济学模式，更准确地说，进入马克思主义的唯物主

---

① Alain Badiou, 'The (Re)commencement of Dialectical Materialism,"in Alain Badiou, *The Adventure of French Philosophy*, Bruno Bosteels trans., London: Verso, 2012, pp. 138-139.

义模式。

不过，对巴迪欧而言，他要弄清楚的是，在《资本论》中，马克思所
开创的科学的模式究竟是什么。在卢卡奇、葛兰西、德拉-沃尔佩、科
莱蒂以及萨特等人开始的强势的人本主义话语中，马克思的唯物主义常
常被解释为历史唯物主义，而在卢卡奇看来，马克思的根本性创见，恰
恰是将辩证唯物主义囊括在历史唯物主义的范畴之中。对此，无论是阿
尔都塞还是巴迪欧，都表示了强烈的不满。在《保卫马克思》中，阿尔都
塞已经强调了历史唯物主义知识关于"社会形态发展的科学"①，在这个
意义上，这个"社会形态发展的科学"不可能囊括更一般意义上的唯物主
义科学——辩证唯物主义。事实上，巴迪欧和其老师观点一致，他认为
用历史唯物主义来囊括辩证唯物主义恰恰代表一种黑格尔式的意识形态
对科学的马克思主义的反噬，任何主张这种概念的人，包括卢卡奇、葛
兰西等人在内，实际上都将马克思主义变成了一种原教旨的马克思主
义，其中这种打着人道主义旗号的原教旨马克思主义"将马克思的著作
变成了一种辩证的人类学，在这种人类学中，历史而不是构成性的概
念，而是成为奠基性的范畴"②。更准确地说，这种将辩证唯物主义强
行塞入历史唯物主义的做法，恰恰代表了一种相对主义的意识形态的
决定作用，一定的历史时期，一定的历史情境，成为限定一个理论和
范畴是否具有科学性的根本性标准。阿尔都塞说："正是这一点使历

---

① ［法］路易·阿尔都塞：《保卫马克思》，177 页，北京，商务印书馆，2006。

② Alain Badiou, "The (Re)commencement of Dialectical Materialism,"in Alain Ba-
diou, *The Adventure of French Philosophy*，Bruno Bosteels trans.，London：Verso，
2012，p. 141.

史主义成为绝对历史主义，意味着绝对知识本身成为历史的东西。如果说享有特权的现实存在不复存在，那么基于同样的理由，一切现实存在都成为享有特权的存在。因此，历史时代的每一个现实存在都具有一个可以对每一个现实存在进行'本质切割'的结构。……因此，把马克思主义设想为（绝对的）历史主义就会产生出一种必然的连锁反应，从而把马克思主义的整体降低为黑格尔的整体的变种。"①在这个基础上，不可能出现任何超历史情境的概念或科学范式。实际上，巴迪欧在这里也影射了曾经批判自己的老师，撰写了《阿尔都塞的教训》的朗西埃的立场。

在这个方面，巴迪欧坚决支持自己的老师阿尔都塞（即阿尔都塞的《论唯物辩证法》一文）的立场。首先，巴迪欧强调"辩证唯物主义和历史唯物主义的区分内在于辩证唯物主义之内"②，它们之间不是对称关系，也不能将辩证唯物主义纳入历史唯物主义框架之下。实际上，巴迪欧赋予了辩证唯物主义更大的价值，即辩证唯物主义是"一种新的理性形式"，而马克思的《资本论》正好是在这个"新的理性形式"基础上，发现了作为社会形态发展科学的历史唯物主义。在这个意义上，我们可以说，历史唯物主义的科学性依赖于辩证唯物主义的科学性。历史唯物主义和辩证唯物主义都属于科学，辩证唯物主义是所有科学的科学性的根基，而历史唯物主义仅仅只是一种科学，即社会形态发展的科学，它的科学性，在巴迪欧看来，也必须依赖于辩证唯物主义。因

---

① ［法］路易·阿尔都塞：《读〈资本论〉》，150 页，北京，中央编译出版社，2001。

② Alain Badiou，"The (Re)commencement of Dialectical Materialism"，in Alain Badiou，*The Adventure of French Philosophy*，Bruno Bosteels trans.，London：Verso，2012，p. 144.

此，巴迪欧在这一点上比阿尔都塞走得更极端，他宣称"事实上，对历史唯物主义的表达，即对作为客观规律的历史唯物主义的特殊的因果关系类型的理论，不属于也不可能属于历史唯物主义。而阿尔都塞讨论统治结构，讨论《资本论》对象的基本文本，也不可能属于历史唯物主义——而是属于辩证唯物主义"①。很明显，在巴迪欧的逻辑框架里，辩证唯物主义才是历史唯物主义的方法论与认识论，只有辩证唯物主义才提供了马克思的决定性的模式，让马克思真正与黑格尔式的意识形态决裂。

长期以来，在人道主义马克思主义——即巴迪欧所谓原教旨的马克思主义——的压制下，辩证唯物主义背负着污名，他们将苏联式总体主义的马克思主义，以及斯大林式马克思主义的责任归咎于辩证唯物主义。有人甚至宣称，辩证唯物主义是一种虚妄。而苏联式的马克思主义，尤其是斯大林之后的正统马克思主义学说，更多的是将辩证唯物主义放在与历史唯物主义对称的结构上，认为历史唯物主义是关于社会发展的科学，而辩证唯物主义是关于自然变化的科学。在巴迪欧看来，只有阿尔都塞，才真正让辩证唯物主义走出了历史化和对称论的樊篱，最终赋予了辩证唯物主义马克思主义最基本的认识论和方法论的地位。在这个意义上，巴迪欧和阿尔都塞一样，都认为《资本论》并不是一本纯粹的政治经济学著作，也不像后来的西方马克思主义那样，认为《资本论》是关于资本主义具体的社会历史形态的发展的科学——一种狭义的历史

---

① Alain Badiou, "The (Re)commencement of Dialectical Materialism", in Alain Badiou, *The Adventure of French Philosophy*, Bruno Bosteels trans., London: Verso, 2012, p. 152.

唯物主义，而是认为作为辩证唯物主义的奠基之作，《资本论》的认识论和方法论的根基就是辩证唯物主义。而巴迪欧毫不犹豫地将这个伟大的发现归功于他的恩师——阿尔都塞。

不过，巴迪欧仍然认为阿尔都塞做得还不够好，因为在《保卫马克思》和《读〈资本论〉》里，阿尔都塞在这条道路上依然不够彻底。也就是说，阿尔都塞虽然指出了马克思的《资本论》中辩证唯物主义方法与传统意识形态方法的认识论的断裂，而且指出这是一个彻底的断裂，但是，阿尔都塞本人描绘这种断裂和科学的方式和话语却是意识形态性的。这意味着，阿尔都塞并没有采用科学的语言或话语来表述马克思的新科学，在这个方面，阿尔都塞与马克思一样，让自己的科学内核包裹在一层厚厚的意识形态性话语的外壳之下。因此，巴迪欧觉得，应该用最科学的话语，即数学形式和数学公式来概括。巴迪欧说："我的意思是：他仅仅用话语的统一奠基的外衣来阐述科学话语，那种话语的阐述过程不可避免地会走向意识形态。"①巴迪欧认为，真正的科学话语，必须是自明的（auto-intelligibilité），这种话语，与任何主体的立场、任何具体的历史背景都没有关系，也只有这种话语，才能真正对应于阿尔都塞所主张的"科学是一个无主体的过程"，而马克思主义是"理论上的反人道主义"。巴迪欧认为，阿尔都塞的理论话语，并不能达到这种无主体的理论自明性的结果，相反，由于这种话语本身的模糊性，可能使这种新的科学思想的科学性大打折扣。因

① Alain Badiou，"The (Re)commencement of Dialectical Materialism"，in Alain Badiou，*The Adventure of French Philosophy*，Bruno Bosteels trans.，London：Verso，2012，p. 161.

此，只有再通过一种形式化的规则，尤其是用集合论的方式，才能巩固马克思在《资本论》中开创的辩证唯物主义传统。而在《辩证唯物主义的（再）开始》后面的篇幅中，巴迪欧转向了他所熟悉的集合论数学领域，试图用经过界定的函数和集合论运算符来探索，《资本论》中的辩证唯物主义的理论根基究竟是什么。

三、症候式阅读：符号的空缺与空缺的符号

在阿尔都塞的《读〈资本论〉》中，除了对马克思的科学唯物主义的界定和理解之外，还有一个概念非常难以理解，也使得后来的研究者给出了多种不同的解读。这个概念就是"症候式阅读"。对于症候式阅读，在《读〈资本论〉》里，阿尔都塞曾经有过十分清晰的说明：

在这种不知不觉地包含在新的回答中的新问题的生产中，实际上出现的东西并不是某种特殊的新的对象，这种新的对象并不是像家庭聚会中突然出现的不速之客那样出现在其他已经确定的对象之中；相反，这里所发生的事情是把作为新问题产生的基础的全部领域和视野的变化当作一个有争议的问题提出来。这个新的重要问题的出现无非就是可能出现的主要变化，即可能的潜在变化的特殊标志。这种变化涉及全部领域的现实，直至它的"视野"的极限。用我使用过的语言来说明这个事实就是，具有如此重要（我是在重要情况这个意义上使用这个词的）特征的新问题的产生是新的理论问题

式可能产生的不稳定的标志，而这个问题只不过是整个理论问题式的一个症候形式。①

阿尔都塞对于他在《读〈资本论〉》中提出的这个新的阅读方法的解释不可谓不详尽，而且他还列举了一个与之相对的阅读方法，即"格栅式"阅读，这种阅读是叠加式和稀泥的阅读，在混沌之中，根本无法看出理论上的空缺（manque）。因此，"格栅式"阅读基本上无法真正推进到马克思的理论思考最前沿的地方。相反，症候式阅读是一种寻找空缺的阅读，正如阿尔都塞所说："这些新的对象和问题在这一领域的瞬时的出现（就他们在完全特定的症候条件下可能出现而言）不知不觉地消失，并且在真正意义上成为不可察觉的**空缺**。"②显然，在这里，阿尔都塞已经有意识地使用了拉康和福柯的理论，尽管他在后文中，完全没有提到拉辰的名字。但是，"症候"（symptôme）一词的确来自于弗洛伊德和拉康的精神分析理论。在弗洛伊德的《精神分析引论》中，他的整个精神分析的框架就是从"症候"这个概念开始的："我承认我自己向来很重视对于精神病症候的解释，因为这些症候被视为占据病人心内的'无意识观念'的表示。"③弗洛伊德的意思是，无意识层面的表现，受到了意识层面的压抑。相对于意识的控制，无意识表现为一种意识层面的空缺，一种无法在意识层面上获得意义的东西。与有秩序有意义的意识相比，无意识表现为无序和混乱，似乎成为一种病

① ［法］路易·阿尔都塞：《读〈资本论〉》，16—17页，北京，中央编译出版社，2001。
② 同上书，18页。
③ ［奥］弗洛伊德：《精神分析引论》，202—203页，北京，商务印书馆，1987。

灶、一种症候，因为一旦无意识在意识层面涌现的时候，一定会被视为精神分析上的症候。

实际上，在后来的拉康那里，弗洛伊德的这种症候式解读，被转化为更象征化的理解。拉康 1954—1955 年的讲座正是从象征界和真实界之间的距离上解释了对这种症候的理解。拉康说：

> 什么是症候？……你们或许会注意到，在这个回环中，自我被一个 a，即一个他者，与主体分离开来。不过，那里有一个连接纽带。我就是我，你也是如此，你就是你。在二者之间，有一个结构化的给定物，即主体就是如此实现的。事实上，在象征界层面上发生的事情会在所有生物那里发生。为了让自己得以实现，通过主体的肉体支持，通过一个生物性实体，在 S 中得以出现的东西流变着，而正是这个生物性实体区分了鲜活了有机体的想象性功能（自我是这个有机体的结构化形式之一）——我们对此没有任何抱怨——与象征化功能（它可以进行填充，并赋予我们面对真实界的突出的立场）。①

实际上，拉康强调的是，症候实际上是想象界与真实界之间的裂缝和差距。在想象界层面上，必然存在着某种不可能被象征界的能指链所完全覆盖的领域，这个领域，在象征界层面上表现为一个空缺，而象征界决

---

① Jacques Lacan，*The Seminar of Jacques Lacan*，*Book II：The Ego in Freud's Theory and in the Technique of Psychoanalysis 1954—1955*，Jacques-Alain Miller ed. Sylvana Tomaselli trans.，New York：W. W. Norton & Company，1991，p. 324.

定了这个想象的可说性。在象征界上的空缺，势必意味着我们不得不面对这个超越了象征界的想象，即一种未被阉割的自我的空缺位。在另一个讲座集中，拉康用更形象化的说法谈到了这一点："症候首先是一个言说主体的沉默，显然，如果他能说，则他沉默的症候就被治好了。但他不能告诉我们任何关于为什么他开始言说的东西。"[1]这样，我们可以明白，在拉康那里，症候就是一个空位，一个不能在象征界上的能指链上具体化的空位。由于无法填补这个空位，而产生了症候，这个症候中断了能指链的连贯统一性，让其变成了一个不连贯的整体。

另一个影响了阿尔都塞症候式阅读法概念诞生的人是福柯。实际上，阿尔都塞在《读〈资本论〉》中曾几次提到了福柯的著作《古典时代疯狂史》和《临床医学的诞生》，更准确地说，这涉及福柯著名的考古学方法。阿尔都塞解释了福柯的方法：

> 理解文学形态史，例如理解医学上的"疯狂"史，"临床医学"史，要求巨大的非抽象的，然而有时在抽象中进行的工作，以便建立和界定对象本身并由此建立和界定对象史的概念。在这里，我们同可见的经验正相反。在经验史中，一切历史的时代都是简单的连续性的时代，而"内容"则被抽取了在该时代中发生的时间，但人们在这些事件发生以后却试图根据对这种连续性进行"分期"的切割方法对他们做出规定。我们面临的不是那些概括一切历史的平庸的、

---

① Jacques Lacan, *The Seminar of Jacques Lacan*, Book XI: *The Four Fundamental Concepts of Psychoanalysis*, Jacques-Alain Miller ed. Alan Sheridan trans., New York: W. W. Norton & Company, 1978, p. 11.

神秘的连续和非连续的范畴，而是无限复杂、随着每个不同的历史
而不同的范畴。在这些范畴中出现了新的逻辑。①

阿尔都塞将福柯的话转述得过于复杂，但总体意思仍然十分明确，即存
在着一种被认为是连续的编年史，这些编年史会将一切不符合这个连续
性范畴的事件从历史的范畴中抹除，从而以暴力的方式保障了编年史的
连续性。也就是说，这种表面上无症候的编年史或经验史恰恰建立在对
不符合大历史范畴的症候的阉割基础上，而福柯的"疯狂史"和"临床医
学"面对的就是这些极为细微，被所谓的大历史所切割掉的症候。实际
上，一旦以事实和具体的"临床医学"的眼光来审视，让这些症候在人文
考古学的地基上被挖掘出来，正如福柯在《词与物——人文科学考古学》
（*Les mots et les choses：Une archéologie des sciences humaines*）中指出
的："对于知识考古学来说，连续性区域中的这个深深的切口，尽管必
须得到分析并且是细致的分析，但不能用单个词来'解释'，甚至不能用
单个词来摘录。它是一个激进事件，它分布在整个知识可见的表面，并
且让我们一步步地注意到他的标记、震颤和结果。"②考古学的使命就是
对症候的发掘，让那些单个词所创造的连贯而光滑的历史遇到褶皱
（pli），遇到裂缝，无法再任由单个词的话语霸权驰骋。这样，福柯的
"临床医学"和考古学实际上都是面向症候的科学，即充分从大历史之中

①　[法]路易·阿尔都塞：《读〈资本论〉》，115 页，北京，中央编译出版社，2001。
译文根据法文版原文有改动。

②　[法]米歇尔·福柯：《词与物——人文科学考古学》，284 页，上海，上海三联
书店，2001。

发掘出某种具有独特性(singularité)的东西，一种无法被连贯而光滑的词句所消化的东西。在这个独特性的症候面前，之前的理论概述，之前的大历史，在症候面前都是失败。它是对之前的大历史秩序的悬搁，也是大历史以及拉康所谓的象征能指链的断裂或空缺。

显而易见，阿尔都塞在这里借用了福柯的考古学和谱系学方法。实际上，更准确地说，症候式阅读就是一种针对文本的考古学，这种阅读的目的，从一开始就不是去发现一种可以贯穿全部文本的单一逻辑和单一线索，而是从充满断裂和张力关系的文本中发现出那种可以被称为"症候"的东西，与大文本的逻辑的能指链不相容，并呈现为一种断裂和褶皱的东西。在阿尔都塞看来，马克思的《资本论》正是这样的文本。《资本论》的确是带有革命性科学理论的文本，它不仅仅意味着与黑格尔主义的意识形态的决裂，也意味着与不彻底的英国古典政治经济学的决裂。[①] 因此，在这个意义上，我们可以这样来解释阿尔都塞的"症候式阅读"：

第一，"症候式阅读"是文本的临床医学，旨在发现文本中不连贯和突兀的地方，这些地方无法用传统的知识结构和框架来理解。相对于这

[①] 必须指出的是，在这里，福柯与阿尔都塞实际上存在着较大分歧。在阿尔都塞看来，马克思的《资本论》意味着同政治经济学和德国古典哲学的意识形态的决裂，并创造了真正科学的对象。但是福柯否定了这一点，尽管马克思与斯密和李嘉图处在对立面，但福柯并不认为马克思真正与斯密和李嘉图的古典政治经济学决裂了。福柯说："对李嘉图来说，大写的历史填充着由人类的有限性所产生的，并由永恒的稀缺所表达出来的空缺，直至填补这个空缺达到一个比较明显的稳定点为止；而根据马克思主义的读解，大写的历史，通过对人的劳动的剥夺，让人的有限性的具体形式凸显出来——他的物质性真理最终得到解放……在西方知识最深刻的层次上，马克思主义并没有导致真正的决裂……马克思主义既不打算，也没有能力去改变它，哪怕只是稍稍的改变，因为马克思主义是完全建立在这个排列的基础之上的。"参见[法]米歇尔·福柯：《词与物——人文科学考古学》，340页，上海，上海三联书店，2001，译文根据法文版略有改动。

些知识结构来说，这些不连贯和突兀的地方就是"症候"。

第二，解决"症候"的问题，不能将症候简单地割除和掩盖，恢复既往的连贯性逻辑。因为"症候"的出现是一个激进事件，它势必是对惯常逻辑的打破。因此，正确对待症候的方法，或者阿尔都塞"症候式阅读"的真谛在于，对既有的知识体系的悬搁，用一种被拉康称为"缝合"（suture）的方式来处理"症候"所导致的创伤，这意味着，"症候"需要我们重建知识体系，这个重建的知识体系必然意味着与传统知识体系的决裂。

第三，这样，"症候式阅读"不是一种恢复到既往理论逻辑的阅读，而是一种"理论生产"，一种"缝合"技术，通过对"症候"的"缝合"，生产出一种全新的理论框架来。在那一刻，旧的力量体系被彻底宣告死亡，相反，我们面对的是理论实践的新生，"症候"让理论实践降临在真正科学的地面上。正如阿尔都塞所说："我们的要求无非就是对马克思以及马克思主义的著作逐一地进行'**症候**'阅读，即系统地、不断地**生产**出问题式，对它进行反思。"①

尽管阿尔都塞强调了症候式阅读与拉康和福柯的渊源关系，强调了症候式阅读是对无法纳入平滑连贯的象征能指链或大写历史中的"症候"的考古学式挖掘，但摆在读者面前的问题是，我们究竟应该如何去进行症候式阅读。实际上，阿尔都塞十分强调文本或者真实，相对于既定的知识结构的"空缺"，他说道："从内在方面得到说明，就是把它们看作精确的尺度，用以衡量使人们不可避免地陷入窘迫境地的空缺，记忆中

---

① ［法］路易·阿尔都塞：《读〈资本论〉》，26 页，北京，中央编译出版社，2001。

结构对它的各个要素的作用这一概念（以及它所有亚概念）的空缺。"①也就是说，在原有的理论框架中，存在着某些无法被旧概念所包容的症候点，虽然旧概念仍然顽强地扮演着角色，但这些概念无法延续下去，无法面对新的科学的诞生。在这种情况下，这种症候必然迫使我们"生产"出关于这个空缺的新概念。

对于如何发现文本中存在的这种空缺，阿尔都塞给出了一个著名的例子。阿尔都塞试图用这个例子说明，马克思的《资本论》与英国古典政治经济学，尤其与斯密和李嘉图之间的决裂关系。阿尔都塞说：

> 最初的问题，用古典经济学的话来说就是：什么是劳动的价值？古典经济学生产这一回答的那一段文字，就其严格的、完全站得住脚的内容来说，可以表述为："**劳动（……）的价值等于维持和再生产劳动（……）所必须的生活资料的价值。**"在这一回答中有两个空白，两个空缺。马克思指出了古典经济学的回答中的这两个空白。任马克思由此向我们指出的知识，古典著作本身在沉默时已经表述出来，是在表述中没有说出的东西。因此不是马克思告诉我们古典著作没有说出的东西，不是马克思从外部干预，给古典著作附上一种语言，使古典著作的沉默得到揭示，相反，古典著作本身告诉了我们它所沉默的东西：它的沉默就是它特有的话。②

---

① ［法］路易·阿尔都塞：《读〈资本论〉》，22 页，北京，中央编译出版社，2001。
② 同上书，13 页。

我们可以从以下几个角度来理解阿尔都塞的这段文字：

第一，古典经济学的文本是一个症候式文本。因为在阿尔都塞所列举的这个表述中，表现了文字中的某种张力关系，这种张力并非是马克思从主体的角度给这段文字人为地添加进去的，这个症候就是**内在于**文本之中的症候。

第二，这里涉及"症候式阅读"的核心所在。在阿尔都塞看来，马克思的贡献在于，他用症候式阅读来面对古典政治经济学的文本，从而发现而不是"制造"了内在于文本之中的症候。当然，这种症候，并不能在古典政治经济学的框架下来解决，因为在后面紧接着的文字中，阿尔都塞强调了，古典政治经济学面对着一个巨大的矛盾："什么是'劳动'的再生产？"我们可以理解"劳动"的价值，但无法理解"劳动"的再生产，在古典政治经济学中，"劳动"是具体的，如码头工人扛包的劳动、快递员送快递的劳动、生产线旁的工人进行具体操作的劳动。这些劳动都是瞬间完成的，它可以被重复，但重复绝不等同于再生产。不过，即便将后面一个词改为"劳动者"，在阿尔都塞看来，也无济于事。表述"劳动的价值等于维持和再生产劳动者的价值"仍然是有矛盾的表述，阿尔都塞说："因为劳动者不等于劳动，所以句子末尾的术语'劳动者'和句子开头的术语'劳动'就互相矛盾。"[①]这样，出现的这个表述，就是一个带有症候、带有无法用古典政治经济学术语来解决的矛盾的表述，马克思在《资本论》的写作中发现了它，并将之提升到新科学的高度，这就是马克思自己独有的考古学，即症候式阅读。

---

① [法]路易·阿尔都塞：《读〈资本论〉》，13页，北京，中央编译出版社，2001。

第三，症候式阅读的关键不仅仅在于可以去发现症候，即之前理论的"空缺"或"空白位"，而且要去缝合，这也就是马克思后来在《资本论》中所做的事情。阿尔都塞指出，在斯密和李嘉图的理论中，缺少的正是一个术语，一个用来填补这个症候空白的术语。在阿尔都塞打上括号的地方，实际上即诞生了一个新术语，在这个基础上马克思对术语进行了大胆的创造（这种创造是内在于文本的症候的），"他在这种表述中引入和重新建立了劳动力的概念，而这种劳动力的概念已经存在于古典经济学所做出的回答的空缺中"①。这样，经过马克思的创造，上面的那个表述，便可以被改写为"劳动力的价值等于维持和再生产劳动力所必需的生活资料的价值"。虽然在表面上，马克思仅仅只是在古典政治经济学的表述上添加了一个"力"字，但实际上，这已经是一种全新的术语创造，即一种对原先理论中的空缺的命名，用一个在原有体系中不具有任何语义的新术语，缝合和填补了那个症候的空白。从此之后，理论体系不再是那个古典政治经济学的理论体系，这个理论体系由于被一个新的术语所缝合，因此，它已然是一种全新的表述，一种全新的理论架构，即马克思主义的唯物主义。在这个意义上，阿尔都塞十分激情地宣称："一门科学对象的每一次革命（一门科学的新见解）都必然会引起这门科学的**术语革命**。"因为"任何术语都同一定的观念范围联系在一起，或者可以说：任何术语都是同作为这一术语基础的理论体系相联系的，任何术语自身都包含着特定的、有限的理论体系"②。所以，马克思是用术语变革的方式，变革了古典政治经济学，也正是通过"劳动力"之类术

① ［法］路易·阿尔都塞：《读〈资本论〉》，15 页，北京，中央编译出版社，2001。
② 同上书，169 页。

语，创造了那个为巴迪欧所称颂的辩证唯物主义的科学。

不过，巴迪欧仍然对阿尔都塞没有能够用数学形式来表述症候式阅读有些不满。相比于历史唯物主义和辩证唯物主义，以及问题式或模式概念的数学形式表达，症候及其记号的空缺，实际上更具有形式表达的空间。在这一点上，巴迪欧坚信拉康的判断，在《讲座集 XX：尚需》(*Séminaire XX：Encore*)中，拉康清楚地指出："只有通过数学化，才能走向真实。"[1]显然，巴迪欧是拉康这一观点的忠实信徒，所以巴迪欧相信："如果不通过数学化，不使用代数字母，那么真实就不过是从属于想象驱动之下的平庸现实。"[2]所以，在巴迪欧看来，如果需要触及真实，即从象征界裂缝涌现出来的症候，唯一的途径就是数学的方式。而阿尔都塞在这个方面完全没有涉猎，对于早期还处在阿尔都塞影响之下的巴迪欧而言，他的使命就是去用数学化的表达和公式来阐明症候式阅读的真谛。

可以说，巴迪欧早期并没有打算背弃阿尔都塞的路径，他的想法是用数学形式化的方式和集合论的公式表达来完善自己老师的理解。20世纪 60 年代，他在《分析手册》上发表的两篇文章，都是在这个方面所做出的努力。对于巴迪欧来说，所谓症候，实际上就是真实界的征兆。真实界代表着真正的无限性，而象征界所展现的有限与无限，实际上并

---

① Jacques Lacan, *On Feminine Sexuality，the Limits of Love and Knowledge：The Seminar of Jacques Lacan，Book XX，Encore，1972—1973*, Jacques-Alain Miller ed. Bruce Fink trans. , New York：W. W. Norton & Company, 1999, p. 131.

② ［法］阿兰•巴迪欧：《拉康与前苏格拉底思想家》，见《社会批判理论纪事》第 5 辑，44 页，南京，江苏人民出版社，2012。

不是一种真实的无限性，因为象征界的无限性依附于象征的规则体系。例如，自然整数的集合是一个无限集合，但不等于自然整数的集合就是彻底的无限性，因为在这种无限性背后隐藏着一种数字递推的规则，而其无限性依附于其上，这也就是黑格尔所谓的"坏的无限性"。真正的无限性，不应该从象征界层面上来寻找，这是巴迪欧的一个基本信念。因为无限性的发生，一定是在真实界，它是象征界所无法遮掩的地方。在真实界面对象征界的缝隙中，涌现出来的是真之症候，而这种真之症候的核心要义是象征界上对应的指意符号或记号的空缺。所以，对于巴迪欧来说，所谓的症候研究，或症候式阅读的内核，就是对真正无限性的研究，即我们如何透达有限的或伪无限的象征能指链、话语体系、理论之上的无法化约也无法穿透的症候，去面对一个真实的无限性。症候就是无限性，对症候的研究，也就是对无限性的研究。

正如巴迪欧所说，无限性和真实的症候问题是贯穿他思想脉络整体的一个核心问题，从《分析手册》上的这两篇青涩之作开始，一直到他2015年出版的《追忆消逝的真实》(*À la recherche du réel perdu*)①，实际上都在追求这个主题。更准确地说，巴迪欧试图从各种不同的角度来

---

① 《追忆消逝的真实》这本书的书名十分讨巧，熟悉文学作品或法语的读者一定会很快联想起马塞尔·普鲁斯特的名著《追忆似水年华》(*À la recherche du temps perdu*)，巴迪欧此书的书名与普鲁斯特的著作只有一字之差。加上巴迪欧本人也是普鲁斯特的拥趸，因此巴迪欧的著作向普鲁斯特的名著致敬是可以理解的。但是，普鲁斯特的中文译名翻译为《追忆似水年华》，我在这里却不能简单照搬，因为"似水年华"是固定词组，且转译为"似水的真实"会很奇怪，实际上法文的 perdu 意为"消逝的"，所以也有人把普鲁斯特这本书的书名直译为"追忆消逝的时间"，所以我采用了更直接的方式，将此书的书名翻译为《追忆消逝的真实》。

触及那个真正的无限性的主题，但是他的早期努力基本上都带有十分悲壮的色彩。在这个时期，他虽然发表了一些文章，进行了一些很有意义的从数学形式上进行的对本体无限性的探讨，但是，这个时期的探讨尝试的痕迹十分明显，而往往在经过一系列推理之后，他基本上放弃了其中的某些努力，又重新尝试从新的角度和路径寻找可以突破的方法。巴迪欧的这两篇论文，事实上都发表在《分析手册》的最后两期上。① 下面我们就分别来看看这两篇文章中对无限性问题的探讨。

巴迪欧在第九期上发表的论文是《无穷小的颠覆》。对于这篇文章的初衷，巴迪欧的定位很明显，即从无穷小的概念，去发现一种真正的无限点。实际上，在后来的巴迪欧研究中，这篇文章都被置于一个十分边缘的位置，因为根据许多研究者的看法，他们并不认为巴迪欧在这篇文章中的探索是成功的，相对于他的后一篇文章（《记号与空缺：论零》），这篇文章并没有提供十分具有说服力的论点。一些著名的研究巴迪欧的学者，如彼得·霍华德、阿尔贝托·托斯卡诺、奥利弗·费尔坦、克里斯托弗·诺里斯（Christopher Norris）、布哈努丹·巴基（Burhanuddin Baki）等人均没有太多谈及这篇文章的价值，这篇文章在他们的著作中

---

① 《分析手册》总共只办了 10 期，由于带有明显的拉康式精神分析的色彩，而且拉康本人也曾在杂志的第三期上发表过一篇论文（这篇论文实际上是拉康从哲学上对一些学生做出的回答，标题为《从哲学上就精神分析的对象问题回答学生》［"Réponses à des étudiants en philosophie sur l'objet de la psychanalye"]），在后来几期中，才逐渐拓展思路，发表一些不那么纯粹精神分析的文章，如在第八期上发表了阿尔都塞的《论社会契约》(Sur le Contrat Social)，在第九期上发表了米歇尔·福柯的《对认识论小组的回应》(Réponse au Cercle d'Épistémologie)等。准确来说，尽管巴迪欧自称是拉康的信徒，但他的文章一直没有被视为精神分析圈子的主流，所以他的文章后来被放置在《分析手册》的最后两期上。

要么被边缘化，要么被彻底忽视。尽管这篇文章推理不够精彩，但是巴迪欧已经在其中蕴含了他思考无限性的一个基本思路，即"对于算数序列来说，无限性的支点是算数领域的书写方式无法记述的单位"[1]。在这个界定中，巴迪欧从一开始就将无限性定义为在一个数学书写体系中无法记述和表达的东西，即一个空缺。不过这个空缺不是随意性的，在巴迪欧看来，这种无限性的支点必然包含两个特征：

(a)它占据着一个不可占据的空位。

(b)除了这个占位之外，它完全符合所有其他原始规则。[2]

在这里，巴迪欧判断，这个无限性的支点，不可能出现在算数体系中，因为算数体系虽然也是无限的，但是那个体系的无限性是通过无限后续的运算规则得到的。所以，巴迪欧认为，只有在真正超越算数体系的数学中，才能探讨无限性问题，而在这里，巴迪欧直接指向了带有变量的代数体系。巴迪欧举了一个例子，$x^2+1=0$，其中 x 就占据着算数体系（这里指非虚数算数体系）中一个不可占位的点，但它可以用代数上的变量符号 x 来表示，因此，在这个体系中，"变量实现了由于缺乏记号——常量中缺乏此记号——留下的痕迹的体系，而变量命名了这个位置上的空缺。通过这个无限的支点，记号让其返回数学体系中来，而这个无限支点也让

① Alain Badiou, "Infini tesimal Subversion", Robin Mackay & Ray Brassier trans., in Peter Hallward & Knox Peden eds., *Concept and Form*, Vol. 1: *Key Texts from the Cahiers pour l'Analyse*, London: Verso, 2012, p. 188.

② *Ibid.*, p. 188.

数学体系虚化(irréaliser)：这是数学家们已经知道的东西，即相对于整数关系体系，他们后来将之命名为'无理数'和'虚数'"①。实际上，这些内容都是为巴迪欧后面的野心做铺垫，即他试图从无穷小的角度来找到类似于"虚数"这样的不可能的点。不过巴迪欧选择的是著名的芝诺悖论，即在无限可分性与最终不可分的实体点之间的悖论性关系。在巴迪欧看来，芝诺是第一个真正探索无穷小概念的哲学家，芝诺的辩驳对于后来的非欧几何(即以连贯性为基础的几何学)起到了颠覆性的作用。对于现代数学的发展而言，巴迪欧认为康托尔在无穷大的概念上做出了开创性的贡献，但对于无穷小，康托尔并没有太多讨论。于是，巴迪欧很不客气地认为，从无穷小的概念出发就是康托尔集合论的"意识形态层面上的症候"(le symptôme d'un affleurement idéologique)②。这个时期，年轻气盛的巴迪欧认为，他自己找出了康托尔集合论，或者一种以连续统假设为基础的集合论的软肋，他试图从无穷小的概念出发来颠覆康托尔集合论，建立一种非康托尔集合论。在这里，巴迪欧不忘将这个功劳，归于他的恩师阿尔都塞的"症候"概念，因为在巴迪欧这里，无穷小的概念就是现在数学体系的症候，而通过无穷小的颠覆，足以让巴迪欧去建立一个新的数学天地。

　　显然，在这篇文章中，巴迪欧并没有实现这个目的，而且这种"无穷小的颠覆"既没有在数学领域中发生，也没有在哲学领域中发生。因为，在哲学领域，巴迪欧"无穷小的颠覆"的对象指向的是黑格尔(因为

---

　　①　Alain Badiou, "Infini tesimal Subversion", Robin Mackay & Ray Brassier trans. in Peter Hallward & Knox Peden eds., *Concept and Form*, Vol. 1: *Key Texts from the Cahiers pour l'Analyse*, London: Verso, 2012, p. 192.

　　②　*Ibid.*, p. 196.

黑格尔是他的老师在理论上的敌人，巴迪欧是需要从数学上为其老师辩护的）和贝克莱。尽管如此，巴迪欧在这篇文章中有一个十分值得注意的概念，即跨界扩张（extension transgressive），他指出："一般来说，通过以上程序所获得的新体系就是无限支点的形式理论，因为它跨越了一个既定体系的有限的边界。"[1]在奥利弗·费尔坦看来，跨界扩张这个"术语后来在《存在与事件》中变成了某一情势中的'类性扩张'（extension générique）概念"[2]，这倒是巴迪欧在此文中一个无心插柳的结果，我们会在下一章进一步讨论这个问题。

实际上，巴迪欧更出彩的是他在《分析手册》第十期上的那篇文章，即《记号与空缺：论零》。不得不说，这是巴迪欧早期一篇十分精彩的文章，里面包括了对阿尔都塞提出的症候的空缺问题数学形式化的思考，也极其精彩地为阿尔都塞的立场做出了辩护。此外，这篇文章可以看成是后来单独结集出版的《模式的概念》的基底，亦即，在《记号与空缺：论零》的论证形式下，巴迪欧进一步引出了对模式的数学定义问题。

文章的一开始，巴迪欧就再一次强调了阿尔都塞认识论的断裂命题。在此，巴迪欧也十分重视阿尔都塞后期，即在《意识形态与意识形态国家机器》中对意识形态问题的重新思考，即在科学化之后，意识形态的反噬问题。巴迪欧认为，对于任何科学，其确立并不一定代表着它可以一劳永逸地解决意识形态问题，相反意识形态有一种特殊机制，通过一种特殊的

---

① Alain Badiou, "Infini tesimal Subversion," Robin Mackay & Ray Brassier trans., in Peter Hallward & Knox Peden eds., *Concept and Form*, Vol.1: *Key Texts from the Cahiers pour l'Analyse*, London: Verso, 2012, p.202.

② Oliver Feltham, *Alain Badiou*, *Live Theory*, London: Continuum, 2008, p.27.

运算，消化掉科学的革命后果，从而让我们再一次远离真实。这种区别在于，科学本身面对的是真实，即拉康意义上的真实，这种真实实际上是不能够被任何连贯透明所穿透、所把握的，因此科学，尤其是我们所建立的科学存在着众多的空位，这些空位导致了科学很难在眼下的情形中被塑造成一个整体。相反，意识形态运算的任务是不同的，意识形态从一开始就旨在将各种断裂和不连贯的真实事态，通过某种运算和操作，连贯为一个连续统一体。这势必意味着意识形态在连贯运算的时候，必须要掩盖和填补科学之上的诸多空位。必须说明的是，与阿尔都塞一样，这个时期的巴迪欧尽管仍然坚持科学与意识形态之分，但是他与阿尔都塞不再纯粹将意识形态看成消极和负面的虚假构造。相反，意识形态存在着某种必要性，在我们有限的理性限度内，意识形态必然会再现（représenter）出被科学展现（présenter）的东西，这个转变，实际上已经带有了后来在《存在与事件》中那个著名的情势与情势状态之间的区分的痕迹。在这种情况下，我们可以把意识形态视为一种运算，一种特殊类型的函数，它从总体上架构了整个象征界，尽管这种架构是远离科学和真实的。

相对于真实，相对于奠基于真实的科学，意识形态是一个具有明确区分的体系，它存在着一个严格意义上的分类，并将这个分类体系作为整个区间运算的根本。也正是在这个意义上，巴迪欧指出："真理（vérité）的概念实际上是一个意识形态的运算符，它既概括也掩盖了科学概念的选择与区分。它从总体上表明，它自己就是一个微分化的机制。"[1]不过，由于症

---

① Alain Badiou, "Mark and Lack: On Zero," Zachary Luke Fraser & Ray Brassier trans, in Peter Hallward & Knox Peden eds., *Concept and Form*, Vol. 1: *Key Texts from the Cahiers pour l'Analyse*, London: Verso, 2012, p. 165.

候的存在，这个机制总会在某些节点上遇到阻隔，这就是空位。也就是说，任何一个这样的机制，由于其有限性及其与真实的距离，都必然会遭遇自己符号体制的空位，这些空位就是阿尔都塞在《读〈资本论〉》中强调的症候。

当然，对于任何一个机制而言，都不会允许自己的机制以空缺的形式存在。若存在着症候，存在着空位，就必须要进行缝合。在这一点上，拉康的女婿雅克-阿兰·米勒讲得更透彻："一旦那里有空缺——那并不仅仅是一种单纯的缺少——就要在那里进行缝合。通过扩张（extension）①缝合——即结构所缺乏的一般规则——它所扩张出来的也是一个元素，因为这个元素意味着去占据这个空位（tenant-lieu）。"②显然，扩张和缝合的概念直接来自于拉康的精神分析，也就是说，通过这个能指链或体系的规则，进行某种扩张，来占据那个之前的空缺。不过，这种空缺占位，在拉康、米勒和巴迪欧那里，不是随意的，而是严格按照某种一般规则来进行的，这个一般规则恰恰在原有的体系中是缺乏的，因此，需要建立这个一般规则（即后来巴迪欧的类性扩张），我们才有可能占据这个空缺。

这里米勒所说的有点抽象，而巴迪欧将之转化为标准的数学语言。

---

① 米勒这里的扩张概念与前面谈到的巴迪欧的"跨界扩张"概念是一致的，不过米勒的扩张是整体结构向结构上的空缺扩张，而巴迪欧的《无穷小的颠覆》是一种总体性跨界扩张，依我个人观点，后来巴迪欧在《存在与事件》中的类性扩张的概念，更近似于此时的雅克-阿兰·米勒，而不是《无穷小的颠覆》中的巴迪欧。

② Jacques-Alain Miller, "Suture（Elements of the Logic of Signifier）,"Jacquelien Rose trans., in Peter Hallward & Knox Peden eds., *Concept and Form*, Vol.1: *Key Texts from the Cahiers pour l'Analyse*, London: Verso, 2012, p.93.

即我们设定原有的机制为机制-1(后面记作 M-1)，在 M-1 上，我们确立了一个公理 I，即对于 I 而言，$x=x$，我们可以记作 $I(x，x)$，由于 $I(x，x)$ 是公理，则 $I(x，x)$ 的反命题～$I(x，x)$ 不可能被 M-1 所接收，甚至不可能被 M-1 所记述，因为，在 M-1 上，我们没有任何记述～$I(x，x)$ 的记号。这样，为了能记述～$I(x，x)$，我们必须在另一个层次上创立一个全新的机制，即机制-2(后面记作 M-2)，在这个新的机制上，我们才能将在 M-1 上不可能记述的～$I(x，x)$ 记述下来。而如果我们要进一步谈如何肯定 $I(x，x)$，而彻底在形式上拒绝～$I(x，x)$，则需要我们创立 M-3，在 M-3 层面上，我们才能进一步确立肯定 $I(x，x)$ 与拒绝～$I(x，x)$ 的基本规则。

简言之，这是一个分层化的处理方式，前一个机制(M-1)，是一个带有空缺的机制，但是整个机制却不能在自己的层面上进行缝合，空缺的缝合是在另一个全新的机制(M-2)上进行的。也正是在 M-2 上，我们确立了在 M-1 上那个空缺的记号。这样，我们看到了一个有意思的区分，在 M-1 上，是**记号的空缺**，因为相对于 M-1，某个元素是一个绝对不可能的元素，无法表述，无法言说，也无法思考，我们在 M-1 层次上对之无能为力。为了解决这个问题，我们必须创立 M-2，即在 M-2 上创造一个记号，从而缝合 M-1 层次上的空缺，这样，在 M-2 层次上就不再有记号的空缺，而是产生了一个**空缺的记号**。这个记号本身不是空缺，它在 M-2 层次上，本身也是一个实在的元素，这个空缺的记号的存在，让 M-2 而不是 M-1 成为一个连贯的总体。而这个连贯的总体是通过巴迪欧所谓的"跨界扩张"而缝合起来的。

为了更清楚地说明这个问题，巴迪欧列举了 0 的例子。巴迪欧说："0 实际上是一个缩写，它代表着一个在 M-2 层次上所产生的书写的记号。它是对一种关系规则的抽象。"①巴迪欧是怎样论证 0 的产生的呢？

首先，我们已知一个关系函数 $R(x，y)$，这个函数代表着元素 x 与 y 符合 R 关系。我们有可能找到这样一个类别，即这个类别所有的元素 x 都符合关系函数 $R(x，y)$，而这个函数也是该类别的属性和谓词。现在让我们设定一个新的表述 $\mathrm{Ar}.R(x)$，它表示 x 具有这样的属性，即通过函数 R 与自身相关。事实上，如果我们完全从弗雷格式的逻辑实证主义角度出发，很容易理解，这个新设定的函数 $\mathrm{Ar}.R(x)$ 实际上建立的是一个新的 M-2，而不是之前 R 函数所在的 M-1。

其次，我们选定一个同一性函数 $I(x，y)$，这个函数代表着 $x=y$。根据定义，$I(x，x)$ 必然是公理，那么我们可以得出一个命题：

$$(\forall x)\big[\mathrm{Ar}\cdot I(x，x)\big]$$

这个公式我们可以理解为，对于任何 x 而言，都有 $I(x，x)$，后面我们把 $I(x，x)$ 简写为 I。那么对于 M-1 来说，由于所有的 x 都符合 I，那么就不符合函数 I，即～I 就是在 M-1 上空缺的位置。因此我们可以得出关于 0 的基本界定：

$$0=\mathrm{Ar}\cdot\sim I ②$$

---

① Alain Badiou, "Mark and Lack: On Zero", Zachary Luke Fraser & Ray Brassier trans. in Peter Hallward & Knox Peden eds., *Concept and Form*, Vol. 1: *Key Texts from the Cahiers pour l'Analyse*, London: Verso, 2012, p. 169.

② Alain Badiou, "Mark and Lack: On Zero", Zachary Luke Fraser & Ray Brassier trans. in Peter Hallward & Knox Peden eds., *Concept and Form*, Vol. 1: *Key Texts from the Cahiers pour l'Analyse*, London: Verso, 2012, p. 169.

　　这个公式表明，0 实际上是一个函数，即 $0(x)$，这样 0 代表着在上一个机制中缺乏的东西，即 M-1 的空位。0 的功能在于，在一个全新的层次上去填补这个空位，在这个意义上，巴迪欧说，0 是一个缩写，是一个关系函数的抽象。这样，我们可以理解 0 是新层次上关于空缺的记号，而不是记号的缺乏，而对于原先的层次，则缺乏这个记号。

　　通过这种数学模式，巴迪欧反过来重新解释了阿尔都塞的科学理论。巴迪欧这里使用了大写的科学和小写的科学。"大写的科学是一个没有盲点的大外部"[①]，但是这个大写的科学并不会向我们呈现出来（类似于拉康的真实界），横亘在我们面前的是由意识形态（和前面一样，这里的意识形态并不是贬义）所组成的真理程序。真理就是一种意识形态，它在一个新的层次上生产出我们原有的体系中的空缺的记号，并通过这种空缺的记号的生产，将自身缝合为一个连贯的总体。在这里，巴迪欧不再像阿尔都塞一样，坚持认为历史唯物主义是一种科学，而不是意识形态。巴迪欧说，历史唯物主义提供的就是这样一种记号生产的框架，是一种分层化的体系。于是，巴迪欧将阿尔都塞的认识论断裂转化为一种数学上的分层化体系，而以往那些庸俗的马克思主义，更多时候是将不同层次的机制合并为一个机制，从而根本上抹杀了它们之间的距离。

　　实际上，我们可以看出，巴迪欧在《记号与空缺：论零》中已经具有了《存在与事件》的数学本体论雏形。但问题是，他选择基数上的 0 作为

① Alain Badiou, "Mark and Lack: On Zero", Zachary Luke Fraser & Ray Brassier trans. in Peter Hallward & Knox Peden eds., *Concept and Form*, Vol. 1: *Key Texts from the Cahiers pour l'Analyse*, London: Verso, 2012, p. 172.

分析对象，而没有选择空集符号∅——这个由布尔巴基小组所创立的代表空缺的符号——来分析，0 仍然具有意义上的实指，在基数系统中，它并不是真正的空缺。这个遗憾限制了巴迪欧思考的进一步开展。不过，此后巴迪欧的关系概念就是在这里发展出来的分层的模式概念，这个概念直接帮助巴迪欧在《模式的概念》中推出他关于模式的定义。

四、主体理论 1.0 版

20 世纪 80 年代，这个被巴迪欧称为"冬月"（temp d'hiver）的年代，让巴迪欧多了一些惆怅和彷徨。在这个时期，红色岁月的革命业已褪色，他的昔日战友，许多退回到教室里，变成老实听话的学生，或者变成积极融入资本主义代议制民主的工薪白领。里根和撒切尔夫人的上台，中国"文化大革命"的结束，这些事件无一不敲打着巴迪欧的心弦。巴迪欧的哲学思考也走到了一个十字路口。

因此，《主体理论》成为巴迪欧思想发展的一个重要地标，尽管我并不认为《主体理论》是一部真正具有开创性的著作。问题或许有些奇怪，巴迪欧为什么要谈主体？20 世纪 60 年代的《记号与空缺：论零》[1]，他还和自己的老师阿尔都塞一起高呼"历史是一个无主体的过程"，而巴迪欧自己的口号是"科学没有主体"[1]。对巴迪欧来说，科学就是一个无限

---

[1]　Alain Badiou, "Mark and Lack: On Zero", Zachary Luke Fraser & Ray Brassier trans. in Peter Hallward & Knox Peden eds., *Concept and Form*, Vol. 1: *Key Texts from the Cahiers pour l'Analyse*, London: Verso, 2012, p. 171.

分层化的系统，每出现一个新的科学上认识论断裂的时代，不是由于某个主体用自己的智慧，人为地制造了这个断裂，而是因为科学发展就是一个自动的微分的（différentielle）体系，在这里面，人所能做的，就是尽可能跟随着科学进步的步伐，实现科学的革命。相反，科学所打开的裂缝，所制造的空缺，只能通过哲学来进行缝合。在这个角度上，科学是哲学的前提，而不是相反，作为意识形态的哲学只有在科学开创了一个新的症候之后，才能以严格依照科学的方式来进行缝合。巴迪欧说："如果从严格意义上来说，我们可以宣称，科学就是哲学的大写主体，而这正是因为科学本身没有主体。"[①]在这个意义上，人的行为，人的实践，都是比较次要的东西，人只能选择顺应科学发展的潮流，或者逆潮流而行动，要么成为新时代的开创者，要么在科学的发展中逐渐被时间和历史所遗忘。

在巴迪欧转向毛主义之后，在主体问题上也并未有丝毫动摇。在他20世纪70年代收录在"延安文丛"的《论意识形态》一书中——尽管这个时期，巴迪欧的文章都带有十分明确的政治倾向——将主体批判为一种资产阶级的意识形态：

> 为了前进，就必须打破"主体效应"（l'effet-de-sujet）的可疑的问题式，像佩雪（Pêcheux）所做的那样，认为"资产阶级的政治实践的形式……是'自发的'，它盲目地表达了资产阶级的阶级利益！"必

---

① Alain Badiou, "Mark and Lack: On Zero", Zachary Luke Fraser & Ray Brassier trans. in Peter Hallward & Knox Peden eds., *Concept and Form*, Vol. 1: *Key Texts from the Cahiers pour l'Analyse*, London: Verso, 2012, p. 173.

须像这样来宣告："无产阶级的政治实践绝不是主体(它是无产阶级主体)的行为。"也就是说,资产阶级是其政治的盲目主体,而无产阶级根本没有它的主体。①

可见,在整个 20 世纪六七十年代,无论是在科学上,还是在政治上,巴迪欧都是一个元主体论者。或许,巴迪欧坚持这种观念,与他所处的那个时代密切相关,毕竟,在一个如火如荼的时代,每一个学生,每一个激进分子,都为时代的政治大潮所带动,让他们感到,不是他们自己主动选择去参与政治斗争。相反,这是一种政治的潮流,在这个巨大的潮流中,作为个体的主体根本无法逆政治潮流而动,在坚决的革命斗争面前,任何退缩,甚至任何保守和反动,都势必被政治的潮流所淹没。即便曾经是自己老师的阿尔都塞,因为没有选择站在学生一边,巴迪欧都将其讽刺为大鼻子情圣伯吉拉克的赛拉诺(Cyrano de Bergerac),因为巴迪欧实在无法忍受"阿尔都塞关于意识形态的错误和虚幻的立场"②。换句话说,在革命大潮中,在一场政治运动中,任何个体的角色,任何主体的行为,都是渺小的。即便著名的哲学家、思想家,也无法左右革命运动的历史趋势。

那么,问题是,为什么在 20 世纪六七十年代不谈主体问题的阿兰·巴迪欧,突然又捡起了被他抛弃的主体问题?这是因为随着新自由主义的上台,资本主义统治和治理的进一步稳固,革命和政治运动的潮流逐渐被

---

① Alain Badiou,"De l'idéologie", in Alain Badiou, *Les Années rouges*, Paris: Les Prairies ordinaires, 2012, p. 103.

② *Ibid.*, p. 109.

大写历史的车轮所碾碎。在这样的政治局面之前，巴迪欧必须思考的是，在一个并非革命的时代，在一个资产阶级反动统治巩固和加强的年代，是否还有可能继续革命？如果可以，那么革命是否需要一个主体？

正如我们在前文指出，《主体理论》是一个相当复杂的文本。《主体理论》的英译者布鲁诺·波斯蒂尔和著名的巴迪欧思想研究者彼得·霍华德都毫不讳言，这是巴迪欧所有著作中"最难读懂的一本书"。这本书的晦涩，多半来自于巴迪欧在书中展现出来的实验性质，也就是说，他将多种不同的线索——康托尔集合论、拉康的精神分析、毛主义的政治、马拉美的诗歌——交织在一个文本之中，这种复杂交织的写法，无疑增加了读者的阅读难度。在一定程度上，相对于巴迪欧另外两部重量级著作《存在与事件》和《世界的逻辑》，《主体理论》被谈及的相当之少，如针对《存在与事件》和《世界的逻辑》都有相关的研究论著面世，同时也有大量的研究论文出现，而《主体理论》的研究则显得贫瘠得多，这或许与《主体理论》的实验性质和阅读难度密切相关。不过需要强调的是，巴迪欧谈到的"主体理论"并不只是《主体理论》一书中所涉及的主体理论，其实他的主体理论存在多个版本。我们可以按照巴迪欧三本最重要的著作来划分他三个版本的主体理论：《主体理论》中的主体理论——我们称为主体理论 1.0 版；《存在与事件》第八部分（"力迫：真理与主体，超越拉康"）中的主体理论——我们称为主体理论 2.0 版；以及最后在《世界的逻辑：存在与事件 2》中第一卷"主体的形式理论（形而上学）"中的主体理论——我们称为主体理论的 2.1 版（因为，我已经在第一章中解释过，《世界的逻辑》中的主体理论不构成与《存在与事件》中主体理论的断裂性关系，而是一种升华和具体化的关系，所以是主体理论的 2.1 版，相反,《存在与事件》的主体理论与《主体理论》中的主体理论存在着理论上的断裂关系),不过,我们已经在导论中说明,本书暂时只涉及主体理论的前两个版本,而不涉及主体理论的 2.1 版。

需要注意的是,巴迪欧的《主体理论》一书显然是一本向拉康的精神分析,尤其是在圣安娜医院开始的拉康讲座致敬的著作(更准确地说,是向雅克-阿兰·米勒转述过的拉康致敬的著作)。细心的读者一定会发现,《主体理论》一书不仅在用词和主要的思想上借用了拉康的精神分析原理,尤其是这本书的第三部分带有明显的经过米勒折射过的拉康思想的痕迹(巴迪欧为这一章所起的标题就是"空缺和毁灭",一个典型的拉康式标题);而且《主体理论》的书写方式也是完全模仿拉康的《讲座集》的方式,尤其是模仿了拉康的《讲座 XI:精神分析的四个基本概念》。在《主体理论》的序言中,巴迪欧就很明确地谈到对拉康讲座集风格的模仿:

> 形式问题。这就是讲座的形式,这是拉康赋予了崇高尊严的文体风格。
>
> 有谁会问,组成这本书的课程真的是在所标示的那些日期的日子上的课程吗?
>
> 这是一个理想的讲座——它是实际进行的讲座系列,夹杂一些反馈,一些额外添加的内容,以及一些写就的文章组成的混合物——当然这些东西都真实发生过。这本书就是讲座的第二次诞生。①

----

① Alain Badiou, *Théorie du sujet*, Paris: Seuil, 1982, p. 12.

实际上，巴迪欧三本最主要的著作在文体选择上都是向他认为最重要的思想家的著作致敬，《主体理论》致敬的是拉康的《讲座集》，而后来的《存在与事件》用 37 个沉思的方式来书写，很容易让我们联想到笛卡尔的《第一哲学沉思录》（尽管笛卡尔此书只有六个沉思）；而《世界的逻辑：存在与事件 2》对应的则是斯宾诺莎的《伦理学》，并直接使用了斯宾诺莎《伦理学》的分卷式写作。因此，《主体理论》虽然是巴迪欧第一本重要专著，但是，在文章的结构上却表现得异常松散（因为巴迪欧刻意模仿了拉康式写作的随意性和偶然性风格，用巴迪欧的话说，他是有意识让思想中偶然性的火花随机地撞入文本，但这种随机地撞入对于习惯于系统性阅读的读者来说绝不是什么好消息，因为这势必会增加阅读的难度）。这样，我们无法用一个简单而统一的脉络来整合这部著作，因为巴迪欧有意识地用了许多断裂和偶然性撞击的方式生产这个文本，所以，我们在面对这个文本时难以避免的是沟壑重重，褶皱多多。正如我在导论中所说，本书不是一本专门从分析研究角度去切入文本的著作，因此，《主体理论》所呈现的多重线索，多处断裂，并不是本书分析的主要内容。于是，我选择了三个可以切入的角度，给愿意去阅读这部著作的读者，提供一些可以倚靠的工具。这三个角度分别是：主体的政治介入，巴迪欧在《主体理论》中对主体问题最初的形式概括（尽管自《存在与事件》之后的著作完全抛弃了《主体理论》中的形式概括），以及非在的主体。对于《主体理论》中其他的方面，留给有心的读者自己去细细探索。

1. 主体与政治介入

正如巴迪欧在后来的《存在与事件》序言中承认的，他在《主体理论》中关于主体的思考太过政治化了，甚至直接将政治当作主体的唯一领域。我们可以从巴迪欧这句自我批评出发反过来阅读《主体理论》，即《主体理论》中的主体应当首先理解为政治上的主体，而不是一种抽象的形而上学的主体理论，或者数学形式上的主体理论（在数学形式上构建主体理论恰恰是巴迪欧后来在《存在与事件》以及《世界的逻辑》中所从事的问题）。所以这个时期的巴迪欧更不可能会设想出艺术与爱的主体。

必须指出的是，《主体理论》中的巴迪欧对于主体认识的确发生了一个 180°的转变。正如我们前面曾指出，20 世纪 70 年代的巴迪欧，在他的《矛盾理论》和《论意识形态》中，坚持认为无产阶级是不需要主体的。主体不过是孱弱的资产阶级害怕自己的失败而生产出来的多愁善感的虚构概念，主体的存在本身就是一个日渐没落的阶级创造的护身符，试图用这个概念来抵御多元决定的结构性因果关系中所产生的不可逆转的历史潮流，而无产阶级就是这种历史潮流的体现。因此，无产阶级不需要这种虚伪的主体概念，他们需要的是历史科学，需要的是懂得如何顺应历史潮流和政治运动而斗争，将一切资产阶级固有的意识形态都清扫到历史的故纸堆里去。但是，在《主体理论》中，巴迪欧不再如此坚定地认为"无产阶级不需要主体"。相反，巴迪欧此时的宣言是：

历史科学？马克思主义是一种话语，借此，无产阶级可以让自己始终作为主体。我们绝不能放弃这一观念。①

---

① Alain Badiou, *Théorie du sujet*，Paris：Seuil，1982，p. 62.

那么，为什么巴迪欧需要一个曾经放弃成为主体的阶级重新担负起主体的责任？更准确地说，对于巴迪欧而言，在 20 世纪 80 年代，无产阶级担当主体的责任或成为主体究竟是什么意思？其实，在巴迪欧这里，成为主体或担当主体的责任，有一个更为确切的意思，即成为"无产阶级的战士"。相比一些马克思主义的理论家和思想家喜欢阅读《资本论》和《政治经济学批判大纲》，巴迪欧所关心的往往是马克思那些直接带有政治倾向的文本，如《共产党宣言》、《法兰西内战》、《1848 年至 1850 年法兰西阶级斗争》以及《路易·波拿巴的雾月十八》。用巴迪欧的话说："我们不会总是老生常谈地说，马克思主义的著作首先是战斗的政治。"①在巴迪欧看来，马克思的那些最经典的文本都是在十分迫切、十分紧急的政治状态下书写的，《共产党宣言》是这样，《路易·波拿巴的雾月十八》是这样，《1848 年至 1850 年法兰西阶级斗争》是这样，甚至连后来的《法兰西内战》和《哥达纲领批判》也都是这样。巴迪欧认为，马克思始终将无产阶级的战斗本质放在首位。相反，巴迪欧对《资本论》没有表现出多大兴趣（尽管他的早期著作中比较多地谈到了《资本论》），在《主体理论》中，他反讽地称《资本论》是如同大象一般笨重的著作（l' éléphant-capital）。他建议一个人如果想成为马克思主义者，首先应该阅读的是马克思的《1848 年至 1850 年法兰西阶级斗争》，其次是列宁的《危机成熟了》，最后是毛泽东的《湖南农民运动考察报告》②，只有阅读这些文本，才能让人们真正成为无产阶级的战士，摆脱那种打着"马克

---

① Alain Badiou, *Théorie du sujet*, Paris：Seuil，1982，p. 296.
② *Ibid.*，p. 297.

思主义"的旗号行资产阶级之实的错误方向，才能真正明白作为一个无产阶级（作为主体）和作为一个共产党（作为主体）的意义所在。这一点，也使得巴迪欧的政治革命的主体理论后来遭受了包括他的好友齐泽克在内的批评，即从《主体理论》开始，马克思的政治经济学批判就在巴迪欧的视野之外。巴迪欧之后的作品基本上没有再去涉及政治经济学，而且经济也并没有被巴迪欧视为他后来归纳的四个真理程序之一。实际上，巴迪欧并不是一直轻视马克思的政治经济学批判，在前文已经列举过的《辩证唯物主义的（再）开始》中，巴迪欧就使用了较多笔墨谈论《资本论》以及阿尔都塞对《资本论》的分析，其实，在 1976 年，巴迪欧在自己和拉撒路主编的"延安文丛"上，还发表过两篇谈论马克思的政治经济学的文章，一篇谈"危机资本主义"，一篇谈"国家垄断资本主义"，这两篇文章分别收录在"延安文丛"系列的文集《面对经济危机的马列主义与修正主义》（*Marxisme-léninisme et révisionnisme face à la crise économique*）和《资本主义的转型》（*Transformations du capitalisme*）之中。但是，在《主体理论》中的巴迪欧，选择了对政治经济学的悬置，而仅仅从政治学角度来谈论马克思主义和主体的问题。或许我们可以从 1985 年《我们能思考政治吗？》中的一段话中，来理解巴迪欧为什么对政治经济学变得如此漠不关心：

> 　　最终，被认定是一种面对事件的策略，一种关于社会性的狂热，关于中断—解释的工具，关于命运的勇气的假设，最终是通过经济的方式来展现的，这种经济的方式让我们便于去衡量各种社会关系。这样，马克思主义已经被其历史所破坏了，这是用一个 x 来

固定定位（fixion）的历史，用政治哲学基本问题来固定定位的历史。①

也就是说，在巴迪欧看来，经济学的讨论，固化和定位了不能够被定位的作为活生生力量的政治斗争。实际上，我们会看到，贯穿于整个《主体理论》中的逻辑，就是在活生生的力量与定位和固化之间的矛盾，真正的主体和政治必然是出位的，而经济和资本主义体制一样，则刻意要求所有的个体在其体制中归位。② 在这里，我们可以说，巴迪欧只是为其不涉及政治经济学找到了一个冠冕堂皇的理由，即经济学代表着定位和固化，从而成为对真正政治主体的束缚。而在巴迪欧看来，马克思主义首先应该是政治的，而不是经济的，因为马克思主义的要求是让政治的力量出位，最终打破用于归位的各种结构。

其实，巴迪欧在20世纪80年代谈论主体，还有一个更直接的原因。他强调马克思的著作《1848年至1850年法兰西阶级斗争》以及《路易·波拿

---

① Alain Badiou, *Peut-on penser la politique？*，Paris：Seuil，1985，p. 14.

② 必须指出，巴迪欧对于经济学的反感，实际上源于他自己对马克思的政治经济学批判的误解。可以说，从他阅读《资本论》开始，就没有真正去思考马克思对于资本主义经济学的批判性意义，尽管他也强调马克思在《资本论》中创立了一种根本不同于斯密和李嘉图的科学的政治经济学，即一种狭义的历史唯物主义，但巴迪欧更关心的是这种狭义历史唯物主义之下的东西，即他所谓的科学之科学的辩证唯物主义。他热衷于对马克思在《资本论》里面的基本逻辑框架的数学形式化，而不愿意详细地进入马克思对资本主义生产、分配、交换、消费，以及资本主义再生产等具体的经济环节上的思考，并在后来的《我们能思考政治吗？》一书中，不加任何甄别地就将马克思的政治经济学批判统归为一种对活生生的政治力量的固化，实际上，马克思的政治经济学批判恰恰是试图从资本主义生产方式的总体框架中寻找可以让无产阶级革命加以突破的症候和裂缝，而这一点恰恰在巴迪欧的视野之外。

巴的雾月十八》都是在一种政治的迫切性下进行的书写，我们可以认为，巴迪欧也在做出这样的指认，他的《主体理论》也是在资本主义、新自由主义在全球范围内复辟的政治迫切性下进行的书写。也就是说，《主体理论》是在一个革命和马克思主义都陷入危机的年代，在这种迫切性之下，开展的一种政治性的书写。正如巴迪欧所说："我们必须毫无保留地承认：马克思主义在危急中，马克思主义被击碎了。在民族解放斗争和文化革命之后，过去的 60 年代中的那些冲动，那些开创性的决裂，在一个危机的年代，在一个即将面临战争威胁的年代，我们从 60 年代所继承的下来的东西，仅仅是在毁灭与生存的迭宫中捕捉到的一些狭隘和碎片化的思想和行动。"因此，巴迪欧高呼："在今天，保卫马克思主义意味着保卫这种羸弱。我们必须去**实现**（faire）马克思主义。"①

那么，在这样一个危机的年代，在这个政治革命逐渐退潮的年代，如何在孱弱不堪的马克思主义基础上，去**实现**马克思主义？当然，我们不能再去指望一种政治经济学的分析或所谓历史科学的理论可以帮我们直接过渡到共产主义。因此，巴迪欧坚信，这种背景下，只有主体，只有政治和革命的主体，才能将马克思主义的红旗继续传播下去。在这里，巴迪欧使用了一个数学集合论的词汇，即介入（intervenir）。这个介入本来是哥德尔和科恩等人的非康托尔集合论用来挑战康托尔连续统假设的一种运算，即可以通过力迫的方式，强制在康托尔认为没有任何中介的阿列夫数 $\aleph_0$ 和 $\aleph_1$ 之间介入一个数。这种介入是一种主观的运算，在这个数学原理的基础上，巴迪欧提出了政治上的主体理论。巴迪欧

---

① Alain Badiou, *Théorie du sujet*, Paris：Seuil，1982，p. 198.

说："科恩使用了一种技术，他将这种技术命名为'力迫'：这是一种事实的盲目直观，即在后续规则无法继续应用的地方，在那个成问题的点上使用主观上的'力迫'使之进行下去。"①

在政治上，用巴迪欧的话来说，在马克思主义陷入危机，变得羸弱的时候，必须有一种主体，一种强大的主体的介入，让马克思主义的逻辑可以在一个不可应用的地方，应用下去。这就是巴迪欧的主体上的政治介入，这种介入是一种信念，也是一种忠诚，在没有看到未来社会希望的时候，不能绝望，不能彷徨或犹豫。主体势必意味着，在任何危机时刻，都必须有一种勇气和胆量，对自己心目中的事业和观念保持信仰和忠诚，这就是政治主体的介入。巴迪欧说道："如果信仰就是可以保障获得拯救的可能的东西，如果信仰就是最终真正的归位的主体潜在的永恒性所在，那么忠诚就是对勇气的忠诚，这种忠诚被视为重新组织起来的微分机制，它有着多种途径通向真实。"②实际上，巴迪欧在政治主体上更忠实的形象是毛泽东（更多是"文化大革命"时期的毛泽东形象），这种形象被巴迪欧想象性美化，上升为一种绝对坚持不懈地进行斗争的政治主体形象，正如后来巴迪欧所说的那样：主体不是现成的，而是在革命运动中发现的。

2. 出位与归位：《主体理论》的基本原理

在阐述了巴迪欧《主体理论》的政治性实质之后，我们可以返回来思考一下巴迪欧在书的第一部分中提出的关于主体的数学化概括的基本形

---

① Alain Badiou, *Théorie du sujet*, Paris：Seuil，1982，p. 283.

② *Ibid.*，p. 339.

式。由于巴迪欧在这里使用了一些比较生僻的概念，因此在我们进行形式化讨论之前，必须解释一下巴迪欧所使用的主要概念（这里的解释与第三章内容没有重合，因为这些概念在《存在与事件》中就被巴迪欧放弃了）。

首先，我们要清楚，巴迪欧是辩证法的坚持者，这一点直到今天都未曾改变。不过，他的辩证法早已不是《德意志意识形态》中谈到的社会存在与社会意识的辩证法，而是被他自己称为"结构辩证法"（la dialectique structurelle）的辩证法。这个辩证法的核心是力（force）和位（place）的辩证法。力代表着一种生动与运动的因素，在一定意义上，它类似于精神分析中的力比多，也类似于德勒兹哲学中的生命概念。不过巴迪欧意义上的力，不一定是有机存在物的生命力，也包括无机世界中的力量，甚至还包括某种在生命和无机世界之外的不可知的力量。相对来说，位比较容易理解一些，位是结构辩证法的一个核心要素，代表着一种凝固性的架构。位是一个位置（position），一个场所（lieu），它将力定位在某个具体的位置和场所上，而力的因素总是力图超越这个位置和场所。这样，便构成了特殊的"结构辩证法"。实际上，在《主体理论》中，巴迪欧将这一点谈得十分复杂，不仅涉及当代诗人马拉美的诗歌《骰子一掷永远消除不了偶然》中偶然性消失的船骸，也涉及古罗马具有原子论倾向的诗人卢克莱修的《物性论》中的克里纳门（clinamen）。实际上巴迪欧引述这些伟大的诗篇，无非是试图表达他的结构辩证法。

在力与位的辩证法背后，还有一个更为根本的辩证法——尽管巴迪欧在第一篇（标注为 1975 年 1 月 7 日的讲座）中将其归结为黑格尔的《逻辑学》，但正如巴迪欧的研究学者奥利弗·费尔坦指出的，这完全是巴迪欧自己的"私货"①——出位（horlieu）与归位（esplace）的辩证法。出位代表着力的运动，即力试图摆脱现有的结构，去超越约定在其上的位，一旦其脱离了限定它的位置和场所，我们便可以将这个运动称为"出位"。相反，归位是一种结构化的运动，它是强行将某种力或元素放置在某个位置上。或许，问题在于，如果讨论力的存在，为什么还要讨论位，还故意生造一个力与位、出位与归位的辩证法呢？巴迪欧给出的解释是：如果没有位，没有"结构性框架"，我们就不能将这个与那个区分开来，即"我们是通过差异化的陈述，通过文字上的归置（placement），才能将**这**与**那**分开"②。这样，尽管我们仍然可以说 A 是同一事物，但是我们可以根据其所归位的位置将其区分为 A_1，A_2，A_3…这就产生了巴迪欧在《主体理论》中的第一个基本定义：

> A 原初的对立物，并非其他物，甚至不是被"归位"的 A，即 A_p。真正的且隐秘的与 A 对立的是归置的位置 P：它代表真正的指数。已知的 A 分裂为：
> ——它的纯存在，A
> ——它的被归位，A_P③

于是，我们可以这样来思考力与位的辩证法，A 代表元素，代表某物，即力之存在。P 是位，它可以让元素或力归位。A_P 代表是被归位

① Oliver Feltham, *Alain Badiou*, *Live Theory*, London: Continuum, 2008, p. 40.
② Alain Badiou, *Théorie du sujet*, Paris: Seuil, 1982, p. 24.
③ *Ibid.*, p. 25.

的元素和力，那么，这实际上已经是归位的运动。

不过归位不代表运动的完成，因为巴迪欧还设定了一个出位的运动。在一般情况下，我们并不能保证在 A 与 A_P 之间存在着绝对的和谐，因为相对于位 P，A 总是试图去超越这个限定了它的位（这里实际上隐含着巴迪欧对黑格尔的定在和异在辩证法的解读），因此，在一个具体位 P 上，会存在着某种断裂的关系，即 A 与 A_P 之间的不和谐，我们可以写作：

$$A=(AA_P)$$

这个公式是决裂公式，意味着 A 试图摆脱位 P 的控制，形成自己的独特之力。例如，变性人在选择变性之前，就存在这种断裂公式。对于位 P——在这里是生理上的性或社会性的性别——他被归位一个男性，但是他内在的力比多和欲望是试图变成一个异性，弃绝作为男性的位的存在。于是，在选择变性之前，存在着一种焦虑（拉康在《讲座 X：焦虑》中谈到的那种焦虑），他内在的力（欲望）与他的归位（男性）发生了断裂。不过，这种断裂和不和谐的公式不一定导致后面的出位，即虽然他有着强烈的改变自己性别的欲望，但是不一定真的会改变性别。我们会遇到第一种情况：$A_P(AA_P)$。这个公式，即黑格尔的规定（$Bestimmung$），这个规定，可以产生两种结果，即 $A_P(A)$ 和 $A_P(A_P)$。前一种选择 $A_P(A)$，是在不选择出位情形下，修正性的改变（如异装癖没有改变自己的性别，但通过改变装束，在位 P 限定的范围内实现有限的改变）。在政治上，这是一种修正主义，因为如果 A 代表无产阶级，P 代表资本主义社会，那么 $A_P(A)$ 则代表在资本主义代议制框架下进行议会斗争的路径，即后来社会民主党和工联主义所采用的路径。而后一种选择，$A_P(A_P)$，用巴迪欧的话来说，是一个"死局"①，在精神分析上，这代表着对自己内在欲望的绝对压抑，而在政治上，这是彻底的投降主义，代表着放弃了自己的最基本的阶级原则，"这是一种倒退，是向位P的回归"。

不过，黑格尔的辩证法提供了否定之否定的原则，也就是说，在异在之后我们仍然可以通过"规定之规定"（la détermination de la détermination），避免陷入修正主义或死局。我们可以将之表述为$A[A_P(A)]$，注意这个公式不是纯粹的等同，即并非$A(A)$或$A=A$，它是否定之否定，规定之规定。$A(A)$意味着原始的重复，意味着不根据现实的状态，盲目地按照自己的意志来行动。在巴迪欧看来，这也是一种"死局"，不过是极左翼的死局。相反，$A(A_P)$代表着一种现实的可能性，即立足于现实的规定（即归位A_P）做出革命性的变革，如推翻资本主义制度的无产阶级革命就是这种类型。

这样我们将上述内容概述为如下图示：

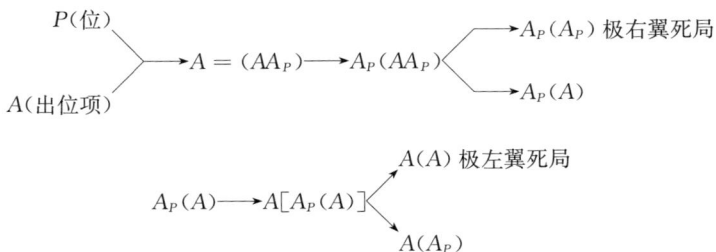

在这里的形式化表述中，最关键的因素$A(A_P)$代表着变革的可能性。在政治上，它代表着进行政治革命的希望。而$A_P(A)$则不同，它

---

① Alain Badiou, *Théorie du sujet*, Paris: Seuil, 1982, p. 28.

旨在蜷缩在资本主义的框架内最大限度地寻求工人阶级的利益，A_P(A)丝毫不去触动资本主义的制度和体系，在这个意义上，主张交往理性的哈贝马斯和主张承认政治的阿塞克勒·霍耐特（Axel Honneth），以及南希·弗霍泽（Nancy Fraser），主张在资本主义框架下进行争胜斗争（agonistics）的拉克劳（Laclau）和尚塔尔·穆芙（Chantel Mouffe）都属于这种类型。而 $A(A)$ 对应的是那些完全抛弃任何形式、任何约束的无政府主义（Anarchism）。他们尽管在目标上与无产阶级革命和马克思主义一致，但是他们也无法忍受无产阶级形式的约束，从而追求一种绝对的自主性，认为仅仅依靠 A 本身就可以完成自治 $A(A)$。而真正的革命，在《主体理论》中是 $A(A_P)$，在巴迪欧的心目中，符合 $A(A_P)$ 的革命很多，包括法国大革命、巴黎公社、十月革命、1968 年的"五月风暴"，而中国的"文化大革命"被巴迪欧视为最后一场符合 $A(A_P)$ 的政治革命运动。

3. 主体：ψ 与 α

根据以上分析，我们可以得出一个结论，巴迪欧的主体，即一种旨在忠实于政治革命的主体，只能发生在 $A(A_P)$ 中，其他三种情形，都不可能诞生主体[$A_P(A_P)$ 与 $A(A)$ 是死局，而 $A_P(A)$ 是囿于原结构下的修正主义或改良主义，不可能诞生革命主体]。因此，巴迪欧将 $A(A_P)$ 称为主体的辖域（manoir）。然而，主体究竟如何在 $A(A_P)$ 这个辖域中发生呢？

在《主体理论》的第五部分，即"主体化和主体过程"中，巴迪欧详细探讨了主体是如何在这个辖域中发生的：

主体是这样，它从属于规定了它的位的规则，然而它通过中断了规则的效力，而中止了规则。

其主体化的精要正是在于这个中断之中，通过中断，规则在那里被废止了，而那个位也被摧毁了。

主体同时是重组的过程，从那个中断点上，产生了另一个位和另一种规则。

主体就是屈从，因为除了一个被规制的位——归位之外，在这个名称下，不能思考任何东西。

事实上，主体过程就是在中断点上发生的，它表明了，主体的法则就是摧毁和重组的辩证之分。

这保障了主体过程部分地摆脱了重复。同一性效应被摧毁了，摧毁的力量又构筑了另一种同一性。①

巴迪欧在这段文字中已经说得十分清楚，在主体的辖域之内，主体是如何诞生的。主体先是打破了原有的位的规则，即出位（*horlieu*），这种出位或对原规则的打破是一种摧毁的力量。但是由于巴迪欧在最初的界定说明，离开位 P 的力 A 是无法思考的，也无法被区分，而出位之后的 A 唯一可以被思考的方式，就是创造一个新的位，即重组的 P'，这个 P' 成为主体的创造，而新的 A_P，才是这种主体运作的结果。

然而，在前文中，巴迪欧已经解释过，$A(A_P)$ 需要一个前提，即断裂公式 $A=(AA_P)$，A 需要有出位的欲望。在资本主义社会前提下，资

①　Alain Badiou, *Théorie du sujet*, Paris：Seuil，1982，p. 275.

产阶级本身是安于现状的，他们代表着极右翼死局 $A_P(A_P)$。在这个局面下，资产阶级不可能成为革命性的主体。这样，在巴迪欧那里，成为 $A(A_P)$ 的只可能是无产阶级。但无产阶级如何才能成为一个革命主体呢？

巴迪欧指出，由于无产阶级是在资产阶级的位上被归位的，因此，无产阶级的存在实际上是一种非在（inexistant），是被包含于位但被排斥的力量，即内在的排斥（exlcusion interne）。在后来的《存在与事件》中，巴迪欧用了一个更简单的方式来表达这个问题，即无产阶级是一个情势中的独特项（le terme singulier），它在情势中被展现，但不被结构所再现。但在这里，巴迪欧的表述十分复杂。我们将之跳过，直接过渡到结论，即他认为无产阶级是一个拓扑学上的溢出（excès）。这个溢出并不直接为我们所表达，我们只能通过数学形式化语言方式来接近。

假设有一个集合 E，我们可以得到它所有部分的集合，即 E 的幂集——F，根据康托尔定理，我们可以得出，E 的基数 $\mathrm{Card}(E)$ 一定小于其幂集 R 的基数 $\mathrm{Card}(F)$，于是我们有 $\mathrm{Card}(E)<\mathrm{Card}(F)$。现在，假设我们强行规定：

$$\sim(\exists F)[\mathrm{Card}(E)<\mathrm{Card}(F)]$$

从纯逻辑上来说，这个公式 $\sim(\exists F)[\mathrm{Card}(E)<\mathrm{Card}(F)]$ 可以改写成 $(\forall F)[\mathrm{Card}(F)\leqslant\mathrm{Card}(E)]$，这个经过改写的公示表明，所有的基数都受限于 E。巴迪欧说："通过改写为 $(\forall F)[\mathrm{Card}(F)\leqslant\mathrm{Card}(E)]$，我们让 E 归位。"[①]实际上，这个改写就是一个革命性的 $A(A_P)$ 的过程，

---

① 　Alain Badiou, *Théorie du sujet*, Paris: Seuil, 1982, p. 278.

在前一种书写方式中，真正起到限定作用的是 F，因此尽管前一种写法是否定性的，但是它代表着 F 对 E 的限定，即 $A_P(A)$。例如，资本主义社会下的无产阶级是建立在对资产阶级的否定意义上的，即非资产阶级。同样，父权制下的女性也是建立在对男性的否定上的——女性就是非男性。也就是说，在资本主义社会中，资产阶级是对无产阶级的限定，而在父权制社会中，男性是对女性的限定。经过形式上的改写，一切发生了变化，尽管在逻辑上，两种书写是一样的，但是起到限定意义的角色已经不一样。$(\forall F)[\mathrm{Card}(F)\leqslant \mathrm{Card}(E)]$ 意味着无产阶级成为限定的力量，即 $A(A_P)$，原来隐藏在形式表达的限定性因素背后的非在，变成真正归位的存在，E 从一个否定性的出位，变成了肯定性的归位。在这个过程中，充分体现了摧毁和重组的辩证法，也就是出位和归位的辩证法。而在这种运算中，我们看到 E 作为主体出现了。

其实，在《主体理论》中，涉及的主体运算不止一种，而是四种。[①]这四种运算分别是焦虑（angoisse）、勇气（courage）、正义（justice）、超我（surmoi）。巴迪欧将这四种运算或概念分为两组，其中焦虑和超我构

---

① 巴迪欧在《主体理论》中归纳的四种主体运算与后来在《存在与事件》中唯一的主体运算存在巨大的差别，可以说，这种差别是决裂性的，而不是细微的。对于《主体理论》中的四种运算，巴迪欧并没有给予详细的计算方式，实际上也不可能完全给出具体的推理运算过程。相反，在《存在与事件》中，巴迪欧将主体运算还原为唯一的运算，即忠实性运算，在《存在与事件》中，巴迪欧也给出了十分相近的忠实性运算的证明推理过程。这是质的差别，也就是说，《主体理论》中的巴迪欧，虽然利用了数学形式关系，然而形式运算并不是连贯的，或者说，不是他所提出的所有概念都经过形式运算的严格证明。相反，《存在与事件》的数学推理是亦步亦趋的，尽管有瑕疵，但至少巴迪欧在形式上保障了 37 个沉思之间的推理连贯性。

成了主体效果-ψ，而勇气和正义构成了主体效果-α。下面我们分别来解释一下这四种运算：

（1）焦虑

焦虑出现在溢出中，即一个尚未被归位的元素或项上，由于没有归位，这个元素或项无法被认识，无法被思考，甚至无法被区分。在这种情况下，该元素产生了巨大的原初的焦虑，这是原初的 A 的情形，它曰于没有位，所以迫切追求着归位。

（2）勇气

勇气是一种破坏的勇气，由于 A 与位 P 存在着断裂，即 $A=(AA_P)$，因此，处在位 P 之下的 A 的主体化就是对 P 的规则的效力的破坏，让 A 出位。巴迪欧在这里引述的是埃斯库罗斯的悲剧《俄瑞斯忒斯》："埃斯库罗斯的关键在于，他中断了原初的权力，即太一的区分。这个中断也有两个方面。一方面是一种有勇气的拒绝，即它在真实溢出的情形下质疑了法律，并在一种争扶的模式中超越了焦虑。当俄瑞斯忒斯要求对这个事情是对还是错进行裁决的时候，他做到了这一点。另一方面，这就是重组，在中断基础上的重组，开启了一个正义的秩序。"①的确，巴迪欧的勇气就是俄瑞斯忒斯那种质疑律法、质疑秩序的勇气，也是普罗米修斯盗火的勇气，这种勇气是为了后面重构新的正义秩序而准备的。

（3）超我

超我是巴迪欧直接从拉康的《讲座 II：弗洛伊德理论和精神分析技术中的自我》中借用的概念，拉康说，所谓的超我，"就是我告诉你的被

————————

① Alain Badiou，*Théorie du sujet*，Paris：Seuil，1982，pp. 183-184.

中断的话语。是的，被中断话语的一种最为显著的形式就是法律，这种法律不需要你理解"①。也就是说，为了摆脱出位的焦虑，我们只能采用绝对命令的形式来对自我进行强制，如"你必须……!"，"你应该……!"，我们不需要理解这些命令的合理性，其唯一的价值就是让自我去执行。在执行这些绝对命令的过程中，自我变成了超我，超我构筑了一种重组的主体的模式，即通过强制性命令让主体归位。

（4）正义

正义的运算，对应于勇气，勇气打破了既定秩序，而正义在于重构一个新的秩序。② 正义也代表着秩序的重新归位，主体重构了秩序，并在这个秩序中让原先不具有主体地位的非在获得了主体之名。

在这个分类中，我们可以看出，焦虑和勇气是对既有秩序的破坏，是摧毁性的力量，焦虑针对的是自我的秩序和位，而勇气针对的是社会的秩序和位，巴迪欧将这两种摧毁性运算称为主体化（subjectivation）。超我和正义是重组的运算，超我是对个人的强制性律令，从而让个体摆脱焦虑而归位，正义是对社会秩序的重建和归位，巴迪欧将这两种重组性运算称为主体进程（procès subjectif）。巴迪欧用如下图示表示了这四个运算：

---

① Jacques Lacan，*The Seminar of Jacques Lacan*，*Book II：The Ego in Freud's Theory and in the Technique of Psychoanalysis 1954—1955*，Jacques-Alain Miller ed. Sylvana Tomaselli trans.，New York：W. W. Norton & Company，1991，p. 127.

② 值得注意的是，后来巴迪欧著作中几乎不再使用"正义"一词（除了专门模仿柏拉图的笔法而写作的《柏拉图的理想国》一书）。因为在后来的巴迪欧看来，重组的社会秩序不一定可以用正义的价值来判断，而对于新的社会秩序，我们唯一可以用来判断的词汇是"新"。

```
                                          运动 ── 骚乱（焦虑）
                        主体化（阶级斗争）
                                          起义 ── 战争（勇气）
        子集（partie）
                                          无产阶级专政（超我）
                        主体进程
                                          共产主义（正义）
```

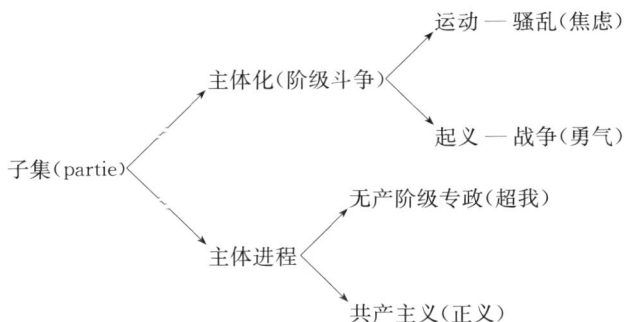

巴迪欧指出，还可以进行另一种区分，即集中于个体效果的主体-ψ，和集中于社会秩序效果的主体-α。于是上面的图可以改成：

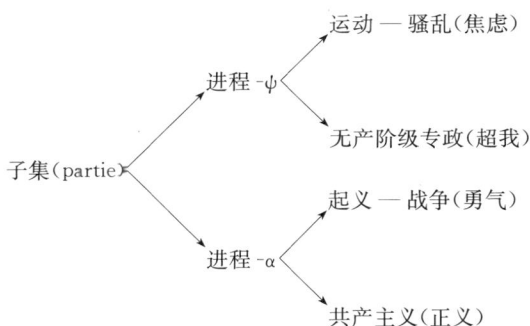

```
                                    运动 ── 骚乱（焦虑）
                      进程-ψ
                                    无产阶级专政（超我）
        子集（partie）
                                    起义 ── 战争（勇气）
                      进程-α
                                    共产主义（正义）
```

这样，我们可以从《主体理论》中得出结论：巴迪欧的主体理论 1.0 版是一种分类版本。实际上他此时的主体概念是复杂的，即它既包含了个体主体的塑造即主体-ψ，也包含了集体主体的塑造即主体-α，这两种主体，在《主体理论》中经常交织在一起。连巴迪欧自己也说，他不得不经常在两种主体之间来回摇摆。同时，无论是主体-ψ，还是主体-α，都同时遵循着出位和归位，摧毁和重组的辩证法。在这种情况下，巴迪欧发展出来的主体运算是四种，而不是一种。这四种运算即焦虑、勇气、超我和正义。

实际上，如此复杂的主体理论，反而不利于巴迪欧澄清主体的问题。在整个《主体理论》中，巴迪欧也始终坚持从数学形式的角度来分析主体问题，比如他从非康托尔集合论的"介入"和"力迫"，以及拓扑学的"挠"（torsion）来分析主体，并提出了"主体的根本问题就是介入"，"主体问题的核心是辩证过程的挠问题"，已经带有了后来《存在与事件》的严格形式化分析的痕迹。在这种意义上，介入问题和挠的问题，并没有成为巴迪欧《主体理论》的主题，这些后来被巴迪欧详细展开的问题只是在书中以闪光点的形式存在着。而巴迪欧在《主体理论》中作为核心的出位和归位，摧毁和重组的辩证法，以及四种主体运算和两种主体进程，即主体-ψ 和主体-α，很快在 1985 年的《我们能思考政治吗？》中，被巴迪欧所弃用。因此，《主体理论》用巴迪欧自己的话来说，是一个充满焦虑和勇气的文本，这本书的破坏性价值远远大于它的建构性价值。也就是说，在我看来，《主体理论》是一个与巴迪欧自己以往的结构——包括阿尔都塞主义和毛主义——决裂的过程，这是巴迪欧自己的出位，自己的毁灭，他只有在将自己变成一片废墟之后，才能开启被他称为超我和正义的重组运算的主体过程。这也就是我坚决反对布鲁诺·波斯蒂尔认为《主体理论》和《存在与事件》，甚至《世界的逻辑》中存在着一种连续性关系①的原因所在。因为《主体理论》是一个告别，与一个毛主义时代的巴迪欧的告别，让曾经矗立在那里的理论架构的大厦通过巴迪欧的"主体化"，而瞬间变为一片废墟。在这片废墟上，新的大厦没有矗立起来，

---

① 布鲁诺·波斯蒂尔在《主体理论》的英译导言的第五部分指出，《主体理论》、《存在与事件》和《世界的逻辑》之间是一个线性的连续性关系。Bruno Bosteels, "Tranlator's Introduction" for Alain Badiou, *Theory of Subject*, London: Continuum, 2009, pp. xxiii-xxvi.

而这个文本中，我们看到的更多是多种不同归位欲望的交织［而不是一种，波斯蒂尔只看到那一种，只能说那一种后来变成了实在（actualité），实际上《主体理论》中还有大量类似于德勒兹定义的潜在（virtualité）的内容］。真正的数学式重组和建构，的的确确是在《存在与事件》时期才完成的。

第三章

《存在与事件》基本概念与原理

> 无限本身就是成为异在之空无的异在。
>
> ——黑格尔
>
> 任何人都不可能把我们从康托尔创造的乐园里赶出去。
>
> ——大卫·希尔伯特

对于那些十分想阅读巴迪欧著作，尤其是《存在与事件》的读者来说，存在着一个巨大的障碍，即巴迪欧使用了大量的集合论数学的术语来写作。然而这种写作方式，对于不懂集合论数学的哲学读者，或者不懂哲学的数学读者，都十分抽象晦涩，使人望而生畏。而对于那些没有哲学或数学基础的读者而言，这本书就是一本天书，他们对大量的抽象概念，众多的数学符号和公式的推理一筹莫展，只能在巴迪欧的一些根本不涉及数学和一般本体论的只言片语中去捕捉巴迪欧的智慧。甚至有些读者直接否定了巴迪欧以如此复杂，如此抽象的数学形式化推理的方式来论述本体论①问题的必要性。这种看法是错误的，正如我们在前面的章节中指出，从巴迪欧开始涉入哲学领域，他一直就致力于用数学形式的表达，尤其是集合论数学的形式表达来陈述哲学思想。从巴迪欧本人的观点来说，非数学形式化的语言，根本不能触及真实，更谈不上真理，他对自己的老师阿尔都塞未能使用数学语言来阐述马克思的辩证唯物主义和"症候式阅读"都表达出明显的不满，我们怎么能指望用数学之外的语言和表述来理解巴迪欧哲学思想的核心？巴迪欧发明的这套概念系统不是什么学术黑话（jargon），而是建立在一整套数学形式化语言的装置（dispositif）基础上的必要概念。因此，我们在进入巴迪欧这本极其数学化的大部头专著之前，必须要进行一系列准备，即对巴迪欧所使用的哲学/数学概念以及集合论基本公理体系与相关定理做出基本的介绍。只有理解了这些概念、公理体系和基本定理之后，我们才能进一步去探究巴迪

---

①　对于 ontologie 一词，我在这里坚决翻译为本体论，而不是存在论。这是因为，巴迪欧从一开始谈的就不是现代存在主义意义上的"存在"问题，而是回溯到了古希腊哲学的根源，万物的本体，即古希腊词语的 ὄν。实际上，对于法语词 être，我更倾向的态度是翻译为"是"，即作为法语的系动词出现的"是"，本体论也就是关于"使之成为其所是"的学问。由于国内已经习惯于将海德格尔的名著 Sein und Zeit，以及萨特的名著 L'être et le néant 中的 Sein 和 être 译为存在，在这里从俗，也将巴迪欧的著作译为《存在与事件》。但巴迪欧的集合论数学的分析，更近于弗雷格开创的分析传统，他更关心 être 一词作为系动词"是"的含义。那么实际上 ontologie 更确切的理解是"是论"，而不是"存在论"。但由于"是论"和"本是论"这样的提法暂时无法被哲学界所接受，所以在这里我坚持采用一个翻译古希腊哲学时更经常使用的词"本体论"。

欧的哲学究竟在说什么：什么是事件的数元？主体的介入是如何在数学本体论上成立的？力迫运算又是如何完成真理程序的建构的？不过在理解这些巴迪欧最核心的问题之前，我们必须要首先明白，一与多、情势与情势状态、展现与再现、属于运算和包含于运算、序数与基数、极限与超限数、可递集合、可建构集合与不可建构集合等概念，理解外延公理、幂集公理、并集公理、分类公理、替代公理、空集公理、选择公理、奠基公理等康托尔集合论和非康托尔集合论的主要公理体系，以及相关的康托尔定理和埃斯顿定理等。最终，我们将会看到，当巴迪欧使用这些集合论和数学本体论的概念和公理、定理时，他所要面对的真正的问题是，我们如何通过数学形式化的方式，去开启真正无限性的数元，寻找我们的有限所不能触及的无限。

不过，在进入本章内容之前，还有一个工作。巴迪欧在自己的书中，经常会使用大量的数学公式，这些数学公式是用集合理念以及巴迪欧自己创造的专用符号来书写的，因此，为了帮助那些不太理解数学集合论的读者，我们必须首先对巴迪欧常用的数学符号和运算符给予一定的说明。巴迪欧将自己的符号体系主要分为四种：

1. 变量符号

这类符号代表了一个变量。在巴迪欧这里，变量符号一般指的是多、集合、元素、子集等，巴迪欧喜欢用希腊字母作为变量符号，如 α、β、γ、δ、π，有时会用到 λ（通常会涉及函数和关系），通常他会使用下标的方式来区分更多的变量，如 α_1、γ_3。这些变量具体指的是什么，需要根据文本的情境来决定。

2. 量词符号

量词符号只有两种，即 ∀[全称量词]和 ∃[特称量词]。全称量词 ∀ 的表达，如(∀α)，所代表的含义是对于所有的 α 来说，而特称量词 ∃ 的表达，如(∃α)，表达含义是，至少存在着一个 α，符合后面的运算和条件。

3. 逻辑运算符号

巴迪欧认为最基础的逻辑运算符号有五种，～[否定]、→[蕴含]、或?[析取]、&[合取]、↔[等值]。这是最基础的逻辑运算符号，在巴迪欧看来，当然还存在着其他逻辑运算和符号，不过其他的逻辑运算是完全可以通过这些逻辑运算推理出来的。

4. 属性关系的运算符

巴迪欧是强严格运算的支持者，也就是说，他主张将属性关系的运算降至最低，而其他的属性运算均可以从这些最基础的运算推理出来。这样，巴迪欧只支持两种最基本的属性关系运算，即 =[等于]和 ∈[属于]。

下面我可以举一例来说明，这些集合论形式表达的意义：

$$(\forall\alpha)(\exists\beta)[(\alpha\in\beta)\rightarrow\sim(\beta\in\alpha)]$$

其意义为：对于所有的 α 来说，至少存在着一个 β，如果 α 属于 β，那么 β 就不属于 α。

事实上，巴迪欧认为，集合论一个常用的属性关系运算，即 ⊂[包含于]，实际上是可以通过上述逻辑运算符的书写得出的，可以书写为：

$$\alpha\subset\beta\leftrightarrow(\forall\gamma)[(\gamma\in\alpha)\rightarrow(\gamma\in\beta)]$$

此外，巴迪欧还使用一些概念性的符号和他自己专用的符号：如 ∅[空集]、p(α)[幂集]、∪[并集]、∩[交集]、f(α)[函数]、S(α)[后续]、ω_0[极限序数]、$\aleph$[阿列夫数]，e_x[事件]、$\square$[忠实关系]、$\llcorner$[可建构的层次]、$\equiv$[力迫]、$\female$[不可辨识之物]、$S(\female)$[类性扩张]、$\copyright$[前提]、D[支配]、μ[命名]、$R\female(\mu)$[专名]等，我们将在后面的内容中逐步为大家解释。

一、基本概念

巴迪欧的基本概念十分繁杂，在这里，我们并不打算穷尽《存在与事件》中所有的数学/哲学词汇，因为这几乎是一个不可能用现在这本书的篇幅所能完成的任务。真正可能的是，我们在里面挑选出对于理解巴迪欧哲学思想最为重要的几组概念，进行最基本的解释，让希望阅读巴迪欧，理解巴迪欧哲学原理的读者可以进入巴迪欧的文本之中的阿里阿德涅之线。在这里，我们很难区分巴迪欧的数学概念和哲学概念，这与巴迪欧自己强调的数学即本体论的理念密切相关。他在使用这些概念的时候，有意识地同时强调各个概念在哲学和数学上的意义。因此，我们没有必要将巴迪欧的概念一分为二，指出哪些是哲学概念，哪些是数学概念，这是一个十分没有意义的工作。所以，在下面的词汇的条目中，对此也不做详细的区分，其顺序尽可能按照巴迪欧在《存在与事件》中出现的顺序和重要程度来排列。

1. 一与多(l'un et le multiple)

巴迪欧将自己的第一个沉思命名为"一与多：所有可能本体论的首要条件"，这是因为，对于整个西方哲学史而言，一与多的关系是一个最首要的问题。实际上，在西方思想发展的绝大多数潮流中，习惯上谈的是一，即最终将万物归于什么样的一个一，或者我们需要通过一个怎样的一的架构来理解万物，什么是世界最根本的第一动因，我们在世界上行为的第一准则是什么，最高的伦理和美的原则是否存在，等等，这些问题的核心都是一。也就是说，这些主题希望将复杂多变，各式各样的表象、现象、外在都还原为一个可以为我们所把握的一，这个一是万物的根本，是世界展开和发展的原初动因，是我们在这个世界上行动的最高准则，在这个一之下，我们所有的多都是参照这个一而被赋予意义的。

我们可以离开一来思考问题吗？或者说我们可以思考一个先于一而存在的多吗？巴迪欧以一句十分拗口的话开始了他的一与多关系的论证："**展现**（présente）自身的东西在根本上正是多，而展现自身**的东西**在根本上是一。"（Ce qui se *présente* est essentiellement multiple，*ce* qui se présente est essentiellement un.）①这是一个非常有意思的表达，除了最后做表语的多和一的不同，句子前面的结构是完全一样的，唯一的区别是强调的内容不一样，前半句强调是展现（présente），而后半句强调的是"这个东西"（ce）. 也就是说，前半句的重点在展现的事实，而后半句重视的是展现的结果。在展现的时候，多彩纷呈，千姿百态，这是多，然而，在展现之后，我们用一个代词"这个"（ce）来代替所有这一切，这个代词 ce 就是一。意大利左翼思想家阿甘本早年也十分重视代词的这个作用，在他的《语言与死亡》一书中，他对海德格尔的 Dasein 中的 Da

---

① Alain Badiou，*L' être et l' événement*，Paris：Seuil，1988，p. 31.

进行了语言学分析，指出："小小的代词 Da 有着某种力量，它可以架空实体——即人——并向其引入某种否定性的力量，这就变成了它的 Da。"①实际上，最为关键的就是这里最不起眼的代词 ce，在前半句中，ce 是虚指，是为了引出后面的从句，而在后半句，这个 ce 突然被实体化，具有了一个特殊的功能，即对所有展现出来的东西的概括。因此，在巴迪欧看来，存在着一个未被 ce 概括的多彩纷呈的展现，也存在着一个包罗万象的 ce，它囊括了前半句中所概括的所有的多。这样，巴迪欧的表述，与许多经典的哲学表述有一定的差距，即多的展现出现在一之前，用巴迪欧自己的话来说，"一，并不存在，它只是是一种**操作**（opération）"②。一的操作，即后文我们要谈到的计数为一的问题，是一个后于多出现的运算和操作，它是对多样性的呈现和展现的运算结果，也就是说，只有当我们进行计数为一的运算时，一才作为一个结果而出现。当我们对所展现的万物进行计数时，才可能存在那个概括性的**一个** ce。

随之而来的问题是，一是一种后于多的展现的操作，那么我们是否可以不通过计数的结果一，直接来面对多呢？为了说明这个问题，巴迪欧还有意识地引述了莱布尼茨的一句名言："不是**一个**存在的东西不是一个**存在**。"（Ce qui n'est pas *un* être n'est pas un *être*. ）与巴迪欧的那句话一样，莱布尼茨的这个表述，前半句和后半句单词是完全一致的，区别也只是强调上的不同。这个强调意味着，主语从句中的核心是一，而

---

① Giorgio Agamben, *Language and Death*：*The Place of Negativity*，Karen Pinkus & Micheal Hardt trans. , Minneapolis：University of Minnesota Press，1991，p. 5.

② Alain Badiou, *L' être et l'événement*，Paris：Seuil，1988，p. 32.

主句的核心是存在。也就是说，主语从句强调存在中最重要的是其计数为一的结构，那么只有在具有这种计数为一的结构中，**一个**存在才能被看成是一个**存在**。反过来说，如果没有那个计数为一的规则，那么存在就无法显现出来，因此，也就不能算作是存在。莱布尼茨的这句话，如果转译为较为通俗的语言，大概是说，如果没有一的计数，没有那个计数为一的结果，整个多也是不存在的。万物的存在，或者说万物若要成为其所是，必须要通过这样的计数运算，否则多不成其为多，多也不可能被计为存在着的事物。简而言之，没有一的计数，多亦不存在。巴迪欧将莱布尼茨的话语转变自己的话语：

（1）本体论从多之中创造了其情势，而多仅仅是由多元组成的。那里没有一。换句话说，所有的多都是诸多之多（multiple de multiples）。①

（2）计数为一不过是各种前提条件的体系，通过计数为一，多可以被辨识为多。②

在这里，对于本体论的问题，我们稍后再谈。巴迪欧的一个关键问题是，如果没有一，或者一不存在，那么多无法区分，无法辨识，这样的多

---

① 巴迪欧使用诸多之多的概念表明，对于集合论来说，我们没有办法从多中分辨出哪些是集合，哪些是集合的元素。在解决这个问题之前，巴迪欧必须采用一种更接近本体的表达方式，这就是诸多之多。在这个意义上，某一个多（单数的 multiple，相当于集合）是由多个多（诸多，成为前一个多的诸项，复数的 multiples，也就是说前一个多的元素）构成的。

② Alain Badiou, *L'être et l'événement*, Paris: Seuil, 1988, p. 37.

就是巴迪欧在这里所说的诸多之多。一旦诞生计数为一的运算，多才能被我们所辨识，才能被我们所区分，也只有在这种情况下，多才是多。

用巴迪欧本人的说法，这是一个最为原初的巴门尼德式的辩证法，一与多构成了这个原初的，也是所有本体论哲学之基础的首要问题。一是计数的结果，而多是先于一的展现，但展现不等于其所是，不等于其存在着，多的存在，或者说，多成为其所是，所必要的一个程序就是计数，通过计数的结果，让其在一个一的格局下成为多之所是的东西。

2. 若一不存在，则无物存在(Si l'un n'est pas, rien n'est)

在柏拉图的《巴门尼德篇》里，有一句名言，巴迪欧引述的法文版为"Si l'un n'est pas, rien n'est"，这是一句非常难以理解的话。在我自己翻译的《存在与事件》的中译本中，我将这句话翻译为"若一不存在，则无物存在"。实际上，我对自己的这个译法也相当不满意，然而，这也是不得已而为之的事情。因为无论是陈康先生的"若一不是，无一个是"，还是王晓朝教授翻译的"如果一不存在，那么就根本没有任何事物存在"，或是我自己给出的中译都根本无法穷尽原文所包含的意义。这里出现了对西方语言背景下的关键词的理解问题，即德语的 Sein，法语的 être，以及英语的 being，实际上都可以作为系动词"是"来理解，也就是说将这个词翻译为"存在"和翻译为"是"，在中文的表述上各有利弊。不过，为了与中文习惯相符，这里所有涉及的 être，都翻译为存在。

不过对于《巴门尼德篇》中这句话需要有个明确的理解，我们可以先从前面的条件状语从句出发，如果一不存在，或无一是，放在巴迪欧的哲学语境中，它应该代表着具有那种被称为计数为一（compte pour un）的方式。这个计数为一，是对多的展现的架构，若没有这个架构，所有的多，都无法成为其所是。换句话说，若没有计数为一，多既不能视为同一，也无法被区分或分化。而计数为一的运算，既是视为同一的操作，也是将同一与差异区分开来的运算，正是在计数为一的尺度下，多具有了是/存在的属性，也具有了与不是相区别的属性。这就是后半句则无物存在的理由所在。没有之前的一（计数为一），则任何东西，都无法成为其所是，没有同一与分化的机制当然就不存在/不是。

根据这个区分，巴迪欧进一步做出了另一个区分，在一不存在，或计数为一的运算未出现，未成为其所是的时候，我们所面对的多，是一个**不连贯的多元**（multiplicité inconsistante）。在这个多元之中，以一计数的方式尚未建立起来，整个多元无法呈现出连贯一致的样态，它只能以不连贯的方式展现出来，所有的多无法参照某个一来存在。相反，计数为一的运算成功地将某个多架构为一个整体，一个一以贯之的多元，这样的多元就成为了**连贯性的多元**（multiplicité consistante），在这种多元之中，所有的多，都是参照计数为一的运算法则来操作的，所有的多的"是/存在"，都建立在一的基础上。因此，若一不存在，则某个多无法成为连贯性的多元，只能是不连贯的多元，相反，若一存在，所有的多才能存在，成为其所是。

不过，狡黠的巴迪欧并不满足于此。他所关心的实际上并不完全是计数为一对多的同一和区分的运算机制。巴迪欧说，巴门尼德那句话的后半句的法语带有一个赘词 ne，他更赞同的说法是取消了这个赘词的说法，即 Si l'un n'est pas, rien est。这句话，在取消了赘词 ne 之后，顿时具有了另一种特别的意义。即若那个计数为一的机制被打破，或者被摧毁，得到的结果不是混沌，而是一种面对无物（rien）的可能性，一个在原先计数为一的结构中所不能把握的无物（rien）出现了。这个无物，在《存在与事件》的最后的几个沉思中，可以理解为不可辨识之物，或不可决定之物，在那一刻，这个绝对不可辨识，不可决定的无物成为所是。我们在这里最容易联想到的是，巴迪欧最喜欢引用的国际歌中的那句话，"我们一无所有，让我们成为一切（nous ne sommes rien, soyons tout）"①，即一个不可能被计数的多，一个被视为无物的多，成为这个一的结构之下的超——一。这个超——一，会摧毁之前的计数为一的结构，在这个结构被摧毁之后，作为原先的无物的不可辨识的超——一就成为一切。这正好对应了《国际歌》最后一句话的意义，也正是被巴迪欧改写的《巴门尼德篇》的 rien-est 的意义所在，它是无物—是/无物—存在，而不是无—物是/无—物存在。

3. 存在之所为存在（l'être-en-tant-qu'être）

在解释了《巴门尼德篇》中那个难以理解的句子之后，我们便可以转向巴迪欧哲学中的一个核心表达：l'être-en-tant-qu'être。实际上，这个表达并不是巴迪欧的创造，它有着十分悠久的历史。早在古希腊时期，亚里士多德就曾在其《形而上学》中提到："有一门学术，它研究实是之所以为实是，以及实是由于本性所应有的秉性。"②事实上，吴寿彭先生将"l'être-en-tant-qu'être"翻译为"实是之所以为实是"，这里的"l'être"被吴寿彭先生理解为"实是"。而在苗力田先生编订的《亚里士多德

---

① 这是《国际歌》法文版中的一句歌词，也是巴迪欧非常喜欢引用的一句话。这里根据上下文的语境，并没有直接采用通行的《国际歌》中文版的翻译，即"不要说我们一无所有，我们要做天下的主人"，而是突出了这里的无物同全部的辩证关系。

② ［古希腊］亚里士多德：《形而上学》，58 页，北京，商务印书馆，1959。

全集》中，这句话的译法是"存在着一种研究作为存在的存在，以及就自身而言依存于它们的东西的科学"①。其实，这里的关键是希腊语"ἤ"（法语中的 en-tant，英译为 qua，而英文的 qua 则是当时拉丁文对希腊文中"ἤ"的翻译）的用法，此词意为"让某物成为某物"，因而吴寿彭先生的译本更为精到一些。

如果我们详细解释一下这个表达的意思，它实际上说的是，某事物以"是"的方式展现出来。根据前面关于一与多的解释，我们可以说，这个"是"实际上是一种被计数为一的"是"，它的"存在"是一种在计数为一的前提下出现的存在，也就是说，是这个计数为一的运算，让其成为其所是。那么在亚里士多德的这句话中，他所关心的其实并不是多之所是的原因，而是让多成为其所是的计数为一的运算的那个"是/存在"的"是"的问题。这样，亚里士多德的命题与前面我们讨论的《巴门尼德篇》中的命题相遇了，亚里士多德追问的问题，也是柏拉图试图追问的问题，即究竟是什么让那个计数为一的运算成为一种"是"的运算。

这样，亚里士多德将这种对存在之所为存在，是之所为是的科学，称为本体论（ontologie），本体论涉及的根本问题是本体（ontic），即古希腊语的 ὄν，其意思就是事物真实所是的东西，在亚里士多德那里，本体论实际上就是对我们在这个世界上最真实的存在和现实的追问，追问让所有存在成为存在的最终的本真是什么。对这个问题的回答，一直贯穿了整个西方哲学史。

---

① 《亚里士多德全集》第七卷，苗力田主编，84 页，北京，中国人民大学出版社，1991。

在巴迪欧这里，存在之所为存在（是之所为是）的根本问题就是一与多的机制。那个让多成为其所是，并让所有的多构成一个连贯的多元的计数为一的运算操作是什么？巴迪欧将这个问题视为哲学的首要问题，即本体问题。当然，巴迪欧实际上关心的并不是计数为一的结构是什么，而是，是什么让这个计数为一的结构变成一种合法的运算？矗立在计数为一的规则背后的是什么？那个本真，我们是否直接可以经验到？如果可以，即本真在某一瞬间向我们显现出来时，我们应该如何面对？原先的计数为一的运算被悬搁了，而我们需要做的，恰恰是在这个本体所在的地方，构造一个新的计数为一的运算机制。

4. 空/空集（vide）

在《巴门尼德篇》的那句话中，即"若一不存在，则无物存在"或"若一不是，则无物是"中，我们强调了，巴迪欧真正关心的就是这个无物。但无物并不是一个标准的集合论概念，对于巴迪欧而言，它必须表现为一个可以在数学上表达出来的概念，而巴迪欧为无物这个概念选择的数学上的对应概念就是"空"或"空集"。

巴迪欧的沉思4专门讨论"空"或"空集"问题。在前文中，我们已经区分了两种不同形式的多元，即连贯性的多元和不连贯的多元。连贯性的多元，是已经建立了计数为一规则的多元，而不连贯的多元意味着尚未建立起相应的计数为一的机制，即一不存在。然而，巴迪欧又强调说，由于多先于一，一不过是对多进行计数的后果，这样，我们可以判断，所有的多元原初都是不连贯的，无法简单地用某一法则、某一运算，彻底将其贯穿。这样，倘若我们在其上建立了计数为一的机制，即让其成为一个连贯性的多元，那么根据巴迪欧的前设，这个连贯性的多元必然存在着某种不能被这个计数为一的规则所完全把握的元素和多，这个无法被计数为一的法则所辨识、所区分、所决定的多成为这个集合中的一个"幽灵"。它之所以是幽灵，是因为它没有被计数为一，因此也不具有让其呈现的充分机制。它作为一个无物（rien）而存在，无法被既定的规则和结构所消化。值得注意的是，无物—存在，并不是一个非—存在（non-être）。它被展现出来，但其唯一的问题在于，它未被纳入计数为一的结构中去，而是成为在这个多元中到处飘荡的幽灵。

实际上，巴迪欧说："选择用'空'这个词，而不是'无物'，是因为'无物'是空相对于结构的**整体**效果[一切均被计数]的名称。这更准确地指出了，尚未被计数的东西在其发生时仍然是**在地**的，因为，是在更为原初的意义上，而不是非**整体**（pas-du-tout）的意义上，它不能被计数为一。这是一个命名的问题，即选'无物'还是'空'，因为在名称的设定下，存在既不是具现的，也不是整体的。我所选择的名称，即空，准确地指明了无物是被展现出来的，无项，同时也指明了不可展现的东西的设定是发生在'空之上'（à vide）的，并没有可用来思考的结构上的标记。"①

巴迪欧的意思很明显，这里最为核心的问题，仍然是计数。"无物"这个概念，是相对于计数为一的运算所架构的整体结构而言的，在这个计数结构中，某个项，某个多，某个元素，被这个结构本身视为无物，而并非那个项或多本身是无物。相对来说，我们这里很容易联想起巴迪欧早年在《记号与空缺：论零》中的说法，以及巴迪欧对作为函数的 0 的

---

① Alain Badiou，*L' être et l'événement*，Paris：Seuil，1988，p. 69.

概念的界定，即 0 是一种因缺乏对空缺的记号而在更高的结构层次上诞生的一种对空缺的计数符号。在第一层次的计数中，这个无物，即巴迪欧的空或空集，是一个未被计数的空缺。这里存在着符号或记号的缺乏，它仅仅在那个计数结构中被展现为无物或无此项，而真正关键的是那个更高的层次，即从另一个层面产生的"空之上"的符号。巴迪欧说"由于一不存在，空集才是独特的"，一并没有产生对空集的计数，于是，空集处于一种飘忽不定的状态中，同时又是独特的奇点。这样，我们发现，实际上，巴迪欧在《记号与空缺：论零》中讨论的根本就不是零的问题，而是空集的问题。当时的巴迪欧处在实数集的思考中，没有真正从集合论角度来思考这个问题，因此，当时他得出的结论是 0(x) 是一个函数，是一个从未出现过的 x 的命名。但实际上，这个问题中更核心的部分是空集。我们会在后面的空集公理中进一步探讨这个问题。

实际上，空集符号的诞生，与巴迪欧所推崇的布尔巴基小组的探索有密切关系。布尔巴基小组选用了一个在西方数学中根本没有出现过的古斯堪的纳维亚字母∅作为空集的符号①，因为用拉丁字母、古希腊字母甚至希伯来文字母，都不具有这个字母这么好的效果。古斯堪的纳维亚语中∅的使用不像其他字母那么频繁，尽管北欧国家仍然在本土语言中保留了这个古老的字母，但使用上相对较少。布尔巴基小组采用这样一个字母，意在尽可能降低一个符号的现代内涵，让这个字母变成了法国语言学家本维尼斯特意义上的纯能指，从而成为命名空集的绝佳

① 参见［法］布尔巴基：《数学的建筑》，230—231 页，大连，大连理工大学出版社，2014。

符号。

5. 溢出(excès)

溢出是与空或空集密切相关的存在。实际上最早对溢出问题进行思考和概括的是罗素，他提出了数学上著名的罗素悖论(Russell's paradox)。罗素悖论起源于这样一个故事，在某个城市中有一位理发师，他的广告词是这样写的："本人的理发技艺十分高超，誉满全城。我将为本城所有不给自己刮脸的人刮脸，我也只给这些人刮脸。我对各位表示热诚欢迎!"来找他刮脸的人络绎不绝，自然都是那些不给自己刮脸的人。可是，有一天，这位理发师从镜子里看见自己的胡子长了，他本能地抓起了剃刀，你们看他能不能给他自己刮脸呢? 如果他不给自己刮脸，他就属于"不给自己刮脸的人"，他就要给自己刮脸，而如果他给自己刮脸，他就又属于"给自己刮脸的人"，他就不该给自己刮脸。在这个命题中，理发师用一个计数为一的规则，将镇上的人区分为两类，即给自己刮脸的人及不给自己刮脸的人。全镇的人都被这个理发师的划分所分类，然而最关键的问题是，这个理发师自己究竟适不适用他自己订下的计数规则。

这是集合论中常常遇到的问题，原本的集合，或者原初的多，即诸多之多之中，不存在一个计数为一的规则。这个计数为一的规则是额外出现的，它对所有原初的多，对诸多之多进行了分类、架构、计数，但问题是，这个计数为一的规则(如果我们也可以将之看成一个多的话)，是否属于原来那个多。罗素将这个问题转化为一个形式化表达:假设拥有关系 $x \notin x$ 的函数 $P(x)$，这个函数可以确定一个集合，即 $A = \{x \mid x \notin x\}$。现在的关键问题是:拥有这个属性的 A 是否也属于自己，即 $A \in A$ 是否成立? A 若属于 A，那么 A 就不拥有 $P(x)$ 的函数属性，得出的结果是 $A \notin$

A；相反，若 $A \notin A$，那么 A 必然带有 $P(x)$ 的属性，则 A 应当属于 A，即 $A \in A$。这是一个悖论。这个 A 与前面的理发师的情形十分相像，如果 A 本身就是对 A 的计数规则，那么这个计数规则是否应当属于 A。[①]

实际上，在罗素自己的框架下很难很好地解决这个悖论，若要解决这个悖论，就必须要借助公理化体系。在恩斯特·策梅洛（Ernst Zermelo）1908 年出版的《集合论基础研究 I》（Untersuchungen über die Grundlagen der Mengenlehre I）一书中，他提出了一个公理化体系，其中一个公理，被他称为分离公理（Axiom der Aussonderung，对于策梅洛的分离公理的解释，参见本章的第二节）。根据这个公理，策梅洛得出了一个定理 10，这个定理可以表述如下：

> 定理 10. 集合 M 至少包含一个子集 M_0，这个子集不是 M 的元素。[②]

策梅洛的证明如下："很明显，对于 M 所有的元素 x，无论是否有 $x \in x$，$x \in x$ 本身并不被公理体系所排斥。现在，如果 M_0 是 M 的子集，那么根据分离公理，包含了所有的 M 中所有不具有属性 $x \in x$ 的元素，那么 M_0 就不可能是 M 的元素。要么 $M_0 \in M_0$，要么 $M_0 \notin M_0$。在前一

---

① 关于罗素悖论的描述，参见 Bertrand Russell, *The Principles of Mathematics*, Cambridge: Cambridge University Press. 1903, pp. 101-102.

② Ernst Zermelo, "Investigations in the foundations of set theory I", in Herausgegeben von Heinz-Dieter Ebbinghaus, & Akihiro Kanamorip eds., *Ernst Zermelo*, *Collected Works*, Berlin: Springer-Verlag, 2010, p. 197.

种情况下，M_0 包含了一个元素 x，即 $x = M_0$，那么有 $x \in x$，而这与 M_0 的定义相悖。这样，可以肯定，M_0 不是 M_0 的元素，如果它是 M 的元素，它也必然是 M_0 的元素，证明完毕。"[1]

事实上，我们可以这样来看策梅洛的证明，在对 $x \in x$ 的计数中，实际上诞生了一个根本不属于原来的多的集合，它是原来集合的子集，但不属于原来的集合。这就是 M_0。在理发师悖论里，这个 M_0 是理发师本人，而在罗素悖论中，是 A。巴迪欧将之界定为溢出点定理："一个集合的子集之多，必然至少包含一个多，不属于原初的集合。我们将这个原理称为**溢出点定理**。"[2]这个溢出点定理也是策梅洛分离公理推出的定理 10 的翻版。

罗素、策梅洛、巴迪欧的形式化表述略显复杂，我们可以将之还原为一个略微庸俗的表述，即在我们对诸多之多进行计数的时候，不可避免地至少会产生一个不属于原来的多或集合的元素，这个元素就是溢出。它对其他的多进行计数，但唯独不对自己进行计数，对于这个多，不能在原来的属于的层次上把握，我们只有在包含于即幂集公理的层次上对之进行命名，对之进行计数。然而，问题是，新的计数又不会被那个层次上的多所把握。对任何一个层次上的计数为一规则本身的把握，必须要建构一个新的层次，在其上进行计数和辨识。也就是说，作为对原来的 M 进行计数的 M_0，我们只有在新建构的层次 1 上用计数规则 M_1 来把握，但层次 1 本身无法把握 M_1，因为相对于层次 1，M_1 也是一个溢出，对 M_1 的把握，

---

① Ernst Zermelo, "Investigations in the foundations of set theory I", in Herausgegeben von Heinz-Dieter Ebbinghaus, & Akihiro Kanamorip eds., *Ernst Zermelo*, *Collected Works*, Berlin：Springer-Verlag, 2010, p. 197.

② Alain Badiou, *L' être et l' événement*, Paris：Seuil, 1988, p. 98.

只能在层次 2 上进行。我们进一步推理下去，可以得出一个公式，即对 M_n 的把握，只能在层次 $n+1$ 上才是可能的。

溢出的问题还带来了另一个问题，这才是巴迪欧最为关心的。实际上，溢出点定理表明了绝对连贯的不可能性。如果不对诸多之多进行计数，则根本无法建立起让多连贯起来的规则，诸多之多无法成为其所是，也无法存在。那么，如果建立了诸多之多的计数规则，是否可以彻底变成连贯性的多元呢？溢出点定理给出了否定的答案，因为，一旦进行计数，就必然存在着一个溢出。这个溢出也是一个多，而这个溢出的多，无法用之前的计数规则来计数。这样，溢出点相对于整个多而言，实际上也是不连贯的，这个不连贯的点，正好就在计数规则本身的多之上。而对这个溢出的多的计数，不可能在原来的多的层次上进行。为了对这个溢出的多进行计数，我们就需要进行第二次计数，即在另一个层次上对这个溢出之多进行计数。

6. 情势，情势状态(situation，état de la situation)

在说明了空集和溢出的原理之后，我们便可以进入巴迪欧哲学中最核心的两个概念，即情势与情势状态。我之所以将 situation 翻译为情势，是因为情况、情境在汉语语境中比较常用，相对而言，情势用得较少。而巴迪欧的 situation 更多是从数学和本体论角度而言的，这样可以避免一些读者直接将之纳入描述现实事态的理解之中。所以在此，我宁可将之翻译为情势。[①]

---

① 在我自己翻译的巴迪欧的著作中，这个关键概念均被我翻译为"情势"，当然，其他译者对此也有其他译法，如"情况"、"情境"等。译法本身是个人阅读和思考习惯问题，请读者根据不同译者的语境来理解。

相对于情势状态，情势比较容易理解。它是第一次计数，即我们对诸多之多结构的最基本的把握，它也是诸多之多按照计数为一的规则所架构起来的结构所展现的基本概况，亦即，在情势中（务必记住，情势是一，是经过第一次计数为一规则架构的多），所有的多成为其所是，所有的多得以以其存在的样态而存在。我们还是用巴迪欧自己的定义来说明这个问题："我所说的**情势**是指所有展现出来的多元（multiplicité）。假如呈现有一定影响，一个情势就是其发生的场所，无论与此相关的多元的诸项（les termes）是什么。所有的情势都认可了它本身特殊的进行计数为一的操作者。这就是最一般的对**结构**（structure）的界定；对于一个展现出来的多，它决定了其计数为一的体制。"[①]因此，从我们谈情势开始，诸多之多就具有了一个结构，它就是一之多，一个具有一的多之存在。

问题的关键是，为什么要进行第二次计数？因为在第一次计数中，"有某种东西逃离了计数"[②]。这个逃离了计数的东西就是罗素悖论中的 A，策梅洛分离公理定理 10 中的 M_0，换言之，逃离计数的就是计数规则本身。由于计数为一的规则的多没有被计数为一本身所计数，这样，为了避免在原初情势中的不连贯性，我们需要进行第二次计数。巴迪欧说："我还会说，对于任何有效情势（在任何已结构化呈现的区域内）的研究，无论该情势是自然的还是历史的，它都揭示出第二次计数的真实操作。在这一点上，具体分析与哲学主题汇聚在一起：所有情势都要被

① Alain Badiou, *L' être et l' événement*, Paris: Seuil, 1988, p. 32.
② *Ibid.*, p. 109.

结构化两次。这也意味着：既存在着呈现，也存在着再现（re
présentation）。思考这个问题，就是去思考对空的游荡不定性的要求，
对不连贯性的非呈现的要求，以及对存在之所为存在再现出来的风险的
要求，它**若鬼魅般萦绕在**呈现周围。"①为了捕捉到那个游离着的、逃离
了第一次计数的元素，即那个溢出的计数规则，我们必须要进行第二次
计数。第二次计数，被巴迪欧命名为"再现"，我们获得的"再现"的结构
是一种元结构（méta-structure），而被元结构所架构的第二次计数的多
元就是情势状态。巴迪欧说："我称之为**情势状态**，通过这个情势状态，
情势的结构——任一结构化的呈现——被计数为一，也就是说，这是一
的结果自身的一，即黑格尔所谓的一之一（Un-Un）。"②说得更明确些，
所谓的第二次计数，所谓的元结构，所谓的情势状态，都是为了对那个
计数为一的规则计数，这也是巴迪欧为什么也称一之一的原因所在。
只有通过情势状态，我们才能摆脱罗素悖论的魅影，摆脱那个计数为一
的游荡不定的幽灵的困扰。

那个因计数而诞生的溢出，实际上在原结构上是一个空集，它没有
任何元素，但它包含于原来的情势。不过，由于它是空集，它没有任何
元素，所以，它不可能成为原情势的元素，也不可能属于原情势。对于
这个空集的把握，只有在第二次计数中才有可能，因为在第一次计数
中，我们甚至缺少去命名它的名称。在第二次计数中，这个游荡不定的
幽灵，这个空集被命名，也被计数。这样我们可以理解，确保原情势的

---

① Alain Badiou，*L'être et l'événement*，Paris：Seuil，1988，p. 110.

② *Ibid*.，p. 111.

连贯性的，恰恰不是第一次计数，而是第二计数。也就是说，原情势的连贯性，成为真正的一个一，只有在第二个层次上，即情势状态的层次上才是可能的。

这样，我们可以理解，真正巴迪欧意义上的本体论是需要两层计数结构的。第一层保障了展现和呈现，即多之在场（présence），但是第一次计数并不保障情势本身的连贯性和透明性。对于连贯性的保障，需要一个元结构未完成。正是这个元结构才能保障第一次计数本身的正当性，只有在确定了计数规则的正当性基础上，我们才获得了情势的连贯性。换言之，原情势的元素，既被展现（présenté），又被再现（représenté）。既有属于关系（∈，第一次计数），又有包含于关系（⊂，即包含于关系需要第二次计数，即将原情势的元素分成各个子集和各个部分才能出现，在本章开头的书写符号的示例中，我们已经列举了巴迪欧推导的符号⊂的来源，即需要通过一个第三元素 γ，来实现包含于关系的成立，而这个 γ 与原情势 α 和情势状态 $p(\alpha)$ 恰恰构成了一个层次关系，$\gamma \subset \alpha$ 或 $\gamma \in p(\alpha)$，既是元素或项，也是子集或部分。

7. 一般项、独有项、赘余项（normalité，singularité，excroissance）

从上面的界定可以得出，在这里，我们可以将集合论的两种基本关系分别对应于展现和再现。也就是说，当我们说 x 在情势 A 中展现的时候，其意思是 $x \in A$；而当我们说 x 包含于情势 A 的时候，其形式表达为 $x \subset A$。必须注意的是，巴迪欧在《存在与事件》中反复告诫我们说，千万不要把属于关系和包含于关系，展现和再现弄混，因为这两种关系分属于不同的计数，也分属于不同的结构。

由于巴迪欧的一般本体论存在着两次计数、两层结构，随之而来的问题就是，这两层结构是否完全对应，是否存在遗漏或多余的东西。于是，根据前面的情势与情势状态的区分，根据展现和再现、属于和包含于的关系，我们可以将诸多之中的项分成三种，即一般项、独有项和赘余项。

首先，最理想的情况是，在两次计数中均被计数的项，这种项，**既被展现，也被再现**，在两层计数结构中，不存在任何差别。它既属于情势，也包含于情势，它们完全符合两层结构的计数规则，没有丝毫的偏差。因此，这种项目被巴迪欧称为一般项。

其次，存在着某种项，它被原初的情势所展现出来，但是，第二次计数的时候，它被"遗漏"了，也就是说，它未被归结在任何一种部分或子集之中。相对于第二次计数的元结构，这个被"遗漏"的多或项是不可辨识的。用巴迪欧的话来说，**它被展现，但不被再现**。福柯的考古学问题针对的就是这种被知识型（épistème，其实，福柯的知识型非常近似巴迪欧的第二次计数的元结构的概念）所"遗漏"的，或未被知识型，或者阿尔都塞意义上的"问题式"所再现出来的多。这种项，被我们称为**独有项**。

最后，还有一种特殊的多，它根本不存在于原情势，但是由于计数为一规则的产生，出现了一个新的多，这个多完全是额外被生产出来的。在这种情况下，我们可以说，这个被生产出来的额外的多，不属于原情势，但是包含于原情势，它不是原情势的元素，但却是原情势的一个部分。于是，这个计数为一的规则成为原情势中的溢出，它不在原情势中展现，但为情势结构所再现，因此，这种项被称为赘余项。

8. **自然情势、中性情势、历史情势**(situation naturelle, situation historique, situation neutre)

在区分了情势中三种不同的项之后，巴迪欧进一步对情势本身也进行了区分。不过在理解巴迪欧的三种情势区分之前，我们必须先理解另一个重要概念——**事件位**(site événementiel)。巴迪欧对事件位的定义是："它没有元素展现在情势之中。这个位，即它自身，被展现出来，但在其'之下'[①](en dessous)，没有任何组成它的元素被展现出来。这样，位并非情势的一部分。我也会说，这样一种多**处在空的边缘**(au bord du vide)，或者是**奠基性**(fondateur)**的多**。"[②]实际上，这个事件位的概念非常类似早期巴迪欧在《无穷小的颠覆》中讨论的问题，即对于一个多，是否存在最终一个绝对不可分的点。尽管在《无穷小的颠覆》中，巴迪欧没有很好地解决这个问题，但在《存在与事件》的"沉思16"中，他再次谈到了这个问题。实际上，巴迪欧所涉及的是一种极限的情形。在后面讨论序数时，巴迪欧对这个问题谈得更为深入，在这里只做了简单的介绍。这里的关键是奠基公理，或者叫正则公理。在谈到溢出概念时我们谈到了计数的一个分层关系，这个分层关系，是可以用一个序数关系来表示的，即 $x_0 \in x_1 \in x_2 \in \cdots \in x_n$，但这个属于关系的序列有一个极限，如在 x_0 处，属于 x_0 的任何元素不再属于比 x_0 更大的多(如 x_1,

---

① 法语的 en dessous 有"在……之下"和"小于"等意思，根据上下文，这里巴迪欧所考察的多，乃是在一个多之下的多，即在《存在与事件》的"沉思12"中，巴迪欧已经谈到了这种多所构成的秩序的序列，每一个属于符号，都构成了属于的多，构成了所属之多的"之下"。这样，这里 en dessous 所指的乃是属于前一个多的诸多，后者是前一个多的元素，因而，这种多可以称为在前一个多"之下"的诸多。

② Alain Badiou, *L'être et l'événement*, Paris: Seuil, 1988, p. 195.

x_2，…），这样，我们便可以将 x_0 称为处在空的边缘处的多，即 x_0 是一个事件位，同时，我们也可以说，事件位 x_0 是奠基性的多。

在事件位的概念上，我们进一步区分了三种情势，当然如果一个情势所有的元素都是一般项，我们会把这种情势称为**自然情势**。这样，在自然情势中，其中所有属于和包含于其中的诸多，构成了一个可递性序列。更直接地说，在这个序列中不存在事件位。自然情势代表着一种完全符合计数规则的情势，它是可建构的，也是可以决定和预计的，用之前我们用过的一个表达，自然情势是连贯的透明的情势。

这样，带有事件位的情势，就是**历史情势**。实际上，巴迪欧感兴趣的不是自然情势，那种恒定没有变化也不会完全脱离既定规则体系的情势是无法激发巴迪欧的兴趣的。相反，历史情势由于包含了处在空的边缘处的事件位，实际上蕴含着爆发让情势产生革命性变化可能的事件，只有这种包含事件位的情势——即历史情势——才是巴迪欧意义上面对真正存在的情势。只有历史情势，才能让真实穿过事件位上撕开的裂缝，让我们体会到一种真正的力量。换句话说，只有历史情势才会与巴迪欧的中心概念——事件——发生联系。事件位的存在，让历史情势变成一个不连贯的情势，里面存在着漂浮不定的因子，这种漂浮不定的因子，在一定的前提下，可以摧毁原有的情势状态。

在"沉思 16"的最后，巴迪欧还区分了一个很怪异的情势类型，他称之为**中性情势**。然而，巴迪欧使用了一个否定的方式来界定中性情势，即既不是自然情势，又不是历史情势的情势，就是中性情势。在中性情势中，既没有自然情势那种连贯性和透明性，可以让我们很清晰地对之进行辨识，也没有历史情势中的那种事件位。我们在中性情势中看不到任何飘荡着的幽灵，巴迪欧说，我们现实中那种浑浑噩噩的生活状态就是中性情势（区别于科学的自然情势和革命政治的历史情势），这种状态，既不是透明的，也让我们看不到变革的未来。但巴迪欧对于中性情势的描述到此为止。

9. 序数、极限序数（ordinal，ordinal-limite）

正如我们在讨论"自然情势"或"自然之多"时指出，整个自然情势表现出一种连贯性和透明性，而这种连贯性和透明性，在数学上是通过序数概念来实现的。

在理解序数概念之前，我们必须先理解另一个概念，即可递集合（ensembles transitif）。在集合论中，可递集合是这样来界定的："如果一个多 α 的所有**元素** β 也是这个多的**子集**，那么这个多是一般的。即 $\beta \in \alpha \rightarrow \beta \subset \alpha$。"[①]这样，我们就可以将 β 与 α 称为可递集合。正如我们在前文中谈到的，可递集合形成一个巨大的序列，这序列完全由单纯的属于关系 $\in$ 连接起来，即处于"之下"地位的多同时属于和包含于处于"之上"地位的多，同时，β 的计数规则完全适用于更高层的 α，依此类推。

实际上，如果规则确定，我们完全可以推算出 α 的下一个数是什么，这种运算叫作后续运算，记作 $S(\alpha)$。这个后续运算，是这样得来的：$S(\alpha) = \alpha \bigcup \{\alpha\}$。经过这样的运算，我们便可以得到：$\alpha \in S(\alpha) \rightarrow \alpha \subset S(\alpha)$。

如果我们考察严格一些，这个序数最初的那个集合就是空集 $\varnothing$，依

---

① Alain Badiou, *L'être et l'événement*, Paris: Seuil, 1988, p. 195.

照策梅洛—弗兰克尔公理体系，我们可以从空集开始，按照后续的运算规则，推出一整个序数序列。

处在空的边缘处的$\emptyset$，

$\emptyset$的幂集是$\{\emptyset, \{\emptyset\}\}$，即空集的第一个后续运算，$S(\emptyset) = \{\emptyset, \{\emptyset\}\}$

如果我们始终按照后续运算的基本规则 $S(\alpha) = \alpha \bigcup \{\alpha\}$ 继续下去，我们就会得到一个从空集$\emptyset$开始的序数序列。

$$\emptyset, \ S(\emptyset), \ S(S(\emptyset)), \ \cdots \overbrace{S(S(\cdots(S(\emptyset)))\cdots)}^{n次}, \ \cdots$$

显然，这个序列可以无限地进行下去。不过这种无限性是一种自然之多的无限性，并不是真正的无限性。因为"这种无限仍然屈从于想象的总体性的威严，所有的古典哲学家都认识到，通过对这个规则的结果的重复，我们只能获得无尽的同类他者，而不是一个实存的无限。一方面，序数序列所得出的**每一项**，在直观意义上，都显然是有限的。它会是空集专名后续的第 n 项，它有 n 个元素，它仅仅是通过形成一的重复（这是本体论的需要），从空集而来形成的"[1]。

在这里，我们需要注意的是，空集$\emptyset$就是这个序列的事件位，也是这个自然序数序列的奠基性的多。空集$\emptyset$处在空的边缘处，是属于空集的东西，不再属于任何比$\emptyset$更大的多。因此，我们说空集就是这

---

① Alain Badiou, *L'être et l'événement*，Paris：Seuil，1988，p. 172.

个自然序数序列的事件位，也是它的最小值。巴迪欧认为序数属于关系最小值（$\in$-minimal），在一个序数序列中，这个最小值是独一无二的。

现在的问题是，如果∅是这个自然序数序列的最小值，那么这个序列是否存在着最大值？或者说，是否存在着一个极限序数的问题？不过我们可以预先从数学形式上来界定一个极限序数的存在，巴迪欧的定义是："如果序数 α 并没有后续任何一个序数 β 的话，那么 α 是**极限序数**。"[①]我们可以将其记作 $\lim(\alpha)$，根据定义，极限序数 $\lim(\alpha)$ 必然符合：

$$\lim(\alpha) \leftrightarrow \sim Sc(\alpha) \leftrightarrow \sim(\exists \beta)[\alpha = S(\beta)]$$

其实，按照严格规则，自然序数是可以无限进行下去的。即从有限的自然序列开始通向一个无限的过程。不过，我们是否可以设想，在有限和无限之间存在着一道槛（seuil），在这道槛左边，是有限的序数，在这道槛的右边，均为无限序数。既然我们可以假设这道槛的存在，我们便可以用一个符号来代表介于自然序数序列无限与有限之间的这道槛，即无限序数的最小值——通常记作 ω_0（也可以记为 $\aleph_0$，读为阿列夫-0）。根据我们的定义："**如果一个序数是 ω_0，或者如果 ω_0 属于它，它就是无限的。我们也可以说，如果一个序数属于 ω_0，它就是有限的。**"[②]这样，我们可以将这个极限序数 ω_0 用公式表达为：

$$\lim(\omega_0) \ \& \ (\forall \alpha) \ \{[(\alpha \in \omega_0) \ \& \ (\alpha \neq \varnothing)] \rightarrow Sc(\alpha)\}$$

---

① Alain Badiou, *L'être et l'événement*, Paris: Seuil, 1988, p. 173.

② *Ibid.*, p. 177.

同时我们从这个公式和之前的定义中得出了关于有限和无限的公式表达：

$$\mathrm{Inf}(\alpha) \leftrightarrow \big[(\alpha = \omega_0) \text{ 或 } (\omega_0 \in \alpha)\big]$$

$$\mathrm{Fin}(\alpha) \leftrightarrow (\alpha \in \omega_0)$$

实际上在极限序数 ω_0 之后，我们仍然可以按照后续运算的规则继续运算下去，即 $\omega_0 \cup \{\omega_0\}$。不过，在这个极限序数 ω_0 面前，那种继续下去的后续运算已经没有太多意义了。实际上，无论对于本体论哲学家而言，还是对于数学家而言，他们共同关心的问题实际上正是这个从无限到有限的瞬间一跃的 ω_0 的问题。这个神奇的 ω_0，也被称为阿列夫数，吸引着罗素、哥德尔、希尔伯特、布尔巴基小组成员，乃至巴迪欧本人如痴如醉地对它进行探索。

10. 基数、无限基数(cardinal, cardinal limite)

相对于序数，基数是一个更让人困扰的问题。由于序数的无限性，我们可以通过后续运算不断地推演下去，最终达到从有限到无限的一跃。但是基数问题要困难得多。在解释这个问题之前，我们首先要说明什么是基数。

在康托尔最开始创立集合论的时候，他就已经谈到了基数问题。例如，集合$\{1，2，3\}$和$\{2，3，4\}$，它们并非相同，但有相同的基数。基数最开始的意思就是指一个集合的元素的个数。不过，这里引出了一个有趣的问题，即这两个集合的基数相等，是我们通过直觉得来的。但无论是康托尔，还是后来的哥德尔都反对从直觉的角度来证明集合论命题，这就迫使康托尔在直觉的方式之外，寻找证明这两个集合基数相等的方式。康托尔想到的办法是用"一对一对应"(one-to-one correspondence)的方式，即所谓双射（bijection）的方式来证明两个集合拥有同样大小的基数。在《存在与事件》的"沉思 26"中，巴迪欧重演了康托尔的著名证明：

已知 α 和 β 是两个集合，α 对 β 的函数是一个 α 和 β 之间的一对应关系：

对于 α 所有的元素而言，通过函数 f，都有与 β 的元素的对应关系。

α 中的两个不同元素对应于 β 中的两个不同元素。

此外，所有 β 的元素，通过函数 f，也都对应于 α 的元素。

很明显，以使用函数 f 的方式，我们可以用 β 的所有元素取代 α 中的所有元素，即用 β 中的元素 $f(\delta)$ 取代 α 中的元素 δ，这个取代元素 $f(\delta)$ 是独一无二的，与任何其他元素都有所不同，与 δ 相对应。第三个前提说明，这个方式也可以用于所有 β 的元素。对于这样的思考任务来说，这是一个充分概念，一之多 β 并没有创造一个比 α "更大"的多，这样，就它们所展现的东西而言，α 和 β 在数量上或在广延上是相等的。①

不过，和序数一样，基数真正的魅力在于无限基数。事实上，无限基数有很多种，如弱不可达基数、强不可达基数、马洛（Mahlo）基数、拉姆齐基数、可测基数、玄妙（ineffable）基数、紧（compact）基数、超紧

① Alain Badiou，*L' être et l'événement*，Paris：Seuil，1988，pp. 296-297.

（supercompact）基数、可延（extendible）基数、大基数等。巴迪欧指出，基数已经成为集合论数学的核心，在他的著作中，实际上并没有太多涉及无限基数概念，因为无限基数已经成为集合论数学的一个深坑。而巴迪欧表示，他所要利用的基数方面的知识，只是整个基数王国中很小的一部分。

那么，在这里，我们只需关注巴迪欧本人关注的基数原理的部分，即极限基数 ω_0 的问题。同序数一样，基数从有限向无限的一跃是由极限基数 ω_0 完成的。[①] 但是，在序数上，我们可以通过后续运算，推算出比 ω_0 更大的超限序数，然而基数没有后续运算，我们如何获得比 ω_0 更大的基数呢？这正是让许多数学家和数学哲学家沉迷其中的一个核心问题。康托尔在没有策梅洛—弗兰克尔公理体系的前提下，用对角线（Argument de la diagonale）证明了的确存在着一个比阿列夫数 $\aleph_0$ 更大的超限基数，由于是由对角线证明得出的超限基数，所以这个基数被写成 $2^{\aleph_0}$。康托尔让 $2^{\aleph_0} = \aleph_1$，其中的意思是，$\aleph_1$ 是一个绝对大于 $\aleph_0$ 的超限基数。

进一步的问题是，在 $\aleph_1$ 和 $\aleph_0$ 之间是否存在另一个无限基数？我们假设存在一个集合 S，这个集合的势 $|S|$ 符合下述条件：

$$\aleph_1 < |S| < \aleph_0$$

---

① 对于这个问题的证明，康托尔是用一一对应函数，即双射函数完成的。实际上，在巴迪欧那里，他说明了基数概念实际上并不独立于序数，通过某种方式，我们可以将基数的定义建立在序数基础上，如巴迪欧定义了："Card(α)↔"α 是一个序数，在 α 与 $\beta \in \alpha$ 的序数 β 之间不存在一一对应关系"。（Alain Badiou, *L' être et l' événement*, Paris: Seuil, 1988, p. 296.）不过，这里可以得出的基数与其一一对应的序数等势，在极限序数部分，我们已经假设了从有限向无限一跃的极限序数是 ω_0，实际上，由于这种一一对应的双射关系，基数的那个极限的门槛也是 ω_0，或阿列夫数 $\aleph_0$。

康托尔对此做出了一个著名的假设，在 $\aleph_1$ 和 $\aleph_0$ 之间根本不存在这样的集合 S，它的势正好介于两个阿列夫数之间。在集合论的历史上，大家也把这个假设称为康托尔连续统假说（l'hypothèse du continu）。而集合论围绕是否支持康托尔的连续统假说形成了两大派别，即支持连续统假说的康托尔集合论体系和反对这个假说的非康托尔集合论体系。应该说，巴迪欧站在非康托尔集合论体系那一边，即后来他赞同哥德尔和科恩的方法，允许我们以力迫的方式，在 $\aleph_1$ 和 $\aleph_0$ 之间加入一个无限基数。不过我们不准备继续深入讨论这个问题，因为巴迪欧也没有在这个方面继续深入下去。

应该说，巴迪欧通过康托尔连续统假说，关心的是这样一个问题，即可以通过某种方式证明，的确存在着比极限基数 ω_0 更大的基数。不过，巴迪欧自己并不是用对角线证明来得出存在着一个比 ω_0 更大的基数 ω_1 的，而是利用了策梅洛—弗兰克尔公理体系，关于幂集的势必然大于原集的势的康托尔定理：

$$|p(\alpha)| > |\alpha|$$

对于这个定理的解释，我们放在下一节进行。在这里我们只需要理解，对于任何集合来说，其幂集的势必然大于它的势。下面的问题就很简单了，假设 $|\alpha| = \omega_0$，同时假设 $|p(\alpha)| = \omega_1$，根据康托尔定理（$|p(\alpha)| > |\alpha|$），我们可以得出：$\omega_1 > \omega_0$。我们可以用同样的方式得出必然存在着一个 ω_2，符合 $\omega_2 > \omega_1$。以此类推，这样，我们可以根据康托尔定理，像序数的后续运算一样，得出一个无限基数的序列，即 ω_0，ω_1，$\cdots$，ω_n，$\cdots$此外，还可以得出对这个序列的并集运算，即 $\omega(\omega_0) = \bigcup\{\omega_0, \omega_1, \cdots, \omega_n\}$，这个并集运算

还可以继续进行并集运算。于是，我们原先看到的那个无限的、不能比较大小的无限基数，通过各种方式，也变得可以比较大小，甚至可以成为一个立体的无限基数的排列，这个排列可以无限地延伸下去：

$$\omega \ (\omega_0) \ (\omega_0) \diagdown$$
$$\qquad\qquad \cdots \diagdown \omega_0 次并集运算$$
$$\qquad (\omega_0) \diagdown$$
$$\qquad\qquad \cdots$$

这实际上是一件很恐怖的事情。以往，我们会认为，无限和无限是一样多的，无法比较大小，将无限塞入无限得出的还是无限。但是，通过基数运算，我们看到的是，无限的序列还可以无限延续下去。在某种情况下，如果上帝是一个无限，我们可以假设出上帝的幂集，那么连上帝的无限性实际上也遭受了质疑。于是，巴迪欧说，在这种情况下"上帝也不能存在"①，这是从数学上对无神论的证明。

最后，我们必须要明白巴迪欧要说什么。巴迪欧列举无穷尽的基数序列要说明什么问题？很简单，用巴迪欧的话来说，他从非康托尔集合论的立场出发，否定了康托尔、哥德尔、埃斯顿等人试图用数学方式来确定溢出的努力，也就是说，任何从数学出发，试图确定那个最终溢出的计数为一的结构的努力迄今为止全部都是失败的。这样，从他们的失败中，我们可以得出一个结论，即超越于情势之上的那个溢出，不可能从一般本体论，即数学本体论上找到答案。在一般本体论层面上，对溢出的任何限制和把握必将失败。那么我们与其不辞辛苦地寻找在最终层

---

① Alain Badiou, *L' être et l' événement*, Paris：Seuil, 1988，p. 306.

次上锁定溢出的数学工具，不如干脆把它交给不定性的数学，即一种离散的数学，让我们从一种全新的角度来审视发生在情势之中的溢出和空集问题。

当然，巴迪欧的主要概念并不只是我们在这里介绍的这些，这些概念是铺垫性的，对于我们将要在下一章进入的巴迪欧谈到事件的数元来说，是奠基性的概念。巴迪欧的另一些主要概念，如事件、介入、类性与类性扩张、真理程序、前提、支配、力迫、主体、命名、专名等，我们将放在下一章来具体解释。

二、基本公理体系和主要定理

任何门类的数学和逻辑推理，都需要一定的公理体系作为支持，集合论也不例外。如果我们把整个集合论的推理序列，包括序数和基数推理看成一个巨大的序数序列的话，这个巨大序列的属于—最小值（∈-最小值），也是处在空边缘处的事件位，就是公理。事实上，在康托尔集合论创立时，也有少量的公理体系。在遭到罗素悖论的冲击并引发了第三次数学危机之后，数学家们就试图用公理化的方式来处理集合论的悖论。其中最著名的就是策梅洛—弗兰克尔公理体系（Zermelo-Fraenkel，后文简称 ZF 体系）。1908 年，恩斯特·策梅洛在其著名的《集合论基础研究 I》中提出了第一个公理体系。但是，策梅洛的公理体系不允许构造序数，而前一节谈到的极限序数理论，乃至基数理论，仅仅依赖策梅洛的公理体系无法推理出来。因此，在 1921 年，德国数学家亚伯拉罕·弗兰克尔(Abraham Fraenkel)①写了一封信给策梅洛，认为策梅洛的公理体系尚不足以证明某种集合和，即基数的存在，而在那个时代，所有的数学家和集合论学者都从直观上认为基数是绝对存在的。弗兰克尔的著作《分析理论和集合论新观念》(*Die neueren Ideen zur Grundlagung der Analysis und Mengenlehre*)以及论文《"明确的"和不依赖于选择公理的观念》("The Notion of 'Definite' and the Independence of the Axiom of Choice")，向策梅洛公理体系发出了挑战，弗兰克尔和另一位数学家托拉尔夫·斯科伦(Thoralf Skolem)②提出，需要用替代公理和奠基公理（又称正则公理）来补充策梅洛的公理体系，而策梅洛接受了他们的建议，因此，这里诞生了我们这里所谈的 ZF 体系和 ZFC 体系。③

　　ZF 体系和 ZFC 体系明显属于康托尔集合论，不过，即便对于非康托尔集合论来说，在进行一些推理和证明的时候，ZF 体系仍然具有十分重要的地位。巴迪欧最为关心的是 ZF 体系中的选择公理和奠基公理（正则公理）。实际上，正是选择公理，才使得 ZF 公理体系得以成立，也产生了所谓的策梅洛—弗兰克尔公理体系集合论。不过，由于包含了选择公理，我们看到，ZFC 体系的公理并不是有限的，而是无限的，因

---

　　① 亚伯拉罕·弗兰克尔(1891—1965)，德国犹太裔数学家，也是犹太复国运动分子，在第二次世界大战之后，他任教于耶路撒冷的希伯来大学，担任数学教职。他最突出的贡献就是和策梅洛一起构建了公理体系集合论，这个后来被称为 ZF 体系的公理体系，不仅成为集合论的基础，也在第三次数学危机之后，成为整个数学和逻辑学的基础。

　　② 托拉尔夫·斯科伦(1887—1963)挪威数学家，他与亚历山大·弗兰克尔一起补充了 ZF 公理体系。

　　③ ZF 体系和 ZFC 体系的区分关键是选择公理，ZF 体系不包含选择公理，而 ZFC 是承认选择公理为公理的体系。

此，我们不能说 ZF 体系到底有多少公理，它是一个复杂的公理体系，一种公理模式。不过，在本节中，我们只讨论几个对于巴迪欧来说最为重要的公理。

1. 外延公理(Axiome d'extensionnalité)

这个公理是 ZF 体系的第一公理。我们在前文指出，康托尔集合论需要解决的第一个问题是，我们如何判断集合 A 与集合 B 是等同的，我们又如何判断 A 与 B 是有差异的。在之前的数学家那里，这个问题是交给直觉来解决的，而我们前面讨论基数定义时，提到过康托尔引入了一一对立函数，或者以双射方式来证明基数相等。实际上，这种对应的方式，可以上升为一个公理，即如果对于任意一个元素，它既属于 A，也同时属于 B，毫无例外，我们就可以引入一个结论 $A＝B$。实际上，我们需要在 A 与 B 之间产生第三个变量，如 r，这个 r 成为衡量等同和差异关系的一个指标。在形式上，我们可以将外延公理书写为：

$$(\forall r)[(r\in A) \leftrightarrow (r\in B)]\rightarrow(A＝B)$$

这个公理也被称为确定性公理，因为 A 与 B 是等同还是相异，由 A 与 B 本身无法判断。如果一定要确定它们的等同关系或相异关系，这就必须通过它们各自的元素来进行，简而言之，每一集合的唯一性或同一性完全由其元素来决定。

2. 幂集公理(Axiome de l'ensemble des parties)

这个公理实际上是 ZF 体系的第 8 公理。不过正如巴迪欧所说，他的目的并不是重复 ZF 公理体系。在 ZF 体系中的 8 个公理中，巴迪欧认为有四个公理的类型比较类似，因为它们"对于任一现存的集合 α，都

存在一个集合 β，以某种方式建立在集合 α 的基础上"①。换言之，这四个公理都是从一个既有的集合或多按照一定的规则和方式推出另一个集合存在的公理。这四个公理分别是幂集公理、并集公理、分类公理、替代公理。因此，在这里，巴迪欧打断了通常的 ZF 体系的顺序，将这四个按照固定规则，从一个既有的集合产生另一个集合的公理放在一起讨论。所以，在本书中的讨论顺序也基本上是按照巴迪欧的顺序来进行的。

幂集公理，也被称为子集公理，也就是说，它通过一定的方式，从一个既定的集合 α 来得出其子集的存在。集合 β 是 α 的子集——我们可以写为：$\beta \subset \alpha$。如果 γ 是 β 的一个元素，即 $\gamma \in \beta$，那么它也是 α 的一个元素，即 $\gamma \in \alpha$。换句话说，$\beta \subset \alpha$（可以读为"β 包含于 α"）可以改写为如下公式：

$$(\forall \gamma)[(\gamma \in \alpha) \to (\gamma \in \beta)]$$

这样，我们就可以得出 α 的子集 β。不过，幂集公理的内涵不仅限于此，对于后面的推理而言，我们必须要进一步将其展开。如果我们从上述方式可以得出一个集合的子集，同时我们可以假设，存在一个集合 $p(\alpha)$，符合 $(\forall \beta)\{(\beta \subset \alpha) \to [\beta \in p(\alpha)]\}$，也就是说，$p(\alpha)$ 是 α 所有子集的集合，我们就可以将 $p(\alpha)$ 定义为 α 的幂集。

在上一节谈到序数的时候，我们指出，所有的序数集合都是通过一个后续运算 $S(\alpha) = \alpha \cup \{\alpha\}$ 得来的，因此，所有的子集和幂集的关系实际上可以看成一个巨大的序数序列，而这个巨大的序数序列的 $\in$-最小

---

① Alain Badiou, *L' être et l' événement*, Paris：Seuil，1988，p. 75.

值就是$\varnothing$。从而可以从空氚的幂集开始，推出一整个序数序列：首先我们从$\varnothing$开始，之后，我们可以得出$\varnothing$的幂集 $p(\varnothing)$，这个 $p(\varnothing)$ 的结果是什么？对于$\varnothing$而言，由于没有属于它的元素，因此不可能有$\varnothing \in \varnothing$。不过，这不等于说，空集没有子集，恰恰在空集公理中，已经确定，空集是任何集合的子集，包括空集本身，这样，空集至少有一个子集，即$\varnothing$自己。这样，我们可以得出一个结果：$\varnothing \subset \varnothing$。我们也可以这样说，$\varnothing$的唯一子集就是$\varnothing$。在这种情况下，我们可以进行幂集运算，即 $p(\varnothing)$，$\varnothing$所有的子集的集合，是$\{\varnothing\}$，即 $p(\varnothing) = \{\varnothing\}$，我们还可以将它写为$\varnothing \in p(\varnothing)$。

注意，这是一个单元集，它不是空集，它拥有唯一的元素$\varnothing$，在性质上已经不同于之前的那个$\varnothing$。巴迪欧说："空集并不拥有任何元素，这样，它是不可展现的，我们在这里只关心它的专名，专名在其空缺处展现其存在。属于集合$\{\varnothing\}$的并不是'空集'，因为空集属于未展现的多，它是多之呈现的存在本身。属于这个集合的只有一个专名，这个专名构成了对纯多的公理性呈现的存在—缝合（*suture-à-être*），即对呈现的呈现。"[1]

在我们得出单元集 $p(\varnothing) = \{\varnothing\}$ 之后，我们还可以继续进行运算，即进一步得出$\{\varnothing\}$的幂集 $p(\{\varnothing\})$。对于$\{\varnothing\}$，实际上可能存在的子集有两个，一个是唯一的元素$\varnothing$的子集，也是$\{\varnothing\}$的全集，另一个是$\varnothing$，因为根据空集的定义，$\varnothing$是任何集合的子集，因此，$\varnothing$也必然是$\{\varnothing\}$的幂集 $p(\{\varnothing\})$ 的子集，这样，我们可以判断，$p(\{\varnothing\})$应该有两个元素，

———————
[1]　Alain Badiou，*L' être et l'événement*，Paris：Seuil，1988，p. 104.

即$\varnothing$和$\{\varnothing\}$，我们可以写作$p(\{\varnothing\})=\{\varnothing,\{\varnothing\}\}$。于是，我们有了如下的可递序列：

$\varnothing$

$p(\varnothing)=\{\varnothing\}$

$p(\{\varnothing\})$或$p(p(\varnothing))=\{\varnothing,\{\varnothing\}\}$

$p(p(p(\varnothing)))=\{\varnothing,\{\varnothing\},\{\{\varnothing\}\},\{\varnothing,\{\varnothing\}\}\}$

…

这个可递序列可以一直持续下去。如果我们将$\varnothing$记作第0层的话，$p(\varnothing)$是第1层，只有1个元素，而第2层的$p(p(\varnothing))$共有两个元素，第3层的$p(p(p(\varnothing)))$则有4个元素，我们可以猜测，第n层的$p(p(\cdots p(\varnothing)\cdots))$会有$2^{n-1}$个元素。

3. **并集公理**(*Axiome de la réunion*)

实际上，我们谈序数的后续，以及幂集$p(\alpha)$的以可递方式的展开，都需要通过一个后续运算来进行。我们之前将这个后续运算表述为$S(\alpha)=\alpha\bigcup\{\alpha\}$。这里出现了一个符号$\bigcup$，这是我们之前没有通过数学形式来解释过的符号，这就是并集符号。ZF体系对并集公理所给出的定义是：给定任何集合A，有着一个集合B，给定任何集合x，x是B的元素，当且仅当有一个集合C使得x是C的元素并且C是A的元素。我们可以将其表达为：

$$(\forall A)(\exists B)(\forall x)[(x\in B)]\leftrightarrow(\exists C)[(x\in C)\&(C\in A)]$$

巴迪欧说："'并集'一词的选择说明了这样一种观念，即其公理上的主张说明一个多'合并'诸多的本质，而这一点是通过'合并'第二个多[相对于原来那个多而言]展现出来的。反过来，第一个多[由原初的多而来]是由第二个多所构成的。"①在这种情况下，我们认为 B 是 A 的并集，可以记作 $\bigcup A$。并集公理是集合论不断可递后续扩张和延展的重要工具。在幂集公理部分，我们看到的 $p(\varnothing)$ 的操作，可以理解为 $p(\varnothing)=\bigcup\varnothing$，而 $p(\{\varnothing\})=\bigcup\{\varnothing\}$，说得明确些，后续运算，或者空集的展开，都是一种并集的操作。

4. **分类公理**(*Axiom de séparation*)

这是策梅洛公理体系的公理 3，分类公理是策梅洛自己提出来的公理，因此，在很多地方也被称为策梅洛公理。前面讨论"溢出"概念时，我们谈到，策梅洛之所以提出分类公理，就是为了解决罗素悖论问题。我们之前引述了策梅洛分离公理的定理 10，现在我们直接来看看策梅洛自己是如何界定这个公理的。策梅洛指出："对于一个集合 M 的所有元素而言，函数 $f(x)$ 是明晰的，M 有一个子集 M_f，这个子集包含了在 M 中对于函数 $f(x)$ 为真值的 x 的所有元素。"②我们可以将这个公理用形式化方式表述如下

$$(\exists M_f)(\forall_x)\big[f(x)\leftrightarrow(x\in M_f)\big]$$

分离公理是一个挑选机制，即它有一个进行选择的标准函数 $f(x)$，只有符合函数 f 的 x 才能被选择出来作为一个新的集合 M_f。可以说，这是分类公理与后面引起了巨大争议的选择公理的区别所在。分离公理的挑选机制是"明晰的"，它将符合一定属性的元素挑选出来，作为一个

① Alain Badiou，*L'être et l'événement*，Paris：Seuil，1988，p. 78.

② Ernst Zermelo，"Investigations in the foundations of set theory I"，in Herausgegeben von Heinz-Dieter Ebinghaus，& Akihiro Kanamorip eds.，*Ernst Zermelo，Collected Works*，Berlin：Springer-Verlag，2010，p. 195.

分离的子集。而选择公理没有这个"明晰的"机制。例如，将书架里所有封面为白色的书挑选出来，这里有一个"明晰的"函数 $f(x)$，这个函数的值为"封面为白色"，这是一个"明晰的"属性。我们很容易按照这个条件，将所有 M（书架中）的符合该属性的 x 挑选出来组成一个新的集合 M_f（书架里封面为白色的书籍），即 M 的子集。

为什么策梅洛的分类公理可以解决罗素悖论？正如我们前文所说，这个进行挑选的函数 $f(x)$，并不是原先的集合拥有的元素，无论在弗雷格那里，还是在罗素那里，这个函数都被视为原集合所拥有的元素。事实上，正如前文的策梅洛定理 10 所述，这里面必然存在着某种 M_0，它只包含于 M，而不属于 M。这个 M_0，就如同那个理发师一样，并非一个实存的集合，而是一个空集。它包含于但不属于 M。也正是通过这个方式，策梅洛解决了罗素悖论。

5. 替代公理(Axiome de remplacement)

正如前文所述，替代公理并不是由恩斯特·策梅洛首先在他的《集合论基础研究 I》中提出来的，而是后来的亚伯拉罕·弗兰克尔和斯科伦发现了策梅洛的公理体系的不足，主动用一个新的公理补充了原有公理体系的缺陷。因为策梅洛的公理体系"还不是充分宽广。仅凭这些公理，某些重要的集合，某些超限集合，是定义不出来的，因为无法使用超限归纳法，使以往不少重要的理路被丢掉了"[1]。而托拉尔夫·斯科伦在 1922 年的《关于公理化集合论的几点看法》("Some Remarks on Axiomatized Set Theory")一文中指出，策梅洛的"公理化集合论会导致集合论

---

① 张建军：《逻辑悖论研究引论》(修订版)，57 页，北京，人民出版社，2014。

观念的相对性，而这种相对性不可避免地与所有公理化体系密切相关"①。为了弥补这个不足，弗兰克尔和斯科伦提出了替代公理，在弗兰克尔建议之后，策梅洛肯定了这个公理，并主动将其纳入 ZF 体系之中。

说准确些，实际上替代公理就是康托尔——对应和双射的一种变型。在巴迪欧的表述中，这个公理被简述为："如果你已知一个集合，并且你用其他元素取代了它的元素，那么你将获得一个新的集合。"②而冯·诺依曼（Von Neumann）将此表述为："若 f 是一个函数，而且，对一个已知集合中的任一元素 x 而言，$f(x)$ 也是一个集合，那么所有这些 $f(x)$ 就构成一个新的集合。"③

实际上，替代公理指的是无论集合是有限还是无限，只要每一个元素都有一一对应的项存在，或者说，用一个对应的项取代原有的项，我们便可以得到一个全新的集合。不过，有趣的是，由于替代公理的出现，使得原来属于策梅洛公理体系的公理 3 变成了可推理的，也就是说，我们可以从替代公理，经过论证，得出分离公理。这样看来，原来的分离公理就不是一个独立的公理，而变成了属于替代公理的一个定理。不过公理化集合论并没有取消分离公理的公理地位，而是继续将它放在 ZF 体系的公理之中。

---

① Thoralf Skolem，"Some Remarks on Axiomatized Set Theory"，in Jean van Heijenoort ed.，*From Frege to Gödel：A Source Book in Mathematical Logic*，1879—1931，Harvard University Press，1967，p. 296.

② Alain Badiou，*L'être et l'événement*，Paris：Seuil，1988，p. 78.

③ 参见张家龙：《数理逻辑发展史——从莱布尼茨到哥德尔》，226—228 页，北京，中国社会科学出版社，1993。

替代公理虽然看似简单，但许多数学家在论证时都会有意无意地使用这个公理。如著名的希尔伯特旅馆问题，就是一个典型的替代公理的应用。

希尔伯特问题（Hilbert）是这样来论证的，假设有一个旅馆拥有可数无限多个房间，且所有的房间均已客满。假如旅馆房间数量是有限的，我们一定能得出结论，这个旅馆无法再住进任何新的旅客。但是，希尔伯特的旅馆房间数量是无限的，我们便可以采用替代公理来为新到来的旅客挪出房间。设想此时有一个客人想要入住该旅馆，由于旅馆拥有无穷个房间，因而我们可以将原先在 1 号房间的客人安置到 2 号房间，2 号房间原有的客人安置到 3 号房间，以此类推，这样就空出了 1 号房间留给新的客人。重复这一过程，我们就能够使任意有限个客人入住旅馆。

准确来说，希尔伯特是这样完成替代的，即用映射关系，$X_1 \rightarrow X_2$，$X_2 \rightarrow X_3$，…，直至 $X_n \rightarrow X_{n+1}$。这是来一名旅客的情况，我们很顺利地将这名旅客安排下来了。不过任意有限数 m 名旅客来都不成问题，因为这个过程只需要交给替代公理完成就可以，即 $X_1 \rightarrow X_{m+1}$，$X_2 \rightarrow X_{m+2}$，…，直至 $X_n \rightarrow X_{n+m}$。不过，假设突然来了一辆客车，这辆客车上面有无限个座位，每一个座位上都有一位乘客，这时又该如何安排呢？实际上，这个问题涉及的是，是否有可能将无限名旅客安排到希尔伯特的无限旅馆之中。对于这个问题的解答，已经不能简单地用替代公理完成，因为替代公理仅仅能完成希尔伯特的无限旅馆的有限名新来客人的安排。对于无限新客人的安排，会涉及康托尔著名的极限基数$\aleph_0$，只有在后面讨论选择公理时，我们才能真正彻底解决这个问题。

6. 空集公理(Axiome de l'ensemble vide)

这个公理是数学上或集合论上的公理，但对于巴迪欧来说，这个公理更像是元本体论上的公理。这个公理的表述非常简单："存在着一个 β，不存在任一 α 属于 β。"我们可以形式化表达为：

$$(\exists\beta)[\sim(\exists\alpha)(\alpha\in\beta)]$$

在这个界定中，由于否定了存在着任何 α 属于 β，那么，β 就是一个空集。实际上，这个公理哲学上的本体论意义大于数学意义。因为，在数学上，几乎不会用这个公理做太多证明，然而，空集公理则为本体论揭示了这样一个事实——存在着一个空集。正如前面我们在概念部分介绍过，没有任何一个元素属于空集，这势必意味着，在这个集合中，没有任何一个多可以是其所是，说得更明白些，就是在这个集合下，没有任何东西被计数。它是一个纯展现，一个未被计数成为"是"的展现。用巴迪欧的话来说："这个公理可以说成：不可展现之物被展现出来，它成为呈现之呈现的一个缩离项。或者说：一个多，并不处于多的观念之下。或者说：存在让自己在本体情势中，可以被命名为某种东西，在其中实存并不存在。"①

空集是一个独特的存在，一个非其所是的存在，尽管数学家们可以用幂集公理推出空集公理，但是，空集恰恰是使得幂集公理无法向后回撤的地方，也就是说，幂集公理的不断回撤存在着一个无法跨越的槛，这个槛就是空集。

这个公理还有一个有趣的地方，我们通过外延公理证明，有且只有

---

① Alain Badiou, *L' être et l'événement*, Paris: Seuil, 1988, p. 81.

一个空集。在这个意义上，空集是独一无二的，是唯一的。由于空集没有任何元素，则我们不能假设一个 r，让 $r \in \varnothing$。这样，我们就不可能找到任何与 $\varnothing$ 等同的集合，换句话说，$\varnothing$ 与任何其他集合都是相异的，在这个意义上，我们证明了空集 $\varnothing$ 是独一无二的。

7. 选择公理(Axiome du choix)

现在我们触及了整个公理化集合论中最为重要的一个公理——选择公理。其实，选择公理也并不纯粹是集合论中的重要公理，在数学家们看来，这个公理虽然争议极大，但的确是整个数学王国中最为重要的公理之一："许多数学家(包括反对者)都在有意识或无意识地使用选择公理。选择公理应用在几乎所有数学分支中，而且它还有许多等价形式，如佐恩(Zorn)引理、洛文海姆—斯科伦(Löwenheim-Skolem)定理、季洪诺夫(Tychonoff)定理、势的三歧性定理等。[数学家们]还发现了它的许多弱形式，如素理想定理、可数选择定理、依赖选择定理等。可以毫不夸张地说，离开选择公理，数学将不是今天的样子。"[1]而著名的数学史研究学者格列高利·摩尔(Gregory Moore)也指出："很少有数学方面的从业者——这门在结论上十分确定的学科的学者，不把自己的核心前提建立在选择公理之上。若无选择公理，今天的数学会大不一样。现代数学的本质会发生改变，如果那些对选择公理十分苛刻的建构主义批判大行其道的话，那么数学就会退回到纯算数运算阶段。"[2]

为什么选择公理如此重要？让我们先来看看选择公理的基本表述：

---

① 赵希顺：《选择公理》，2 页，北京，人民出版社，2003。

② Gregory Moore, *Zermelo's Axiom of Choice：Its Origins, Development, and Influence*, Berlin：Springer-Verlag, 1982. p. 1

"对于所有的集合 S，都存在着一个函数 f，这个函数从 S 的所有非空子集 A 中，选择了一个符合 f 的唯一元素 $f(A)$。"[①]选择公理可以用公式表达为：

$$(\forall S)(\exists f)[(\forall A)[(A \in S \& A \neq \varnothing) \rightarrow f(A) \in A]]$$

注意这里与前面的分离公理的区别。分离公理中的 $f(x)$ 是一个带有"明确的"属性的函数，这个"明确的"属性，可以帮我们明确无误地挑选出所有的对象，如前文列举的书架上所有白色封面的书。选择公理的问题是，除了强调在非空集合中挑选元素之外，我们没有任何规则来确定要挑选的东西。我们现在换一个比喻，假设有一个书架，上面有 n 个分格，每一个分格都是一个非空子集，现在的问题是，选择公理告诉我们，可以从每一个分格中选取一本书，并将所有从分格中选取的书作为一个集合。在直觉上，我们判定，这个集合是存在的。但问题在于，由于我们唯一的规则就是从每一个分格中取出一本书，如何取书，取哪本书，实际上带有不确定性，那么我们从每一分格中选取的这些书的集合，是否是康托尔所主张的那种良序的集合呢($bon\ ordre$)？换句话说，选择公理是否能够确保选择函数 f 的连贯性？如果 n 是一个无穷数，这会让选择公理变得更为复杂，因为分格 n 在书架上是无穷的，那么从每一分格中选择出来的书也是无穷的，那么新组成的集合 $f(A)$ 也将会是一个无穷集合。

在前面谈替代公理时，我们谈到了希尔伯特的无限旅馆问题。在前文中，我们只讨论来了有限个，如 m 个旅客，该如何把他们安置在无限的

---

① Gregory Moore, *Zermelo's Axiom of Choice: Its Origins, Development, and Influence*, Berlin: Springer -Verlag, 1982. p. 1.

旅馆中的问题。对于有限旅客的安排，我们只需要借助替代公理就可以完成。现在的问题是，如果来了一辆有无限座位的客车，上面的旅客数量也是无限的，那么该如何将无限的旅客安排进房间中？希尔伯特明显用到了选择公理。旅馆老板将旅馆房间分成两个两个一组，如 $<A_1, A_2>$、$<B_1, B_2>$、$<C_1, C_2>$……让原来所有的无限旅客任意选择每一组的一间住下，这样，无论前面住店的旅客怎么选择，都能住下。因为旅客是无限的，将无限的房间分成两个两个一组，这个分组的数量也是无限的，也就是说，原先的旅客完全可以都在这个旅店中的分组中找到一间住下，但不管先前住店的旅客如何选择，他们都会留下这个二元组中剩下的一间房间。由于二元组的数量是无限的，剩下的房间数量也是无限的，那么新来的无限旅客都可以安然在希尔伯特的无限旅馆中住下。不过，先前住店的旅客如何在二元组中挑选房间是没有规则的，他们不会都选二元组的 1 号房，或二元组中的 2 号房，这种选择是随机的，如 A_1、B_2、C_2、D_1、E_2……但如何组合并不影响剩下的房间的无限性，即 A_2、B_1、C_1、D_2、E_1……这个选择函数，唯一的规定性就是在这个二元组中选择其一，而构成集合的整体，不一定具有"明确的"性质。或者说，我们根本没有明确的函数来确保经过选择公理挑选而形成的新集合的良序性。这或许也正是选择公理在提出之初饱受争议的原因之一吧。

这的确是困扰许多数学家的一个重要问题，巴迪欧引述了弗兰克尔、巴希勒[①]（Bar-Hillel）和勒维（Levy）等人的说法，指出："事实上，

———————

① 巴希勒（1915—1975）以色列数学家，哲学家和语言学家。犹太人，生于奥匈帝国时期的维也纳，并在柏林接受教育。他是机器语言翻译和形式语言的开创者之一。

这个公理并没有肯定[用当今乃至未来的可能的科学资源]可以去建构一个选择—集合[即我们所说的代表]；也就是说，不可能提供这样一个规则，即在 c 的每一个成员 β 中，某个 β 的成员可以被命名……这个公理正好维系了一个选择—集合的实存。"[1]不过，巴迪欧认为策梅洛、弗兰克尔、巴希尔·勒维这些数学家们找错了方向，他们试图在原先的连贯性的集合论体系中赋予这个选择函数挑选出来的新集合以一种"实在"（existentiel）的性质，这种努力，正如斯科伦所指出的，只会陷入相对性之中，不能找到出路。

其实，选择公理在哲学的本体论上打开了另一个缺口。因为本体论并不像数学一样，时时刻刻都在追求"明确性"或"良序性"。对于巴迪欧来说，正是选择公理导致了一种不确定的后果，即一个无法从原来的体系加以命名的新的集合——$f(A)$，这实际上为下一章涉及的事件的数元、介入的可能性、忠实的运算（对巴迪欧来说，就是绝对忠实于选择公理的结果），以及主体和类性真理程序的诞生提供了可能。尤其是介入问题，是非康托尔集合论的核心问题。科恩正是通过力迫的介入手段，肯定了选择公理，也就是说，介入一种强制性的承认，那个选择出来的 $f(A)$ 也是一，尽管这个 $f(A)$ 是一个不可构建的函数（巴迪欧在这里站在哥德尔可构建模型的对立面）。巴迪欧说："换句话说，选择公理思考了不带任何事件的介入存在的形式。在那里，在函数的不可建构的形式下，所发现的东西是用空来标记的。本体论宣布了介入**实存**，并命

---

① 　Alain Badiou，*L'être et l'événement*，Paris：Seuil，1988，p. 250.

名了这个'选择'的存在。"①

我们可以看到，巴迪欧对选择公理投入了如此大的热情，是因为选择公理正是打破康托尔集合论，或者说哲学上的一般本体论的缺口，康托尔集合论和一般本体论是良序的，它们的体系旨在建立一个确定而可建构的模式，并试图用这个模式来框定所有不确定的因素。但是，正是选择公理的存在，宣告了康托尔集合论和一般本体论梦想的破灭。在这里，我们已经部分涉及了下一章的内容，即**正是在选择公理打开的缺口中，我们看到了从康托尔集合论通向非康托尔集合论，从一般本体论通向元本体论(**méta-ontologie**)的可能性**。

8. 奠基公理(Axiome de fondation)

奠基公理也被称为正则公理(axiome de régularité)。与替代公理一样，这个公理是 1922 年由亚历山大·弗兰克尔和托拉尔夫·斯科伦提出的，并最终被恩斯特·策梅洛所接受，纳入 ZF 体系中。

那什么是奠基公理？在谈"序数"和"幂集公理"的部分，我们都谈到了后续运算的公式：$S(\alpha) = \alpha \bigcup \{\alpha\}$。尽管后续运算可以无限地进行下去，形成一个无限长的可递序数序列，但是，这个可递的序数序列并不是无条件出现的，换句话说，它需要被奠基，即它需要一个绝对的起点。这个起点，在前文谈"序数"的部分中，我们已经指出了它的特征，即属于这个起点的任何元素，不属于后续的可递序数序列的任何一个多，巴迪欧也将这个起点称为属于关系的最小值($\in$-minimal)，它处在空的边缘处，并构成了一个事件位。在它之下，是绝对的无，而它之

---

① 　Alain Badiou，*L'être et l'événement*，Paris：Seuil，1988，p. 252.

上，则是良序的可递序数序列。对于这个绝对的起点，巴迪欧说："设 α 为一个非空之多，它只遵循一个规则：它不是自身的元素[于是，我们有 $\sim(\alpha \in \alpha)$]。考察一下集合 $\{\alpha\}$，它由元素 α 形成一，即单元集：α 为它的唯一元素。我们可以认为，α 在表达为 $\{\alpha\}$ 的情势中处在空边缘处。事实上，$\{\alpha\}$ 只有 α 一个元素。碰巧，α 不是自己的元素。因此，只展现了 α 的 $\{\alpha\}$，当然并没有展现出 α 的任何其他元素，因为它们都不同于 α。这样，在情势 $\{\alpha\}$ 之中，多 α 是一个事件位：它被展现出来，但属于它的任何东西都没有[在情势 $\{\alpha\}$ 中]被展现。"①

根据巴迪欧的描述，我们基本上可以判断，作为绝对的事件位，可递序数序列的绝对的起点应该符合如下性质，即 α 与它的后续 $\{\alpha\}$ 的唯一的交集是空集，在 α 中，没有任何其他元素在后续项 $\{\alpha\}$ 中展现出来，因此，这个事件位可以用数学公式表述为：

$$\{\alpha\} \cap \alpha = \varnothing$$

在这里，我们已经触及了我们需要表述的奠基公理，无论是良序的可递序数序列，还是哲学上良序的一般本体论，实际上都具有的一个性质是，这种良序必然存在着一个起点，或者说一个奠基。所有良序可递序列的成立，所有良序本体论的成立，都需要这个奠基。这个奠基与后续的任意的多的交集为空集。还是让我们来看看巴迪欧的表述吧："已知一个集合 α，而 β 是 α 的一个元素，即（$\beta \in \alpha$）。如果相对于 α，β 处于空的边缘处，这是因为没有 β 的元素本身也是 α 的元素：多 α 展现了 β，但它并没有以分离的方式展现出 β 所展现的任何一个多。这意味着，β

---

① Alain Badiou, *L' être et i' événement*, Paris：Seuil, 1988, p. 207.

和 α 没有**共同元素**，没有被一之多 α 所展现的元素被 β 展现出来，尽管 β 本身作为一，被 α 展现出来。这两个集合没有共同的元素，我们可以做出如下总结：两个集合的交集只能用空集的专名来命名：$\alpha \cap \beta = \varnothing$。"①实际上，这个公理也可以用数学公式表述如下：

$$(\forall \alpha)\{(\alpha \neq \varnothing) \rightarrow (\exists \beta)[(\beta \in \alpha) \,\&\, (\alpha \cap \beta = \varnothing)]\}$$

同样，巴迪欧对于奠基公理表现出了极大的热情。他直接指出，奠基公理实际上处在元本体论，而不是一般本体论的入口处。为什么呢？在概念部分，我们区分了自然情势和历史情势，那么自然情势是一个绝对连贯性的情势，我们可以将它理解为按照某种后续规则不断将诸多连贯为一个一的情势。在这个情势中，由于连贯性，整个序列是绝对透明的，绝对可辨识和可决定的。这是哥德尔的绝对可建构模型的理想，在这个理想中，哥德尔试图排除所有不可辨识和不可决定之物，并坚定地提出："凡是不便于被辨识的东西都不存在。"②但是，正是奠基公理打破了哥德尔式的建构论者的幻想，因为奠基公理的出现，必然意味着，在回归运算中，对于那个无限可递的序数序列，存在着一个绝对的他者，即一个与运算本身不相容的奇点。因此巴迪欧说："属于关系不可能无限回归。中顿点，相对于多的原始符号（$\in$）而言，建立起一种任意被展现的多的原初的有限之物——'下降'的定位。"③于是，任何可递的序数序列，都有这样一个事件位，一个奇点。这势必意味着，序数的运算法则无法真正贯穿所有的项，必然存在着一个项，与运算规则不

---

① Alain Badiou, *L'être et l'événement*, Paris：Seuil, 1988, pp. 207-208.

② *Ibid.*, p. 325.

③ *Ibid.*, p. 208.

相容。

　　这样，奠基公理蕴含了这样一个命题，即哥德尔的可建构模态不存在，同时也意味着巴迪欧在前面所界定的自然情势只是一种理想状态，这种理想状态必然会遭遇现实的他者，即一个处在空的边缘处的事件位，一个绝对的奇点。这样巴迪欧才大声地宣告："从本体论的架构上来说，**所有的情势都是历史性情势，历史性的诸多无所不在**。"[①]是的，奠基公理保证了对于任何良序的序数序列而言，都必须存在一个处在空边缘处的事件位，这个事件位是让序数得以发生，得以奠基的起点，但它又是异于整个计数规则、整个运算规则的奇点，一个绝对的事件位。由于这个事件位的绝对存在，导致了自然情势的不可能性，因为根据自然情势的定义，自然情势是不包含任何事件位的情势。也就是说，正因为具有了事件位，所有的情势都成为历史情势。

　　于是，巴迪欧想进一步说明的是，由于奠基公理，一切情势都成了历史情势，又因为历史情势中事件位的绝对存在，**所有的历史情势都是拥有爆发事件可能性的情势**。如果所有的情势都是历史情势，那么势必意味着，所有的情势都潜在地存在爆发断裂性事件的可能性。那种哥德尔式建构论的绝对透明和排斥不可辨识之物的情势实际上是不存在的。一种绝对排斥事件的情势也是不可能的。因此，巴迪欧在为爱徒梅亚苏的《有限之后》所撰写的序言中，将这一结果改写为一个通俗的原理："只有一样东西是绝对必然的，即自然法则是

---

　　① Alain Badiou, *L' être et l' événement*，Paris：Seuil，1988，p. 209.

依赖性的(contingent)。"① 从这里出发，我们可以最终寻找到一个外部，一个超越于可建构模态理念的外部，这就是梅亚苏自己所说的"大外部"(Grand Dehors)："这个大外部是与我们无关的外部，为了如其所是的存在，这个外部是作为与给予的架构无关的给予物，它的存在与我们是否思考它完全无关。"②

9. 康托尔定理(Théorème de Cantor)

康托尔定理，也称为溢出点定理(théorème du point d'excès)。它讨论的是一个集合的幂集的势总是大于原集合的势。假设有一个集合 α，我们可以通过运算得出它的幂集 $p(\alpha)$，通过前文的分析我们可以得出，对于任何一个集合来说，一个幂集的元素的数量总是大于原集合的元素的数量，即我们有：

$$|\alpha| < |p(\alpha)|$$

这个定理被巴迪欧应用得极广。在前面讲基数的部分，我们已经谈

---

① "Contingent"一词通常被翻译为"偶然性"。有人认为，这在中文语境中与哲学逻辑上的"随机性"(Randomness)没有区分。实际上，无论是在巴迪欧还是在梅亚苏那里，这个词都不能理解为全随机的偶然性。在这句话中，巴迪欧和梅亚苏的意思是，所有的自然规则都以一个不确定为真，也不确定为假的命题作为前提。这个前提不是必然正确的前提，而是一个偶然的前提。后面的逻辑推理，以及整个公理、定理的规则体系都依赖于这个奠基性的前提而成立，可见，巴迪欧和梅亚苏的思想中有**十分明确的奠基公理的主题**。如果在这里将"Contingent"翻译为"偶然性"，就会看不到其中包含的奠基公理的成分。巴迪欧这句话更准确的意思是，所有自然规则依附于一个奠基性的但不是必然正确的命题，然而从这个奠基性的命题开始，自然规律表现为一个有规则的体系，并不是一些艺术家们所理解的全随机性。

Alain Badiou, "Perface", in Quentin Meillassoux, *Après la finitude：Essai sur la nécessité de la contingency*，Paris：Seuil，2006，p. 10.

② Quentin Meillassoux, *Après la finitude：Essai sur la nécessité de la contingency*，Paris：Seuil，2006，pp. 21-22.

到了巴迪欧不是从对角线证明的途径来认识 $\aleph_1$ 和 $\aleph_0$ 的大小关系的,而是直接从康托尔定理来介入的,尽管康托尔自己对康托尔定理的证明也依赖于对角线证明。不过,我们可以暂时将这个定理的证明问题放在一边,主要关注一下巴迪欧本人看待康托尔定理的视角。准确来说,巴迪欧将康托尔定理中的幂集和集合关系转化为他自己所定义的情势状态相对于情势的关系。巴迪欧的说法是:"溢出点定理对于情势以及情势状态之间的关系问题给出了一个具体回应:情势状态至少计数了一个不属于原情势的多。结果,情势状态是不同于原情势的多。另一方面,康托尔定理对这个问题给出了一个完整的回答:情势状态的幂——从纯量的角度来说——要大于原情势。顺便说一下,这就排除了情势状态仅仅是一个对情势的'映射'的观念。情势状态应该同情势分离开来,溢出点定理对此已经说明了很多。如今,我们已经知道了是情势状态主宰着这个问题。"①

那么,我们可以这样归纳巴迪欧的主题:情势状态的项总是多于情势的项,也就是说,情势状态的基数大于情势的基数。但是情势状态的基数究竟比情势的基数大多少,或者说情势状态相对于情势溢出了多少,这个不是康托尔定理所给定的内容。后来非康托尔集合论的发展,甚至对康托尔的连续统假设,即不能在 $\aleph_1$ 和 $\aleph_0$ 之间置入一个无穷数,提出了质疑。非康托尔集合论的方法是介入,对于这个问题,我们放在下一章进行。我们只在这里对巴迪欧所理解的康托尔集合论做一个简单的评判。在巴迪欧那里,**康托尔定理代表着情势状态**

① Alain Badiou: *L' être et l' événement*,Paris: Seuil,1988,p. 303.

相对于情势的绝对溢出。但是溢出多少，由于我们没有任何衡量的工具和尺度，是一个不定值，需要通过非康托尔集合论来强制做出决定。 让巴迪欧兴奋的是，他在康托尔定理中又看到了一个通向他所谓的不定的真实的裂缝。

10. 埃斯顿定理(Théorème de Easton)

实际上，这道裂缝并不是直接通过康托尔定理表达出来的，因为康托尔定理表达的是溢出的绝对性，但康托尔定理并不保证对溢出进行测度。而真正对这个问题进行考量的是一个并不太出名的数学家 W. 埃斯顿在 1970 年提出的一条定理。事实上，即便在逻辑和数学界，这条定理也不是太常用。不过，巴迪欧对这个定理感兴趣的原因恰恰源于前一条康托尔定理的幂集相对于集合的绝对溢出的表述。

先让我们来看看埃斯顿定理的表述：如果存在一个函数 G，G 的域完全由序数构成，它的排列符合如下规则，

(1)G 是不倒退的

(2)对于在 G 的域内的所有的 α 来说，都有 $\aleph_{G(\alpha)}$ 的共尾数大于 $\aleph_\alpha$。

(3)对于在 G 的域内的所有的 α 来说，$\aleph_\alpha$ 都是常规基数。[①]

同样，我们可以根据 ZFC 公理体系，推理得出：

[①] Easton，W.，"Powers of regular cardinals"，*in Ann. Math. Logic* 1970(2)：139-178.

$$2^{\aleph_a} = \aleph_{G(\alpha)}$$

不过，巴迪欧在这里关注埃斯顿定理却并不是关心 $\aleph_\alpha$ 是常规基数还是非常规基数的问题。实际上，巴迪欧将这个定理转述为："已知一个基数 λ，λ 要么是 ω_r，要么是一个 λ 的后续基数，λ 与所选择的多的观念相一致，λ 作为 $|p\cdot\lambda)|$ 的值——即情势为一个多的情势状态的量——对于任一基数 π，我们知道 π 大于 λ，即 λ 的后续基数。"[1]在这个定理中，对巴迪欧来说，最关键的问题是，在康托尔的 $\aleph_1$ 和 $\aleph_0$ 之间（巴迪欧自己的表述是在 ω_0 和 ω_1 之间），康托尔自己的思想到达了他无法触及的极限。这个让巴迪欧兴奋的埃斯顿定理的奥妙所在，即在巴迪欧看来，埃斯顿定理表达了"可以通过演绎得出，这就是 ω_{347}，或者 $\omega_{(\omega_0)+18}$，或者任何大小的其他基数，可以作为其后续。结果，埃斯顿定理建立了一种情势状态相对于情势的溢出的伪—整体不定性。似乎直接属于关系所传达出来的结构与对部分计数为一并对包含于关系进行规制的元结构之间，出现了一道裂缝，对其的填补只能依赖于无概念的选择"[2]。没错，巴迪欧的意思是说，在 ω_0 和 ω_1 之间，根本**不存在一个确定的量**来确定两个阿列夫数，或者两个极限基数之间的大小差距。这个差距是**任意**的，换句话说，我说这个差距是 ω_{347} 或者 $\omega_{(\omega_0)+18}$ 都是可以的，而至于到底相差多少，完全取决于**主体的专断**。这是一个多么有意思的结论呀，在如此追求精确性的数学之中，居然出现了一个很随意、很专断的情况，主体可以任意根据自己的判断来决定其差距的大小。也就是说，

---

①　Alain Badiou，*L' être et l'événement*，Paris：Seuil，1988，p. 308.

②　*Ibid.*，p. 308.

康托尔连续统在这个问题面前崩溃了，即在 ω_0 和 ω_1 之间（在康托尔的 $\aleph_1$ 和 $\aleph_0$ 之间），那个绝对不能插入任何无限基数的假设被悬置了。相反，我们可以随意向其中插入 1 个或 N 个，乃至无限个基数，而且这些插入的基数不是不可达的，而是常规基数。

　　显而易见，巴迪欧利用埃斯顿定理所想表达的意义是：在以精确性和明晰性为原则的数学面前，**存在着主体介入的可能性**。这里，我们看到的不再是《记号和空缺：论零》时期的那个坚持"科学无主体"的巴迪欧。巴迪欧通过自己对数学的探索，尤其是对非康托尔集合论的探索，找到了自然情势和可递性序列的数学中存在的裂缝，并且他毫不客气地指出，任何建构主义的主张（如哥德尔）最终都是妄想，任何排除不可辨识之物，排斥无法化约的事件的努力最终都会陷入失败。巴迪欧说，康托尔、哥德尔、埃斯顿以及主张力迫的科恩，实际上揭开了数学那张看似整洁无瑕的面纱，将数学上的"症候"赤裸裸地暴露在我们面前，"这必然导致彻底选择的专断权，**量，即客观性的范式，走向了纯粹的主观性**"。是的，这就是巴迪欧所谓的康托尔—哥德尔—科恩—埃斯顿症候（le symptom Cantor-Gödel-Cohen-Easton）。在这个症候下，我们看到的是数学和本体论的分裂，看到的是一种新希望的降临，在那个新希望降临的入口处，就矗立着从康托尔到埃斯顿一系列数学家的形象。

第四章

真理程序、忠实运算与主体理论

在所记得的变故所产生的虚无之中，在那些
毫无价值的结果看来，事件已经发生了

——马拉美《骰子一掷永远消除不了偶然》

即使将来有人成功证明康托尔连续统假说不
可证明，那也不会是对这个问题的最终解答。只
有不承认经典集合论公理及其概念具有意义的人
（比如直觉主义者）才会满足于此种独立性的结
果，而坚信以下原则的人则不会如此：集合论概
念和公理描述着某种非常确定的实在。原因是：
在这种实在中，康托尔连续统假说只能是或真或
假，这一问题在现有公理下不可判定，它只能表
明，这些公理不能完全描述这种实在。这种信念

绝非幻想，因为即使这个问题是现有公理不可判定的，仍有可能指出其他判定它的方法。

——库尔特·哥德尔

奠基公理是一道墙，策梅洛最开始创造这个公理的理由在于，将不确定的事件和不明晰的东西都排斥到这道墙之外，从而保障数学王国的明晰性和确定性。这是一道什么样的墙呀！在墙外部，是飘荡不定的幽灵，是可建构数学体系和模型无法化约的真实，数学不是让这些真实涌现，而是选择了一道隔离墙——奠基公理。奠基公理的另一个说法是正则公理，也就是说，树立了这道墙以保障数学的正则性。所谓正则性，就是说，可以通过完全透明的数理推理的方式来建立整个数学的王国。这是布尔巴基小组的理想，也是哥德尔的理想。不过，在巴迪欧看来，这堵处在空的边缘处的墙，虽然完成了隔绝的任务，但是并没有真正避免不确定的、四处飘荡（errant）的真实在数学大厦中出现。实际上，选择公理、奠基公理、康托尔定理（溢出点定理）和埃斯顿定理已经为我们解释了一个无法完全为数学王国所掌控、所支配的领域。在数学领域中，由于完全透明和彻底客观的数学的道路已经在这种症候面前走到了尽头，此后，我们需要面对的是一种介入的数学，一种非康托尔理想的数学，也就是说为事件、为真实、为主体留下一定空间的数学，这种数学才是让巴迪欧魂系梦绕的数学王国。

这样，我们可以进一步来理解巴迪欧的数学＝本体论的命题，实际上，巴迪欧区分了一般本体论和元本体论，一般本体论的基础是可建构的明晰＝客观的数学本体论。在这个本体论中，有人相信，本体论自己完成了整个理论大厦的建构，主体是无须在其中出场的。但是介入、忠实、力迫等概念的出现，直接挑战了这种一般本体论的可能性。实际上，对巴迪欧来说，真正具有普遍性的东西只有一个，那就是事件，一种绝对超越明晰性和透明性，以及良序数学体系和本体论体系之上的架构。巴迪欧的梦想是一种带有不定性的本体论架构，在这个架构中，最主要的是从主体的角度对那种漂浮不定的真实的确定。在这里，巴迪欧已经远远超越了一般本体论和简单的数学本体论的范畴①，而进入了一个比一般本体论更根本的领域，即元本体论领域。在这个领域中，那堵用来将不可能与可能性、混沌性与明晰性、不可说性与可说性、偶发性与必然性分离开来的墙突然崩开了一道面向真实的裂缝，我们通过这道裂缝，看到了某种真实的症候，但是，我们的使命不是穿越这道墙，而是在这道墙的裂缝上重筑新的大厦。

在本章中，我们所涉及的，更多是巴迪欧自己在数学上和本体论上的简介。除了采用科恩、埃斯顿等人的学说之外，巴迪欧也积极创造了自己独特的数学运算符，在艰涩的数学领域中开创出一片天空。事实上，巴迪欧并不像某些粗俗的评论家所说的那样，仅仅只是将数学上的某些已经被人证明了的结论套用在哲学和本体论之上，相反，在我看

---

①　一些国内外的研究者可能想当然地认为，巴迪欧的目的就是去建设一种一般性的数学本体论思想，可以说，有这种想法的研究者全部找错了方向。巴迪欧不是恩斯特·策梅洛，也不是库特·哥德尔，他不是以建构一个明晰的数学本体论大厦为宏旨的，相反，他的目标是从一个一般本体论和数学所不能完全掌控的事件出发，对原有的本体论和元结构进行摧毁，让我们可以在一个新的层面上进行重构，这就是元本体论所面对的问题和领域。

来，巴迪欧是拥有自己的独特创建的，他创立了一个独特的运算体制，这个运算体制才是他用来思考哲学问题的核心所在。下面，我们将在本章中一一分析巴迪欧在本体论和数学上的独特见解。

一、事件的数元

巴迪欧提出了一个数元（mathème）的概念，这个概念实际上可以追溯到古希腊。这个词的古希腊拼法是 $\mu \acute{\alpha} \theta \eta \mu \alpha$，最早为毕达哥拉斯学派所应用。实际上这个词的原初意思并不是数学，而是代表着"值得去学的东西"、"大家要掌握的东西"。因为毕达哥拉斯学派强调数、量、结构、变化等因素，因此，人们开始把他们所开创的这门学问称为 $\mu \acute{\alpha} \theta \eta \mu \alpha$。不过，在古希腊语中，与我们现代的数学意义更相近的，实际上是另一种表达，即 $\mu \alpha \theta \eta \mu \alpha \tau \iota \kappa \acute{\eta} \tau \acute{\epsilon} \chi \nu \eta$。这是指一种技艺，一种来自于学得的知识的技艺。由于最早由毕达哥拉斯学派创立了这个表达，因此人们更多将之与毕达哥拉斯学派所主张的数与量的知识联系起来。

不过，如果我们说 $\mu \acute{\alpha} \theta \eta \mu \alpha$ 就是我们今天的数学，那就会出现一定的问题。古希腊和古罗马的 $\mu \acute{\alpha} \theta \eta \mu \alpha$ 一词，即 mathème，所包括的内涵比我们今天的数学的内涵要窄许多。这不仅是因为现代数学学科的发展已经远远超过了古希腊的 mathème 一词所能承载的内容，更重要的是，mathème 涉及的是一种极为抽象的学科，在一定程度上，尤其是在柏拉图那里（如在《蒂迈欧篇》中），mathème 与一种哲学上最根本的原理（philosophème）是一致的。这样，我们可以理解，无论是在柏拉图那里，还是在巴迪欧那里，都有一个基本设定，即 mathème 涉及的并不是一般意义上的数学，尤其是与应用数学的内容毫无关联。它是让数学成为数学的最基本的原理，因而我坚持将之翻译为数元（数学上最基本的原则）。在康托尔之后，尤其在遭受到罗素悖论的挑战之后，大家一致认为，数学最根本的领域正是集合论。正如哥德尔强调："重要的是简单范畴论和公理集合论，这两者至少在这样的程度上是成功的：它们允许导出现代数学，同时又避免了所有已知的悖论。"①实际上，我们从这里可以看到，巴迪欧意义上的数元实际上就是从集合论的数学，尤其康托尔之后的集合论数学出发而论证的一种数理体系。在巴迪欧的体系中，所涉及的被称为数元的理论、定理、运算，实际上都围绕着集合、幂集、并集、分离公理、选择公理、序数、基数等集合论相关的内容而展开。巴迪欧很少涉及其他的数学内容，因此，我们可以在这里做一个不太恰当的还原，**即巴迪欧的数元就是公理集合论的基本原理**。

对巴迪欧来说，数元一词还有另一个来源，即巴迪欧所听的拉康晚期的讲座。据伊丽莎白·鲁迪内斯库解释，拉康在 1974 年谈论维特根斯坦的讲座中，引入了数元的概念。不过，拉康的数元与数学的直接关联不大。按照鲁迪内斯库的解释，与拉康完全的数元概念对应的是象征秩序的波罗米安结（Anneaux borroméens），"一方面，这是语言的秩序，另一方面，它也建立在拓扑学之上，并展现出了真实符号的真正的焦虑

① ［美］库尔特·哥德尔：《罗素的数理逻辑》，见［美］保罗·贝纳塞拉夫与希拉里·普特南主编：《数学哲学》，541 页，北京，商务印书馆，2010。

所在……它并不属于数学领域"①。

　　准确来说，拉康第一次使用数元这个词是在 1971 年 2 月的一次讲座中，当时，他将这个词直接解释为"知识体系"。因此鲁迪内斯库认为数元概念在拉康那里与数学并不直接相关，而是一种奇特的、如同波罗米安结状态的、象征能指结构相关的东西。在这方面，拉康直接引述了列维-施特劳斯的著作，认为列维-施特劳斯的神话素（mythème）与他所要谈的数元概念有相似的地方。在《结构人类学》（Anthropologie structurale）中，列维-施特劳斯解释说，在神话中存在着一种类似于音素、语素和义素的东西，这个东西是神话最基本的构成单元，他说："怎样识别和分理出这些大构成单位或者说神话素呢？我们知道，它们不可跟音素、词素和义素等量齐观，而只能在一个更高的层面上找到，否则神话就跟任何其他的话语没有区别了。"②那么，我们可以在这个意义上理解拉康所引入的数元概念，由于拉康将数元应用于知识而不是纯粹数学，这种数元概念实际上对应的是让我们的知识结构得以奠基的诸多最基本的要素。在这个意义上，与拉康的数元概念更近似的是福柯在《词与物》和《知识考古学》中提出的认识型（épistémè）。和认识型一样，在拉康那里，数元组织起来的是一种普遍的认知结构的基本元素。

　　不过，正如鲁斯内斯库所说，拉康的目的并不是解释这种数元是什

---

　　①　Elisabeth Roudinesco & Michel Pilon，*Dicionário de psicanálise*，Vera Ribeiro & Lucy Magalhes trans.，Rio de Janerio：Zahar，2998，p. 502.

　　②　［法］列维-施特劳斯：《结构人类学》第一卷，225 页，北京，中国人民大学出版社，2006。

么，或者它如何架构我们的知识体系。在拉康晚期的《讲座 XVII》中提到的四种话语理论，尤其是普遍性话语，已经包含了这种数元的逻辑。这种数元的逻辑构成了被拉康称为普遍性话语的东西，这个结构，已经超越了单纯的主体的概念，主体在这个结构中是被询唤的。不过，拉康关注的并不是知识构架的问题，而是数元包含了某种被维特根斯坦认为是不可说，需要保持沉默的东西，而这种东西却偏偏以代数形式化的公式表达传递了某种妙不可言的信息，一种绝对不可说的信息。这是一种不对应于我们的所思所感的东西，它不可说，不可辨识，亦不可感，唯一触及它的方式就是数学的形式化。而晚期的拉康则十分热衷于用一些数学公式和符号来表达他认为难以直接用单纯的语言表达出来的东西，这里面包含了某种真正吸引巴迪欧的成分。在巴迪欧看来，拉康开创了一条道路，即从数学来触及真实的形式，这种形式是一种真正的唯物主义，一种思辨的唯物主义，而这种思辨的唯物主义的核心就是可形式化的数元。由此可见数元概念在巴迪欧哲学体系中不可取代的地位。此外，对于巴迪欧来说，数元的价值不仅仅是一种符号，或者符号的体系，它也是让不可能的事物呈现出来的唯一机制，是打破哥德尔式建构主义集合论幻象的唯一利器，而他首先面对的问题，就是可以撕开一般本体论——可建构的集合论——裂缝的事件的数元。

在进入事件的数元之间，我们需要重新梳理一下上一章提到的几个重要的概念定理。在这里，我尽可能用最简单的言辞，为大家概括出巴迪欧试图用这些概念、公理、定理说明什么问题。

首先，第一个问题，即幂集和原集合的问题，亦是一般本体论上的情势状态与情势的关系问题。根据定义，情势状态的元结构是原情势的幂集，这样，我们就可以将其还原为最简单的幂集公理，即通过幂集的方式，情势状态对原情势的元素进行了再现。按照之前的定义，如果该情势中，所有的元素既被展现，也被再现，那么这个情势就是自然情势。但是，我们从奠基公理获知，对于任何一个序数序列而言，它必须被奠基，即必然存在这样一个元素，属于这个元素的任何元素，不属于任何大于它的集合。在这个意义上，这个元素，就是奠基性元素。最著名的奠基性元素是空集，即 ∅，即我们从空集开始，经过正确的后续运算，可以得出整个完整的序数序列，从而保证每一个排在后面的序数在势（la puissance）上都大于前一个序数。

不过，由于奠基公理，我们可以得出，在集合中，至少存在着这样一个元素，它被再现，但不被展现，它自己的元素并不在这个情势中展现出来，我们无法对它的元素进行计数为一的操作。这个元素，被称为整个集合的属于关系最小值，它处在空的边缘处，被巴迪欧称为情势的事件位。正是由于这样一个元素的存在，我们实际上可以判断，事实上，不存在任何自然的情势，因为任何集合都必然存在着事件位，根据巴迪欧的定义——任何存在事件位的情势都是历史情势——那么，所有的情势，实际上都只能是历史情势。因为这里面包含了让事件发生的事件位，也就是说，在任何集合中，都不可避免地存在着一个类似于 ∅ 的元素，它在情势中是一个绝对的空缺（manquer），只能在幂集中才能以 ∅ 记号的方式，并作为原集合的子集被再现出来。

其次是关于溢出的问题。康托尔在奠定集合论基础的时候，提出的一个最重要的定理就是康托尔定理（溢出点定理），即对于任何一个集合来说，它的幂集的基数或势，一定大于原集合的基数或势，即 $|\alpha| <$

$\left|P(\alpha)\right|$，无论原集合 α 的基数有限还是无限。幂集与原集的基数的势的差被巴迪欧定义为溢出。对于一个有限集合，它的溢出是很容易确定的，如对于一个二元集 $x=\{\alpha，\beta\}$，它的势是 2，而它的幂集 $p(x)=\{\varnothing，\{\alpha\}，\{\beta\}，\{\alpha，\beta\}\}$ 的势是 4，那么我们可以得出 $\left|p(x)\right|-\left|x\right|=2$。同样，我们假设 x 的势 $\left|x\right|$ 为自然数 n，那么根据幂集公理的推算，其幂集的势 $\left|p(x)\right|$ 为 2^n，则我们可以推出在有限集合下关于幂集相对于原集，以及情势状态相对于情势的溢出的值为 $\left|p(x)\right|-\left|x\right|=2^n-n$。这个溢出的值，是可以在数学运算的范围内直接予以确定的。

现在的问题是，如果 α 是一个无限集合，它的幂集相对于它的溢出是否也是可以确定的？根据康托尔的连续统假设，肯定了在两个阿列夫数，即在 $\aleph_1$ 和 $\aleph_0$ 之间，不存在任何第三个无限基数。但是，康托尔并没有言明，两个阿列夫数之间的差会是多少，这个差——即溢出——是不是一个确定值。不过埃斯顿定理打破了这个架构，也就是说，埃斯顿的研究表明，实际上，两个阿列夫数之间的差是不定的，这个溢出值是随意的，我们无法通过正常的方式来确定这个溢出的大小。而且，巴迪欧跟随着埃斯顿的研究，十分兴奋地宣告，埃斯顿定理实际上为主体的介入留下了一定的活动空间。但是这个问题，我们只有留在后面的章节来讨论了。在本节中，我们所关注的埃斯顿定理的核心是，对于无限元素的集合来说，其幂集相对于它的溢出是一个不定值，这个值的确定需要某种外在的干预。而溢出的不定性和动荡性实际上为事件的数元奠定了良好的基础。

以上是在集合论中已经被讨论过的原理和推理，我们需要关心的是，巴迪欧在这个问题上究竟做出了什么样的贡献。首先，巴迪欧强调，事件本身不属于一般本体论，它是一个额余（surnuméraire）。也就是说，一个可建构的数理结构，根本无法把握事件的数元。在这里，显然巴迪欧把批判的矛头指向了哥德尔，因为哥德尔可建构的数理模型，排斥了任何不可能或事件的因素的存在，而巴迪欧始终认为哥德尔的这个努力必定会失败。如果一般本体论，或者可建构的数理模式不能把握事件的数元，那么我们应该如何把握事件呢？

首先，根据巴迪欧的定义，能产生事件的情势一定是历史情势。因此，在这里我们可以首先假定存在一个历史情势 S。根据巴迪欧对历史情势的定义，在历史情势 S 中，必然存在着一个事件位 X，根据可递集合原则，我们有 $X \in S$。事件位 X 的元素 x 展现，但不被再现，只有在某种特定情况下，这些元素在情势状态中才能变成可见的。也就是说，事件位的存在，只构成了发生事件的前提条件，而并不能保障事件在情势中确定发生。所以巴迪欧指出："处在空边缘处的多的实存仅仅只是开启了事件的可能性。也总有这样的可能，即实际上没有事件发生。"[1] 事件位的存在，并不是在一个情势中十分明了的，因为我们经常看到的是按照一定的可递的后续运算进行的序列，在这个序列中，情势被情势状态再现为一个自然情势。而事件位只有对可递序列的"回归"运算才能触及，但是这个事件位并没有充分的理由确定事件的发生。它只是向我们展现了，由于它的元素没有被再现，因而存在着一个发生事件的可能性。比如说，在一张凉席上，除了凉席的篾片之外，再没有"任何东西"，注意，巴迪欧曾经将法语的 n'est rien 取消赘词 ne，变成了 est

---

① Alain Badiou, *L' être et l'événement*, Paris: Seuil, 1988, p. 200.

rien，也就是说，没有"任何东西"也意味着那里是"无物"。这个变化是重要的，因为这里的"无物"变成了事件位，也就是说，那么不存在任何东西，仅仅是相对于这个作为事件位的"无物"而言的，因为这个"无物"下的任何元素都没有向我们展现出来。但是，我们可以设想如下的情况，如果我睡在凉席上面，长期平安无事，则这种"无物"变成了真正的没有"任何东西"。但是，如果有一天，长期睡在上面的我，突然感到胳膊上又红又痒，在这种情况下，我们不再认为凉席上真的没有任何东西，而是存在着某物（il y a quelque chose），但是这个某物并没有在原先的情势中直接被展现出来，而是在一个事件位上，通过作为事件的胳膊上长满了红点，向我们展现了"某物"的存在。在这个意义上，我们会说原本没有任何东西的凉席上面有螨虫。也就是说，原先那个没有"任何东西"的"无物"就是出现螨虫叮咬事件的事件位。在螨虫让我的胳膊变得又红又痒时，这个未被展现的"某物"突然出现了。

巴迪欧本人举的例子是无产阶级。在 1871 年的巴黎公社革命中，原先被资产阶级以及各派政治力量认为是非在（inexistant）或是"无物"的无产阶级，突然在 3 月 18 日以事件的方式登上了历史舞台，他们组织了自己的自治政府。这是无产阶级第一次让自己走上了舞台，让自己的存在第一次以大写的在场（Présence）出现在情势之中。也正因如此，巴迪欧曾说："基本上我所谓的事件，作为最强的实存的一个最大的真实的后果是，它让非实存得以实存（faire exister de l'inexistant）。"[1]在这个意义上，法国的历史情势是 S，而事件位是 X，而无

---

[1]　Alain Badiou，L'Hythèse Communiste，Paris：Lignes，2009，p. 173

产阶级是属于这个事件位的 x，但是，需要注意的是，$x \in X$ 关系仅仅在情势 X 内部出现，而在历史情势 S 中，x 从来没有被展现出来。相对于 S 而言，我们不可能看到 $x \in X$，它存在，但不实存，亦不会向我们显现，在事件发生之前，我们看到的是一个在 S 中的非在。在事件之前，可以有 $X \in S$，但是由于历史情势的结构问题，因为 X 是 S 的属于关系最小值，根据定义，X 中的任何元素不会属于 S，当然，在 S 情势中，X 的任何元素都无法显现出来，于是，**相对于情势 S 而言，我们不具有 $x \in X$**。这样，x 是 S 中的一个非在，相对于历史情势 S，它与 X 的关系不能用属于关系来表达，甚至可以说，在 S 中，x 与 X 之间没有任何关系，在 S 中，x 就是一个绝对的非在，在凉席的层面上，x 就是未曾咬人的螨虫。在巴黎公社革命之前，尚未起来革命的无产阶级就是法国历史情势 S 中的 x。

这样，我们可以理解，所谓事件，就是让 $x \in X$ 成为可能的东西。在这个方面，以往的数学理论都没有进行过详细的研究，因为对非在的实存的变化的关系，是一个元本体论问题，是一个只能在事件发生层面上来理解的问题。也就是说，事件，唯有一个独特的事件，才能让 $x \in X$ 成为可能。这样，我们便可以这样来界定事件 e_x，如果存在前提 e_x，让属于 X 的元素 x 可以直接在历史情势中出场，那么 e_x 是一个事件。我们可以将这个表达用数学形式表示如下：

$$e_x = \{x / x \in X, \ e_x\}$$

这就是事件的数元。巴迪欧认为这个表达在他后面的推理中占据着十分重要的地位，因为正是从这个公式开始，巴迪欧需要面对以往数学和本体论研究所未曾遇到过的情况。正如马拉美的《骰子一掷永远消除不了偶然》中所描绘的荒废的景象和暴风雨前夕的大海，而事件"就是一道深渊（Abîme）"，它是"宁静的"，它是"苍白的"，它拒绝进一步脱离自身，它泡沫的"翅膀"，"在困境中降落，直至再次翱翔"。[①]

的确，在列出这个事件的数元之后，问题不是更清晰了，而是更复杂了。我们必须要问：e_x 与 x，e_x 与 X 乃至 S 之间的关系是什么？我们能否判断 e_x 是否属于 S 情势之一？对于这一系列的问题，我们需要做出如下解释：

第一，e_x 不是 X。X 仅仅是发生的位，由于 $X \in S$，如果事件就是整个序数序列中的一个环节，它不可能成为独特性的事件。在前文中，我们已经说明，事件位只代表事件发生的前提，而不能一定保障事件的发生，同样，事件在位 X 上的发生，并不意味着 e_x 就是 X。

第二，同样，必须认识到，e_x 也不是 x。e_x 是让 x 可以在 X 中展现出来的东西。在事件发生之前，处于 X 之中的 x 是无差的（indifférent），它不能从 X 中展现它自己的独立性，即它不是一个多，它作为多的呈现，是在事件发生之后，通过介入，将其认定为一个多。

第三，不过，x 并不是完全与 e_x 无关。在事件 e_x 发生时，我们没有一个明确的标志或记号来指向作为情势之中绝对空缺的事件的发生，在这里，唯一能指向事件发生的东西，就是从非在变成存在的 x，因为

----

① Alain Badiou, *L'être et l'événement*, Paris: Seuil, 1988, p. 214.

根据巴迪欧的定义，正是事件，让 x 得以实存。

第四，其实，在巴迪欧看来，这里最为玄妙的东西正是 x。一方面，$x \in X$，它是相对于情势 S 而言，X 之中未被展现出来的元素；另一方面，x 的展现是以事件 e_x 为前提的，正是 e_x 让 x 具有成为一个多的法则。

但是，这个让 x 成为一个多的法则与情势原本的法则是什么关系？这个问题涉及 e_x 是否属于 S，这是一个两难问题。巴迪欧做出了两个假设：首先，如果 e_x 属于 S，那意味着 e_x 在 S 中也会被计数为一，由于 S 中的空的边缘处的事件位是唯一的——对于任何一个序数序列来说，只有奠基性的多——那么，要么 X 不是事件位，要么 e_x 不是事件位。若是前者，即 X 不是事件位，就会与 X 是 S 的事件位相矛盾，因为事件的发生，不会改变事件位。如果 X 还是事件位，那么一定有 $X \in e_x$，但是发生在 X 上，并让 X 的一个元素 x 得以实存，这样，我们又可以得出 $e_x \in X$，进一步我们可以得出一个与集合论相悖的命题，即 $e_x \in e_x$。

我们还可以进行另一个假设，即 e_x 不属于 S，这样，事件本身完全外在于 S 计数为一的规则，是与 S 的结构完全分离的体系。那么，我们之前所定义的事件是，e_x 是让 x 得以实存的东西，即 e_x 让 x 获得了一个计数为一的结构，从而让 x 作为一个多，从 X 中分离出来。但如果 e_x 与 S 完全无关，则完全无法作用于 X 的元素，即它无法让 x 作为一个多呈现出来，x 仍然无法从非在变为一个实存，因而在这一点上，与事件的定义不相一致。

由此可见，我们所遇到的一个核心问题是：事件的规则与原情

势 S 的计数为一的规则是什么关系？上面的两个假设所带来的困难是，一方面事件的规则不能完全摆脱情势 S 的计数规则，它们是关联的；另一方面事件的规则又不能属于情势 S 的规则，因为一旦事件的规则属于 S 的规则，则意味着事件没有发生。于是，事件 e_x 成为了一个飘荡之物，游离在情势的内与外，它无法在情势的内部或外部简单地找到一个家园确定下来，让其成为一个稳定的运算和操作。

如何解决这个问题？当然，巴迪欧不认为从情势 S 内部可以解决这个问题。在一定程度上，无论在情势 S 的内部还是外部，根本没有解决这个问题的方案。于是，在这种情况下，巴迪欧唯一的方法是介入，一和主体的介入，通过一种强制性方法，将原来的 S 扩张为与新发生的事件相关的新情势，按照巴迪欧的定义，这个新情势是 $S(\female)$。在讨论介入之前，我们必须先讨论事件 e_x 与情势 S 之间的关系问题。

让我们回到凉席上的螨虫的例子。在这个例子中，事件 e_x 是我的胳膊被螨虫所咬，所能指向这个事件发生的一个代位（représentant）是 x，即螨虫。在事件 e_x 之前，我们在情势 S，即凉席上，没有看到任何螨虫的出现。因此，在事件发生之前，x 是无差的，它无法让自己从凉席中的多中区分出来，在这个意义上，螨虫 x 作为一个多是不实存的（存在但不实存）。正是因为被螨虫 x 咬了手臂，在这个事件的指引之下，我们突然发现，在那个无物之下，还存在着一个多，正是这个多，让我的手臂变得又红又痒。而让 x 得以从无物中析出的正是事件 e_x，e_x 具有一种不同于凉席 S 的规则，它的规则具有一定的独立性，但是又与凉席的情势直接相关。这样，我们可以通过介入的方式，将两种不同的计数规则强行结合在一起，一旦结合，情势 S 便发生了变化。用巴迪欧的话说，这里的问题不再是原先的一，它是一个超——一（ultra-un），之所以称之为超——一，意味着，这个事件的计数为一不是纯粹的外在，而是与原先 S 中的计数规则密切相关的超——一。在介入的作用下，事件与原先的情势不再是唯一的计数为一的规则，而是一个大二集，这个大二集是一种强制性介入的结果，因为介入将两个计数规则看成是一个共同体系。因此，巴迪欧说："事件是超——一，这不同于将它自己介入到它自身与空之间，因为'存在着大二集'是在它的基础上建立起来的。因此，大二集并非是对计数的一的复制，也不是对计数规则的结果的重复。这是一个原初性的大二集，一个悬置的间，决定所产生的分裂的结果。"①

这势必意味着，我们需要在情势状态，即一个更高的层次上来审视事件存在的问题。因为在情势 S 的层面上，我们缺乏对事件命名的必要记号。在 S 中，事件是一个绝对的空缺，没有任何一个现有的记号和标记，可以标出事件的发生。正是在情势状态的层面上，我们才能用一个与原情势计数为一不同的方式来定义这个事件的名称。在这里，我们定义的是，在 X 位上，事件的发生是由 X 的项 x 所指示的，因此，事件在情势状态的层面上被命名为 e_x，这个名称不具有任何意义，完全依赖于事件。在情势状态层面上，由于主体的介入，我们获得了这个事件的名称，这个名称也是一个单元集，它是包含了自己专

---

① Alain Badiou，*L'être et l'événement*，Paris：Seuil，1988，p. 229

名的单元集，即$\{e_x\}$，这个单元集的计数规则，完全是事件自身的命名。另外，由于事件 e_x 是在 X 位发生的，我们可以确立一个由两个不同的计数规则所建立起来的二元集$\{X, \{e_x\}\}$。X 属于原情势 S，又因为 X 从属于 S 的计数规则，是 S 下计数为一的结果，而$\{e_x\}$则是事件发生所产生的独特的成为一个多的规则的结果，它不属于情势 S，而是与属于情势 S 的 X 并列成为一个二元集——大二集，而巴迪欧将这个大二集的形式，确立为事件的标准形式。

最后，我们需要注意的是，这个大二集并不是一个连贯的多元。之所以不是连贯的多元，恰恰在于事件 e_x 的漂浮不定性。这个大二集本身并不存在，这是一个强制性介入的结果，也是保罗·科恩意义上的力迫的结果（对于力迫的讨论，我们将放在下一节进行），因为我们不可能像哥德尔一样，用绝对排斥不可辨识之物的方式，来保障集合体系本身建构上的绝对连贯性和可建构性。对于一个根本无法从客观性上来加以确定的事件，我们唯一的处置方法就是主观的介入，也就是说，我们将绝对漂浮不定的 e_x 强制性地加入到情势 S 之中，使得情势在类性上延展为一个新的情势，即 $S(♀)$。在情势状态上，我们面对的计数不是一，而是二，正如巴迪欧强调的爱情事件的发生一样，爱情的产生不是还原为原先的任何一个一，而是一个二，一个无法简单化约为一的二。在这个事件的表述中，我们看到，原先的情势和计数为一的规则面对事件是无能为力的，因为，事件不可能处在原先的计数规则之内。事件本身是一个飘荡不定的成为一，这个成为一正好就是主体介入的一个结果，也是忠实性运算所得到的结果，这个结果无法在事件本身的层面上来把握，因为事件转瞬即逝。昙花一现的事件，在我们能够通过一个计数的规则去把握时，它已经从缝隙之中悄悄溜走了。而在当下，唯一能够留下的，只有目睹了事件曾经的降临的那些痕迹，即在事件位 X 被事件所展现出来的项 x。所以，我们是通过这个遗留的痕迹，一个作为事件的专名，来面对那个曾经的事件本身的。这里我们不能混淆事件 e_x 本身和它的专名 $\{e_x\}$，我们所获得的那个一，事实上，是在主体介入之后获得的专名，而不是事件本身，我们是在它的专名基础上对它计数为一的，也正是通过这个专名，我们进行了忠实性运算，让我们获得了属于 X 的一个项 x。

由此可见，e_x 是游荡不定的，我们是在另一个层面上通过主体的介入来把握事件的。巴迪欧说，像帕斯卡一样，这是一场赌博。帕斯卡赌的是一个上帝，而巴迪欧赌的是一个事件曾经发生。在这个意义上，帕斯卡和巴迪欧都怀抱着一个信念："存在着奇迹。"巴迪欧并不像帕斯卡那样，是一个虔诚的天主教徒，帕斯卡的奇迹背后矗立的是伟岸的上帝，人类有限的知识体系无法穷尽上帝的神奇，因此，帕斯卡认为需要在现代科学的理性背后赌一个上帝的存在。巴迪欧则从另一方面下了赌注。巴迪欧的奇迹正是在于对康托尔式集合论的反叛，认为在所谓的数学客观性的缝隙中，总会涌现出某种无法被这种客观性所彻底把握的真实，被这种真实所撕开的本体论上的裂缝，就是事件，因为事件让原先一个并不在本体论情势上呈现的项和元素得以呈现。正如霍利斯·菲尔普斯（Hollis Phelps）指出："一旦了解了巴迪欧用来描述事件的那些词汇，就不用感到惊奇，他的事件学说已经从属于一种非常近似于类—宗教性质的批判了。"①

二、忠实运算与类性程序

在说明了事件的数元之后，一个难以解决的问题出现了，亦即，事件是一个漂浮不定的多，它的存在相对于原先情势的计数来说，是一个绝对的超——。由于事件的漂浮不定，我们不能采用可建构集合的计数规则来把握它，况且，我们根本无法在现行的计数框架下来定位事件。对于事件，我们唯一可能把握它的手段是强制性的介入，通过强行介入，我们实现了一个大二集，即作为超一的事件被强制性地认为与原先的情势相关。不过，这种强行介入的手段，在巴迪欧看来，并不是问题的全部，在进行介入之后，还需要一个十分关键的运算，即忠实运算。

忠实(fidélité)一词，从词源学上说，最初来自于拉丁语的 fides。这个词的起源是西塞罗的《论责任》(De officiis)，西塞罗曾说过一句名言："在我们发誓的时候，我们应当考虑的并不是我们若违誓会害怕遭到何种惩罚，而是在誓言后所负之责任：誓言是由宗教的神圣性所支撑的保障，一旦给出庄严的许诺，犹如上神亲临见证，这个许诺应被神圣地信守。因为该问题不再是关乎诸神之怒火，而是由于正义与良善信仰

---

① Hollis Phelps，*Alain Badiou：Between Theology and Anti-theology*，Durham：Acumen Publishing Limited，2013，p. 151.

的义务。"①这句话的最后一句的拉丁文原文为 sed ad iustitiam et ad fidem pertinet，其中的 fidem 是 fides 的复数。这里的 fides 强调的是一种宗教上的信仰，也就是说，对一种信念的绝对忠诚。在休谟的《人类理解研究》中，fides 的问题变成了著名的信念（belief）问题。休谟谈道："我们也只能说，信念只是人心中所感到的一种东西，它可以区分判断中的观念和想象中的虚构。它给那些观念以较大的重量和影像，使他们显得较为重要，使它们在人心中较为得势，使它们成为我们行为的主要原则。"②在这里，休谟的信念已经不再是宗教性的，而是一种知识性的，它使得我们可以对某种命题抱以信心，相信它的存在是真实的。在这个意义上，尽管巴迪欧几乎没有提到过休谟，但是休谟的信念观，实际上与巴迪欧的事件之赌是一致的。休谟认为，我们之所以会有信念，正是因为我们会对某种我们在理性和感觉中无法证实的东西拥有信念，这种信念背后的核心就是帕斯卡之赌。这也就是巴迪欧的介入，这个信念的操作，保证我们获得了从直接的感知材料所无法获得的运算规则，从而将我们的知识构造为一个连贯的总体。实际上，巴迪欧的忠诚运算也是如此，事件，依照其数元而言，也是一种在一般本体论范畴内无法把握的东西，它无法被计数为一，也无法被识别和被认识，唯一的方式就是将其置于信念，相信某种无法通过可建构的运算获得的原则的存在，从而将保证那种漂浮不定的事件可以被信念所确定。

不过，巴迪欧所用的词不是信念，而是忠诚。用巴迪欧自己的话来

---

① ［古罗马］西塞罗：《论老年、论友谊、论责任》，264 页，北京，商务印书馆，1998，译文根据法文版和英文版略有改动。

② ［英］休谟：《人类理解研究》，47 页，北京，商务印书馆，1957。

说，他更喜欢从爱情上来谈忠诚。如果我们将爱的邂逅看成一个独特的事件，那么我们看到，这个事件实际上如同昙花一现，在刹那间就消逝了。剩下的问题不是再次邂逅或移情别恋，在巴迪欧看来，在邂逅之后最重要的问题是"爱的建构"，所以，巴迪欧说："爱是一种坚持到底的冒险……一种真正的爱是一种持之以恒的胜利，不断地跨越空间、时间、世界所造成的障碍。"①在这里，巴迪欧所说的"坚持到底的冒险"，"持之以恒的胜利"，以及"不断地跨越空间、时间、世界所造成的障碍"就是一种忠诚。这种忠诚不是某一个人对另一人的忠诚，而是两个主体共同对那个曾经相遇的邂逅事件的忠诚，这个邂逅就是"大二"（Deux），即通过一种特殊的力量，对这个脱落了原本计数范畴的大二集的忠诚。这就是巴迪欧式爱的本贞，也是巴迪欧意义上忠诚的本质，巴迪欧说："当我们说我们的时候，我们拥有着共同的天空，我们俩的天空是一样的，爱就在那里存在着。那么，两个星空之多被紧紧地扣在一起，扣在一个敞开的大二之中。"②是的，事件在介入之下创造了大二集，而在创造了这个大二集之后，剩下的问题就是对这个大二集保持足够的忠诚。这个忠诚，既不是回到一个曾经的一，在既往的计数为一的格式下继续将发生的事件隆起的褶皱碾平，也不是完全的脱离，对既往彻底的颠覆。我们看到，忠诚的运作是一种特殊的运作，它的产生所依赖的正是在集合论体系中广受争议的选择公理。在这个意义上，巴迪欧不赞成从哥德尔的可建构的角度，从奠基公理出发排斥事件及其产生的后续影

---

① ［法］阿兰·巴迪欧：《爱的多重奏》，63 页，上海，华东师范大学出版社，2012。

② Alain Badiou, *Conditions*, Paris：Seuil，p. 361.

响，相反，巴迪欧所要思考的是，事件带来了一个选择，一个不能从既往的属性和运算中推理得出的选择，在这里，选择公理的命题出现了。我们需要的是，通过对事件的调研，通过一定的程序来获得一种事件之后的类性真理程序。

1. 忠实运算：□

巴迪欧对忠实运算有一个界定："我所谓的**忠实**，即一类程序的集合，它们在某一情势之中，分离出某种多，这种多的实存依赖于一个事件性的多被引入其中而运作（介入在一个额余的名称下对之进行认可）。总之，忠实是一种在所展现的多之中进行区分的工具，而这种区分依赖于事件。忠实也就是将那些因偶然变得合法的东西聚集起来，加以区分。"①从这个定义中，我们可以得出：

首先，忠实是一种特殊的多，这个多的形成不是一种既定的属性，也就是说，忠实所析出的多，实际上严格依赖于所发生的事件。在事件发生之前，这个多是不存在的，相反，在这个事件发生之后，我们获得了某种机制，或者某种函数（fonction），让那些与事件相关的多分离出来。

其次，忠实是一种运算，它本身也是一个计数为一的规则。它让众多与事件相关的多形成一个一。这个通过忠实运算新形成的多，是一个无法在原有情势中被命名的多，是一种独特的多。正如巴迪欧在《现今的哲学》中讨论的一样，爱情事件使得新组成的一对情侣的组合，既不能从原有的男人的集合中来理解，也不能从原有的女人的集

---

① Alain Badiou, *L' être et l'événement*，Paris：Seuil，1988，p. 257.

合中来理解。这是一个全新的集合，即爱的集合，它利用选择公理，从原先的情势（即人的集合）中的两个子集（男人的集合，女人的集合）中各随意选择了一个元素，组成了一个新的集合，这就是爱的事件。在此之后，两个元素忠实于爱的事件，维持这个集合的存在，就是忠实运算。

　　与上一章的内容不同，这个特别的忠实运算并不是数学领域内的一个主题，而是巴迪欧在面对事件哲学时的独创，是一个支点。也正是在这个支点上，巴迪欧撬开了一般本体论的裂缝。在原有的数学体系中没有一个运算符可以表示巴迪欧这个独创性的运算，因此他自己创造了一个运算符，即□，来表达忠实运算。巴迪欧说："从这一点出发，我将会用□（可以读作"忠实关联"）来表示这个标准，借此，我们可以宣布一个被展现的多依赖于事件。形式符号□，在一个已知的情势中，对于一个特殊的事件，指向不同的程序。我们在这里所关心的是将忠实操作的一个原子，或一个最小序列孤立出来。$\alpha \square e_x$ 的写法，设定了这样的因子。它表明，多 α 因忠实关联到事件 e_x。而 $\sim(\alpha \square e_x)$ 的写法是一个否定性的因子，它表明，对于忠实而言，多 α 被认为与事件 e_x 无关——这意味着 α 与其事件偶然发生没有什么关联，如同反过来由介入所确定的那样。忠实，在其真正的存在中，它的非实存的存在，就是一系列肯定的或否定的因子，也就是说，报告这样实存着的多与事件有关或无关。"[①] 由此可见，忠实运算仅仅进行这样的操作，那就是对多 α 做出判定，即 α 与事件 e_x 是相关还是不相关。

---

①　Alain Badiou, *L' être et l' événement*, Paris: Seuil, 1988, p. 259.

　　为了进一步理解忠实运算，让我们来设想一下如下情境：

　　假设一个情势，如一张桌子，这张桌子上有很多东西，有三本书、一部手机、两个本子、一杯水、一团纸、一只死青蛙、一坨黏手的黄泥、一枚生锈的回形针，还有若干撕成碎屑的纸屑，等等不一而足。当我们说出"桌子上的东西"时，已经进行了一个分离公理的函数运算，即我们获得了一个此时此刻的世界中的子集，这个子集的分离函数，就是"在眼前的这张桌子上"的东西。由于这个称呼，由于这个分离的函数，我们获得了一个多，一个计数为一的规则，所有桌子上的东西向我们呈现为一个多元，或一个集合。

　　对于这个集合，我们进一步将其假定为一个情势 S，这样，在 S 中，我们可以进一步使用分离函数。如 $f_1(x)=$ "所有纸质的东西"，于是根据这个函数，我们可以将三本书、两个本子、一团纸和若干撕成碎片的纸屑分离出来，我们于是获得了 S 之下的一个子集 S_1，这个子集可以被命名为"这张桌子上所有由纸构成的物质"。同样，我们也可以同样使用其他的分离函数，如 $f_2(x)=$ "所有四边形的东西"，$f_3(x)=$ "所有蓝色的东西"，甚至我们还可以这样来使用函数，如 $f_4(x)=$ "所有我昨天才放在桌上的东西"，等等。所有这些带有一定属性的分离函数，正如我们在上一章强调的那样，其属性一定是绝对明晰的，以这种属性可以很快将 $f(x)$ 与 $\sim f(x)$ 分离开来，形成一定的区别，这样，所有 S 中的多或元素，顿时被分成若干不同属性的子集。我们获得的是一系列这样的子集，而这些子集的集合就是 S 的幂集，即 $p(S)$。

　　但是，进一步的问题是，所有的子集还有可能包括这样的情况：一个本子、一本书、一只死青蛙、一坨泥巴、一枚生锈的回形针。它们是否可以组成一个子集？与分离函数所分离出来的子集不同，这个子集并没有明确的属性，我们没有任何可用的尺度和工具将它们归为一类，即便我们将它们归为一类，也无法对之命名。在《辩证理性批判》中，萨特也曾举过一个类似的例子，一群等车的人，有工人、有来自外省的农民、有几个知识分子模样的人，还有几个家庭主妇，在日常生活中，如果不是共同出现在公交车站，我们怎么也不会将这样几位联系在一起。他们无法组成一个有效的集合，即便他们在一起等车，也无法成为一个强有力的组织。巴迪欧曾评述说："这里，每一个人对其他人都漠不关心——我们不会和他人说话，而是和别人一样，简单地在那里候车。"①在这个集合中，所有人都外在于所有人，这些人虽然集聚在一起，但是，彼此相互外在，相互漠不关心，也相互排斥和隔阂。因此，萨特称之为"消极的综合"，对于一个情势来说，"消极的综合"实际上意味着一个不可能的集合。由于这个集合缺乏稳固的属性，我们不可能将之归为一个多。按照同样的道理，上面我们列举的一个本子、一本书、一只死青蛙、一坨泥巴、一枚生锈的回形针，在一般情况下，由于缺乏固定的属性，这样的集合可以说是一个不可能的集合，我们实际上无法容忍将死青蛙和书之类的东西置放在一起的可能。

　　但是，我们在这里探讨的是事件，以及事件之后发生的忠实运算。那么，我们现在假定发生了一个事件，比如桌上的那杯水洒了。我们已经知道，事件不具有持久性，它在一刹那发生，也在一刹那消逝。但

---

　　① ［法］阿兰·巴迪欧：《小万神殿》，23 页，南京，南京大学出版社，2014。

是，事件发生之后，并不是与当下的情势 S 完全无关，如水洒了意味着事件发生在 S 中，但这个事件 e_x 在 S 中并没有被计数，相反，事件 e_x 与情势 S 的关系是大二集。这里的问题是，我们可以将那杯水定义为事件位 X，事件 e_x 发生在那杯水的位 X 上，事件的发生，让原本作为一个多被计数的那杯水，现在变成了一个事件的因子，即产生了诸多 x，如倒下的杯子和洒出的水等。但是所有这一切，还是事件的数元，我们尚未进入忠实运算。

那么在这个例子中，什么是忠实运算？事件的数元关注的是事件位 X，即那个杯子，它是事件 e_x 发生的位置。但是，这并不意味着情势 S 受到事件 e_x 影响的只有那个倒下的杯子，实际上，一个明显的事实是，在水洒出来的那一刻，与事件位 X 无关的诸多也受到了事件的影响——如本子和书等元素被水打湿了。这样，虽然事件发生在事件位上，但是并不等于我们只能通过事件位的 x 来谈事件的发生，S 中的其他的诸多或诸项也可以指向那个事件。在上述的案例中，由于事件的发生，我们突然可以将一些在事件发生之前被视为不可能组成一个子集的集合组成一个集合，如上面我们提到的一个本子、一本书、一只死青蛙、一坨泥巴、一枚生锈的回形针，在事件发生之后，它们突然具有了一个共同属性，即它们都被洒出来的水打湿了。这些被打湿的诸多或诸项，同时指向了事件，因此，我们可以将这些元素选择出来，组成一个特别的子集。这个子集的共同特征是，它们指向了事件的发生，而事件的发生是整个子集的唯一属性（如果不是唯一属性，这个子集便可以在事件发生之前成立）。那么依照巴迪欧的定义，这个子集，事实上，就是 S 中忠实于事件的集合。

同样，在萨特的例子中，那些等车的人并不会组成一个稳固的集合。但是，如果需要等的公交车长时间没有来，引发了所有等车人的焦躁心态，因此，他们中的一些人开始控诉，开始指责，甚至一些人开始要到公交公司去问个究竟，当然也不排除会有一些人偷偷溜掉。那么萨特认为，那些对公交车不来的事件进行控诉，进行指责，甚至到公交公司去询问的人组成了巴迪欧意义上的忠实于事件的集合。准确来说，萨特的例子虽然是等公交车，但暗示了一个特殊的历史事件，即在法国大革命的前夜，有一个人突然喊出"到巴士底狱去！"而那些坚持行进到巴士底狱的人就是一个忠实于事件的集合，在某人喊出"到巴士底狱去"的口号之前，他们彼此的组合是不存在的，或者说在当时法国的情势之下被视为不可能的非在，但在那一刻，进军到巴士底狱的群众让自己成为了一个忠实的集合。同样在爱情的例子中，爱情的邂逅是一个事件，但如果邂逅的二人仅仅将自己的情感交付给一夜的激情，而第二天早上各自离去，那么虽然实际上发生了事件，但是没有形成一个忠实的子集。因此，如果在邂逅之后，两个人共同忠实于这个事件，我们才能看到一个属于这个事件的多的出现。这个多是忠实性，而不是事件性的多，这个多的成立完全取决于两人的忠实运算。

让我们回到之前桌子上诸多物品的例子。面对水的洒掉，在巴迪欧看来，一般会有三种态度。在《第二哲学宣言》中，巴迪欧对此解释得更为清楚。不过，我们在这里一般只涉及一种最根本的态度——忠实，对其他两种态度不做解释。也就是说，水洒掉之后，是否将这个忠实的子集从原情势之中选择并析离出来非常重要，这是忠实运算的根本所在。在这里，起到基础性作用的，不再是奠基公理或分离公理，奠基公理只能保证事件位，在哥德尔的可建构的集合意义上，奠基公理甚至是排斥不可能的事件发生的。分离公理的函数不仅具有明晰性，也具有一贯性和持久性，换言之，事件发生之前被视为不可能，并不具有任何明确属性的忠实运算形成的子集，并不能包含在分离公理之内。因此，巴迪欧坚持将事件的发生，以及忠实运算形成的新的集合奠定在有着很大争议的选择公理之上。也就是说，巴迪欧所依赖的集合论是带选择公理的 ZFC 体系，而不是不带选择公理的 ZF 体系。事件发生之后，通过忠实运算所获得的子集，在巴迪欧那里，就是一个选择公理的运算结果。

不过，现在的问题是，我们究竟如何实现一个不确定的忠实运算？忠实运算的合理性何在？在具体的情势中，忠实运算应当如何操作？为了进一步解释这个问题，我们需要进入巴迪欧提出的另一个重要概念——调研（enquête）。

2. 调研

正如我们已经强调过的，忠实运算的主要麻烦在于其运算的不确定性。实际上，我们没有任何在一般本体论或可建构集合论之内的公理和定理，也没有固定的运算程序来把握忠实运算。忠实运算可能性的唯一根基就是选择公理，只有在选择公理基础上，忠实运算形成的子集才能获得正当性。巴迪欧说："如果没有本体论陈述，没有原理，就能接受一个事件或它结果的近似效果，如果严格来说，本体论并没有让忠实合法化，那么这就等于是认为在整个本体论的布局中，已经存在着某些事件—原理，结果，确保了忠实对于它们的必然性。"①

实际上，巴迪欧的调研概念是针对另一个概念而言的，即他所谓的百科全书式决定因子（déterminant de l'encyclopédie）。我们应该如何理解这个概念呢？在词源学上，百科全书一词来自于古希腊语的ἐγκυκλιοζπαιδεία，ἐγκυκλιο的意思是"常规的、一般的"，它本身就代表着一般性；而παιδεία就是古希腊城邦用于培育和教化城邦公民的内容，它就是古希腊学校中所传授的一些用于治邦的学问。如同中国的辟雍和泮宫一样，古希腊的学园只招收贵族子弟，他们所维护的也是城邦的贵族统治的秩序。在古希腊的学园中，一般教授修辞学、语法学、音乐、诗歌、哲学，当然也会讲授今天被视为自然科学的某些学问，如算术和医学，不过在古希腊，这些学科之间的区分没有那么明显，更不会有诸如今天的文理之分。这样，ἐγκυκλιοζπαιδεία在古希腊代表的意思就是最常规的知识体系，也就是说，百科全书意味着一种常规的知识体系的确立。于是，科学家和哲学家后来一直致力于为人们去编订这样一种百科全书，即一种作为人们知识的一般体系的东西。一般来说，公认最早的百科全书是古罗马时期的老普林尼（Gaius Plinius Secundus）创作的《博物志》（*Naturalis Historia*），全书 37 卷，按照不同名目分类。不过巴迪欧关注的不是整个百科全书的历程，而是特指 18 世纪兴起的法国百科全书派的知识体系。众所周知，在1745 年，巴黎出版商普鲁东本来打算将 1727 年英国出版的《科技百科全书》译成法文，后来发现该书已落后于形势，遂决定新编一部法国

---

① Alain Badiou，*L'être et l'événement*，Paris：Seuil，1988，p. 258.

的《百科全书，或科学、艺术和手工艺大辞典》(*Encyclopédie, ou dictionnaire raisonné des sciences, des arts et des métiers*)，并邀请启蒙作家狄德罗和数学家达朗贝主持此事。当时法国知识界的众多名流参与编写了《百科全书》的条目，如孟德斯鸠和伏尔泰为它写过文艺批评和历史的条目，卢梭写过音乐和政治经济学的条目，爱尔维修、霍尔巴哈、摩莱里、马布利等人，也都是《百科全书》撰稿人。他们的观点不尽相同，但能相互协作。

不过，《百科全书》真正的意义在于它创立了一种现代性的科学知识体系。对于百科全书式的知识体系，福柯在《词与物》中指出："当人们论及给简单自然事物以秩序时，人们求助于数元(mathesis)，其普遍方法是数学。当人们论及给复杂自然物以秩序(一般性再现，如同它们在经验中所给予一样)时，人们必须构造一个**分类学**，而要做到这一点，又必须确立一个符号体系。这些符号之于复合自然物的秩序，如同数学之于简单自然物的秩序。"①这种分类学，在福柯那里，就是现代知识体系的建立，也就是说，分类学确立了诸多自然物之间的秩序，尽管自然物是自然的，但是这个秩序一般是再现的。用巴迪欧的话来说，自然物本身的秩序是一种情势的呈现或展现，而这种分类学的秩序却是情势状态的再现，在一定的知识框架和结构中，给不同的自然事物赋值。实际上，在福柯那里，这种滥觞于 18 世纪的知识型，就是一种百科全书式的知识，从瑞典科学家林奈开始，并由法国的百科全书派(包括狄德罗、

---

① ［法］米歇尔·福柯：《词与物——人文科学考古学》，96 页，上海，上海三联书店，2001。译文根据法文版有所改动。

达朗贝、伏尔泰、孟德斯鸠、卢梭、魁奈、霍尔巴赫、摩莱里、马布利等人）发展成为现代知识的基础。因此福柯说，百科全书式知识，"这样，就用点画法勾勒了经验知识的巨大网络：非数量秩序的巨大网络。当林奈设法在所有具体的自然或社会领域里重新发现相同的分类和相同的秩序时，也许**普遍分类学**的遥远的但一贯主张的统一性会完全清楚地出现在林奈那里。知识的界限就是再现对符号的完全显明，再现被这些符号整理得井然有序。"①从福柯的描述中，我们可以这样来理解百科全书式知识，即这是一种再现的知识体系，它的存在依附于另一种溢出的符号体系，也就是说，在原本的自然事物之上又创造了一个符号系统，架构了原本的自然体系。这个体系是结构的结构——巴迪欧意义上的元结构，是一个按照额外的符号体系，将原来的情势划分成部分和子集的体系。在这个意义上，百科全书式知识体系，或巴迪欧的百科全书式决定因子都是一种再现体系，一种在原有体系之上的元结构的架构。

更准确的说法是，百科全书式决定因子是一种基于分离公理的区分方法，巴迪欧说："百科全书包含了对情势诸部分的分类，这些部分将诸项汇聚起来，并有这样或那样的明显属性。我们可以通过属性来'指定'所有这些部分，因此，也可以在语言中来决定它们。这种指定可以被称为百科全书的决定因子。"②不过，如果是巴迪欧意义上的自然情势，即这个情势中的所有项都为一般项，那么百科全书式决定因子可以

---

① ［法］米歇尔·福柯：《词与物——人文科学考古学》，102 页，上海，上海三联书店，2001。译文根据法文版有所改动。

② Alain Badiou，*L'être et l'événement*，Paris：Seuil，1988，p. 363.

毫无例外地架构整个情势的结构或知识体系。但是，这个普遍化的知识体系唯一的问题是，在情势中存在着某种只展现但不被再现的独特项，这些项存在于事件位之上，在百科全书式决定因子所决定的结构中并不被再现出来，因为它在百科全书式知识体系中是不可辨识的。这种独特项只能在事件中显现自身，并以对百科全书式知识体系的撕裂而存在。因此，我们可以说，面对事件中的独特项，百科全书式的知识体系实际上是无能为力的。在这个意义上，为了把握事件所产生的独特项，调研便成了必要的行为。

调研，在巴迪欧的定义中，是一种最低层次的对事件的忠实。换句话说，它唯一的要求就是承认和认可事件的存在。在前文的例子中，这种忠实性在于，以一种绝对忠实的方式，将受到事件（杯中的水洒出来）影响的因子全部选择出来，说得简单些，就是将那些被水打湿的因子挑选出来，组成一个独立的集合。在法国大革命的案例中，巴迪欧将那些坚持认为所发生的事件就是革命的群众和人物分离出来，将他们称为真正的"革命派"。相反，那些保守派和反动派尽管认为事件带来了情势的变化，但是并不认为革命带来了颠覆性的变革，而那些野蛮的蒙昧主义分子，则坚决试图通过自己的武力来抹杀革命群众的存在，试图通过这种抹杀，使得事件（法国大革命）跟没有发生过一样。这样，围绕着事件的发生，我们总是可以将原有情势中的诸多项或元素分成两个部分，即忠实于事件的部分，和不忠实于事件的部分。

不过，这样的文字化的表述仍然不够精确，巴迪欧仍然坚持使用数理化的逻辑来表达这个过程。他用了一个最为简单的方法，即将那些与事件相关，并忠实于事件的元素定义为 x(＋)，而那些与事件无关的元素定义为 x(－)，这就是巴迪欧所说的忠实的最低姿态。当我们为不同元素加上标记之后，我们可以分别将带"＋"号的元素和带"－"号的元素分离出来，像百科全书式分类一样，将两种不同的集合析离出来，如桌上的元素，可以分离为被水打湿的元素，和没被水打湿的元素，而大革命的群众，可以分为革命群众和非革命群众，等等。

不过，值得注意的是，调研的活动是一种针对**有限**元素的实践，由于缺乏明确的用于分离的函数(其唯一的选择标准，是该元素与事件之名或事件留下的痕迹①的关系)，譬如在集合$\{x_1(＋)$，$x_2(＋)$，$x_3(－)$，…，$x_n(＋)\}$里，我们可以判断，x_1 和 x_2 与事件之名有一种肯定性的关联，而 x_3 没有，依此类推。这样，调研在原有情势中形成了两个有限的多——$\{x_1$，x_2，…$\}$，即与事件之名和痕迹相关的且被展现出来的多，而$\{x_3$，…$\}$则是那些与事件之名无关的多。一旦能够在原有情势中进行这种分离，一旦依照与新的运算关系形成的新划分标准进行划分，我们就可以说这是一种关于事件的知识，即一种调研的知识。注意，我们这里使用了"知识"一词，在这个意义上，对调研的知识进行区分，实际上

---

① 值得注意的是，这里的事件，并不是元素与事件本身的联系，而是事件之后，我们对事件之名或那个痕迹的忠实内联系。比如说，在桌上，水杯倒下的那一刻，一个本子没有湿掉，但是后来稳定下来的情况是，随着水继续流动，这个本子后来被打湿了。同样，在法国大革命的运动中，某个人物并没有跟随人民群众去攻打巴士底狱，但是在那之后，他积极参与了运动和革命，并肯定了革命是整个事件的名称，这样，他虽然不是事件的参与者，但也是忠实于事件的因子，这个因子在事件之后的状态中，可以通过调研的方式来获得。对于这个问题的进一步讨论，将在下一节内容中展开。

与百科全书式决定因子所进行的知识区分没有什么区别。换言之，调研的知识也是一种情势状态的架构体系，它也是一种元结构，在这一点上，它与百科全书式决定因子无异。唯一的区别在于，调研是在事件之后才被确立起来的，而它唯一的区分标准就是它是否与事件之后的命名和痕迹存在关联。而百科全书式决定因子的区分是一种先于事件的区分，带有一定的独断性色彩。

　　或许有人会问，当情势是一个无限的多时又该如何呢？调研是否能实现无限之多的区分？对于巴迪欧来说，调研无法实现对无限情势的区分，因为"我们所知的是，对于一个既定的调研，相对应的分类，无论是肯定的还是否定的，都是有限的，都会处于一个百科全书式决定因子的主宰之下"①。因此，任何调研，即便在无限情势中，也只能为我们析出有限的元素，只能组成一个有限之多。对于无限，或者说，无限情势下与事件相关的无限情势的子集，通过调研的方式，实际上无法析离出来。在这种情况下，巴迪欧说，与其说调研获得的是一种真理，不如说，调研是在百科全书式决定因子下的一个**如实性**（véridicité）②原则，与百科全书式决定因子一样，存在着面对某些元素

---

① Alain Badiou，*L'être et l'événement*，Paris：Seuil，1988，p. 366.

② 我们必须注意，巴迪欧区分了真理（vérité）和如实性（véridicité）。真理是无限的，尽管真理并不是真，也是一种程序，需要通过主体确立起来，但是，如实性是一个更低层次的知识，它建立在有限调研之上，并不能真正确保自身知识的真理性，也就是说，如实性作为一个类似于百科全书式知识体系的划分，也存在着某种面对独特项和事件的不可辨识和判定的情况。对于这种情况，如实性也无能为力，因此需要新的调研来补充原来的调研，以新的如实性补充原有的如实性。相反，真理是不需要补充的，它本身就是一个完整的运算。

无法决断的情形。因此，对于无限情势的情形，我们仅仅依赖于调研是无法完成决断的，这就需要我们进一步进行类性延展或类性扩张，让其变成真正的真理程序。

3. 类性程序与真理程序

在一个情势中，对任何元素而言，都取值为真的程序，就是真理。尤其对于无限情势来说，真理必然是无限的。但是，我们已经知道，由于调研本身的有限性，它所提供的并不是真理，而是一种如实性，而以调研方式建构起来的陈述属于如实陈述，也并非真陈述。那么，随之而来的问题是，我们究竟应该通过什么样的方式，在无限之多，即一种无限情势中，获得该情势下的真理呢？

让我们还是先回到前面那张桌子上的情形，先厘清一个关键性的概念和区分。在桌子上，有三本书、一部手机、两个本子、一杯水、一团纸、一只死青蛙、一坨黏手的黄泥、一枚生锈的回形针，还有若干撕成碎屑的纸屑。我们首先考察的是巴迪欧所谓的百科全书式决定因子。这个百科全书式决定因子，根据幂集公理，可以在当下的有限情势中，按照一定的分类，将情势中的诸多，纳入不同的子集。注意这些子集是根据分离公理获得的，也就说，我们可以对其进行普遍分类学的处理，如分出纸质的东西、金属的东西、生物等诸多部分，也可以分离出矩形的、圆形的、无定形的等诸多部分。也就是说，无论是经典百科全书派宣称的正规的科学知识体系的普遍分类学，还是福柯借用过的博尔赫斯的小说中所列举的"中国的某部百科全书"中那种奇异的分类①，甚至是阿比·瓦堡（Aby Warburg）在四十多个木镶板上制作的一个名为《谟涅摩绪涅》（*Mnemosyne*）的图像的图谱（Altas）中令人感到神秘莫测的分类②，实际上都是百科全书式决定因子的一部分。

在事件发生之后，我们可以进行一次调研，对具体的项做出判断，判定它是否与事件有关。我们在这里所设定的事件是泼掉的水，判定的标准是有的，即是否被泼出来的水所打湿，凡是被水所打湿的项，我们可以在其上标识为"（＋）"，比如本子（＋）；而没有被打湿的项，我们标识为"（－）"，如本子（－）。巴迪欧指出，实际上，在这个情势中，关键的部分就是带有"＋"的部分，因为带－的部分没有受到事件的影响，所以，所有带－的内容处在原来情势的百科全书式决定因子的影响之下，并没有任何改变。属于情势发生变化的部分，仅仅只是在调研中，带有

---

① 在《词与物》的开篇，福柯谈到了这个分类，即"（1）属皇帝所有，（2）有芬芳的香味，（3）驯顺的，（4）乳猪，（5）鳗螈，（6）传说中的，（7）自由走动的狗，（8）包括在目前分类中的，（9）发疯似的烦躁不安的，（10）数不清的，（11）浑身有十分精致的骆驼毛刷的毛，（12）等等，（13）刚刚打破水罐的，（14）远看像苍蝇的"。福柯指出："在这个令人惊奇的分类中，我们突然间理解的东西，通过寓言向我们表明为另一种思想具有的异乎寻常魅力的东西，就是我们自己的思想的限度，即我们完全不可能像那样来思考。"参见［法］米歇尔·福柯：《词与物——人文科学考古学》，1—2 页，上海，上海三联书店，2001。

② 阿比·瓦堡的"图谱"由四十多个木镶板组成，上覆盖着黑布，在黑布上，钉有一千多幅从书籍、杂志、报纸和其他来源弄来的照片，瓦堡按照不同的主题对这些照片进行了分类排列。这个分类是非常奇怪的：1. 记忆坐标；2. 星相学和神话学；3. 模态考古学；4. 古代诸神的迁徙；5. 传统的媒质；6. 古代的断裂；7. 狄奥尼索斯式情感表达；8. 胜利女神与幸运女神；9. 从缪斯女神到莫奈；10. 丢勒：诸神北迁；11. 海神尼普顿时代；12."官方艺术"与巴洛克；13. 古代的重现；14. 今天的古典传统。至今，这些"图谱"仍然保存在伦敦的阿比·瓦堡研究所里。

"＋"的部分。

关键的问题是，这里通过调研得出的集合是一个什么样的多？比如，集合$\{x_1(＋)，x_2(＋)，\cdots，x_n(＋)\}$，而在我们前面的例子中，调研得出被水打湿，带有＋的元素的集合是这样一个集合{一个本子、一本书、一只死青蛙、一坨泥巴、一枚生锈的回形针}。前文已经指出，这是一个不可能的集合，之所以不可能，是因为在之前的百科全书式知识体系中，没有为这样的集合体系留下任何空间，它没有明确的分离的属性函数，而且这个集合本身不具有自明性，在不发生事件的情况下，我们根本不会把这些元素汇聚在一起成为一个集合。那么，眼下的问题是，我们应该如何给这个集合命名？这是一个不可能用常规的百科全书式知识体系来命名的集合，它在原有的知识体系中是不可命名的，我们没有任何带有属性的函数，或者谓词能够将之明确地分离出来。因为在事件之前，不可能出现"被水打湿的"这个属性，这个属性是事件之后的命名，而这个命名也只在有限的调研之后才能获得。

这样，按照巴迪欧的定义，经过调研出来的新的集合，或新的多，由于不能在原有的百科全书式知识体系下被命名，所以被巴迪欧称为**"回避"**(éviter)了百科全书式决定因子。在事件之前，这个新生的集合是不存在的，是一个即将到来(à-venir)的集合。我们可以设定，存在着某种程序，这个程序在事件之后，突然与某些元素或项遭遇，并使之具有了与事件相关的＋的属性。在这种情况下，这种所有偶然遭遇的带有"＋"的项，它们所组成的集合的唯一一个可以确定的属性是它回避了百科全书式的决定因子。而对百科全书式决定因子的回避，则势必意味着这个新的集合，或新的属性，实际上对于之前的任何部分、任何子集都是独特的，在这个意义上，这个新的集合具有了类性（générique）①，因此，在巴迪欧那里，我们通过这种方式获得带有"＋"的项的程序，被称为**类性程序**（procédure générique）。

在界定了类性程序之后，我们便可以进一步来理解巴迪欧真理程序的概念。巴迪欧对真理程序的定义是："真理是一个忠实程序的无限的肯定性的结果——将 x（＋）聚集在一起——对于所有的百科全书式的决定因子而言，它至少包含一个回避了这些决定因子的调研。"②换句话说，我们可以通过忠实运算，获得一系列的 x（＋），这些 x（＋）回避了之前的百科全书式决定因子，因而是一个即将到来的新集合或新多。在这个定义中，我们可以看到，巴迪欧所界定的是，在事件之后，存在着一种决定性的程序，使整个程序——而不是调研——将带有"＋"的 x（＋）区分出来，这个区分的程序就是类性程序或真理程序。

那么，调研意味着什么？在前面我们已经说明，调研只是指明了处在这个程序之中的有限元素或项的集合，也就是说，调研所得出的集合属于类性程序的新多。在前面的例子中，调研并不一定要完整地指出所

---

① 这是一个非常难以翻译的词语。générique 在哲学上和在数学上的翻译非常不同，在哲学上，马克思在《1844 年经济学哲学手稿》中使用了这个词，强调了费尔巴哈的类本质，而早年马克思所说的异化劳动之一，也是人的类本质的异化，其中的类就是générique。类表示对于该情势下所有元素都具有的属性，这种属性就是类属性。而在数学上，尤其涉及 ZFC 体系的时候，générique 会被翻译为"脱殊"，这个译法对于哲学著作的读者来说太过陌生，也会使得原本通畅的文字变得佶屈聱牙，所以笔者在这里弃用了数学上常用的译法"脱殊"，而改译为"类性"。另外说明的是，类性并不是表示分类和类别，而是相对于一个多和情势的一般性和普遍性。

② Alain Badiou，*L' être et l'événement*，Paris：Seuil，1988，p. 372.

有被水打湿的项，而是通过调研，得出一个有限的多，如{一个被打湿的本子，一只被打湿的死青蛙，一个被打湿的生锈的回形针}。这个并不穷尽所有的打湿对象的集合，是我们按照某种程序（不可命名），经过有限的调研所得出的一个多，这个多成功地回避了所有事件发生之前的百科全书式决定因子，因此，这代表着，对于这个区分 $x(+)$ 与 $x(-)$ 的程序而言，它至少包含一个有限之多的显现。调研回避了百科全书式决定因子，因此，这个程序就是类性程序。如果情势是无限情势，这种关系会更为明显。调研只能给出有限的诸多，但是调研的局限在于，由于情势是无限的，有限的调研根本无法穷尽所有与事件相关的元素，即在调研的基础上，我们无法获得与事件相关的元素的全集。不过，在无限情势中，值得注意的是，因为调研所获得的有限之多，回避了百科全书式决定因子，势必也意味着包含了调研的有限之多的类性程序下的多，也同样回避了百科全书式决定因子。这在逻辑上是成立的，因为根据外延公理，属于集合 α 的多 γ 不属于另一个集合 β，这样，决定了 α 和 β 这两个集合不是同一集合。那么我们可以得出，γ 属于 α，当然也属于 α 的母集 δ，即 $(\forall\gamma)\big[(\gamma\in\alpha)(\alpha\subset\delta)\big]\rightarrow\gamma\in\delta$。同样根据外延公理，我们可以得出包含调研子集 α 的母集 δ，也回避了百科全书式决定因子。这意味着，不仅有限的调研子集 α 相对于情势 S 而言是独特的，而且它的无限的类性集合，即类性程序，相对于 S 而言，也是独特的。

所以，在这个意义上，我们还需要看到，调研 α 并不是类性程序或真理程序 δ，调研的有限之多的结果，指向了那个绝对的真理的存在，即存在着一个将与事件相关的诸多，以及与事件无关的诸多区分开来的程序，即类性程序。不过，我们进一步的问题是，倘若情势 S 是有限的，我们可以通过调研的方式来穷尽 S 中所有与事件相关的元素 $x(+)$。即在有限情势中，这种类性程序虽然存在着，但并不是必要的，因为我们可以通过显得稍微麻烦一点的调研方式来获得那个准确的与事件相关的全部 $x(+)$ 的集合。但是如果 S 是无限的，则情形就大为不同，这是因为，我们根本无法通过有限的调研，来获得无限的类性集合。因此，在无限情势中，存在着另外的获得类性程序或真理程序的方式，这种方式不是调研的方式。调研的存在，仅仅在于验证该类性程序的确回避了百科全书式决定因子，但并不能帮助我们穷尽所有与事件相关的多 x($+$)，因此，我们需要进入另一个层面的讨论：在无限情势中，我们究竟应该如何去获得类性程序？

三、主体理论 2.0

至此，我们来到了数学本体论——或一般本体论——的边缘，因为在巴迪欧看来，数学本体论根本无法面对事件和真理的问题，而类性程序和真理程序实际上并不属于一般本体论。我们需要在一般本体论之外，即只能在哲学之中，来探索建立类性程序数元的可能性。巴迪欧高呼："真理进程完全在本体论之外。在这一点上，我们必须抛弃海德格尔的存在（作为 $\varphi \acute{\upsilon} \sigma \iota \varsigma$）和真理（作为 $\dot{\alpha} \lambda \acute{\eta} \theta \epsilon \iota \alpha$，或无蔽）的原初的共同归属的命题。存在的可说性远离于真理的可说性。这就是为什么单靠哲学就可以思考真理。因为在它自身之中，就拥有让自己脱离于存在的抽象的方式：事件，那个超——一，偶然驱动的程序，及其类性结果。"[1]

不过真正的问题在于，如果事件的发生，不在数学本体论的领域之内，那么，这势必意味着事件导致了一个不能被原有的本体论框架所把握的不可辨识之物的发生。为了便于讨论，巴迪欧用了一种非常特别的符号来表示这个不可辨识之物。这个不可辨识之物应当是在象征能指链中没有任何确定位置的东西，因此，类似于空集的符号∅，巴迪欧选择了一个非常特殊的符号♀作为不可辨识之物的象征。由于原有情势完全无法把握这个♀，这也意味着，对于原情势的百科全书式决定因子以及原情势的任意的多而言，♀是绝对的独特之物。在这个意义上，它对于任意的多，任意项都是独特的，因此这也意味着♀是类性的，所以，我们也可将♀称为"类性之多"，而这个"类性"并不表示具体的分类和类别，仅仅是相对于整个情势状态的结构来说，♀永远处在不确定的位置上。

正如我们在上一节讨论的那样，一旦事件发生，我们的责任是对事件保持忠实。在这里，存在着一种忠实的运算和调研，也就是说，我们总需要通过某种发生，来把握和辨识这个曾经不可辨识的♀。在上一节中，我们仅仅提供了一种在有限集合中获得有限元素的与事件相关的多的方式——调研。对于这个不可辨识之物的无限之多，我们还没有加以讨论。不过在讨论这个问题之前，必须指出，我们在面对♀时的两个障碍。

---

[1]　Alain Badiou, *L'être et l'événement*, Paris: Seuil, 1988, p. 391.

第一，由于在情势 S 之中，♀是绝对不可辨识的，我们如何确保我们能够从 S 出发来把握和辨识♀？又如何确保我们对♀的辨识是如实的？

第二，紧随而来的问题是，如果我们强制将♀纳入 S 的体系中，这种强制是肆意的，还是受到一定前提的限制？如果受到一定前提的限制，我们又如何理解将♀纳入 S 之中的过程？实际上，更准确地说，如果在事件之后，存在一个新的情势（这个新情势在一定程度上与原情势 S 存在着关联），这个新的情势是如何来理解和把握不可辨识之物♀的？

对这两个问题的解决，已然超出了现有的数学本体论的框架，或者说，这已经是巴迪欧自己的"数学"了，这种"数学"毋宁说是一种炸裂了原有数学本体论的新生物。我们可以说，巴迪欧以他独特的对不可辨识的事件的思考，缝合了原先数学本体论在面对事件时被撕开的裂缝。我们所面对的是，在缝补这个裂缝时，一种全新的本体论的诞生。这就是巴迪欧全新的主体理论，与原先的《主体理论》中的主体理论 1.0 相比，我们将之命名为主体理论 2.0。

1. 类—完美基本情势与不可辨识之物♀

巴迪欧对事件的研究，最终指向了一个在情势 S 中的不可辨识之物♀。对于巴迪欧来说，最为重要的任务就是，通过某种方式，将♀纳入情势的辨识体系之中。为了达到这个目的，我们必须做出一系列的假设。我们先假设存在着一个情势 S，在 S 中，发生了事件 e_x，为了忠实于事件 e_x，我们必须承认，在原先 S 的百科全书式知识体系中，存在着一个不可辨识之物♀。依照保罗·J. 科恩（Paul J. Cohen）的理论，我们应该采用某种特殊的策略，将♀强行纳入 S 的规则中，更准确地说，是为 S 的计数规则附加上另一种体系，使得原来的情势 S 延展为 $S(♀)$。

这样，我们可以将 S(♀) 称为情势 S 的"类性延展"（l'extension générique）①。这个类性延展是通过力迫的方式来获得的，对于力迫的问题，我们放在后文中再来讨论。我们现在要讨论的问题是，在讨论力迫下的类性延展之前，必须预先考察一下情势 S 的性质。

巴迪欧指出，他对类性延展问题的讨论并不是在任意情况下进行的，这里有一个前提，即在延展之前的 S，必须是一个类—完美的基本情势（situation fondamentale quasi complète）。那么，究竟什么是类—完美的基本情势呢？巴迪欧对这种类—完美的基本情势做出了如下规定：

(1)S 符合集合理论的所有公理，这些公理可以用一个公式表达出来，这些公理有外延公理、并集公理、部分公理、空集公理、无限公理、选择公理、奠基公理。

(2)S 至少考察了这些公理样态的值，而这些公理只能通过一个无限的公式序列表达出来，即分类公理和替代公理[因为事实上对于所有的公式 λ(α)而言，一个明晰的分类公理，对于所有的公式 λ(α, β)——这个公式指明可以用 β 来替代 α——都有替代公理，参看沉思 5]。

---

① 这个词组，在集合论数学中也被翻译为"脱殊扩张"。对于 générique 一词的解释，参见前注。这里重点说明的是 extension，因为一方面，在哲学上，extension 多被理解为外延或广延，很少理解为扩张，所以，这里使用了"延展"的译法。延展，首先可以体现与哲学上的外延或广延的对应，其次，也体现了数学上的 extension 所包括的集合论运动。另一方面，即便在数学上，extension 也对应于外延公理（axiom d'extensionalité）的译法，事实上，这个词也可以翻译为"类性外延"，综合考虑，这里统一将其翻译为类性延展。

(3)S是可递的[否则，很容易脱离S，因为我们可以有$\alpha \in S$，但$\beta \in \alpha$且$\sim(\beta \in S)$]。可递性确保了S展现的元素所展现的东西，同时也被S所展现。计数为一是同质性的趋势。

······

(4)S是无限的，却是不可数的[其基数是ω_0]。[①]

巴迪欧指出，如果某个情势S符合上述的四个条件，S就是一个类—完美的基本情势。在类—完美基本情势S中，存在着一些定项（*habitant*）。这些定项，就是S中的一般项。由于S是可递集合，保持了类—完美基本情势S中诸项的一般性，除了处在空的边缘处的事件位（属于关系的最小值）之外，我们可以将所有这类项称为类—完美基本情势S的定项。注意，定项是一个相对的概念，也就是说，项α在S中是定项，但并不一定代表着项α在S的子集β或部分β中也是定项。一般而言，比较稳妥的说法是，"对于情势S的定项而言"。不过需要说明的是，正如哥德尔所证明的那样，这种类—完美的基本情势是一种理想状态，它更多只能存在于我们的理论假设中，因为"可以从其公理中得出'某理论是连贯的'的陈述的理论都是不连贯的"[②]。不过，这个问题并不是我们在这里关注的重点，我们需要关注的问题毋宁说是我们是否可以从这样一个类—完美的基本情势中得出对不可辨识之物♀的辨识。

对于不可辨识之物♀的辨识，需要一些前提（condition）。前提的概

---

① Alain Badiou, *L'être et l'événement*, Paris: Seuil, 1988, p. 396.

② *Ibid.*, p. 396.

念，在巴迪欧的著作中也有着十分重要的地位。在《存在与事件》中，巴迪欧对前提的定义是："前提是基本情势 S 中的多 π，它属于不可辨识之物♀（材料功能），在任何情况下，它都会传递关于这个不可辨识之物的某些'信息'（它将是情势 S 的一部分）。"[1]根据巴迪欧的这个定义，我们可以基本上得出前提的第一个属性，即 $\pi \in$ ♀。还是回到之前的例子，什么是♀？♀是一个多或一个集合，这个集合是通过事件之后的类性程序来获得的（调研只能在情势为有限的情况下获得这个类性集合），如上文我们提到的 $\{x_1, x_2, \cdots, x_n\}$ 集合。在这里，这个集合本身在原有的百科全书式知识体系中是无法辨识的，也无法被其决定因子所判定。因此，这个集合是一个不可辨识的集合，即不可辨识之物。但我们需要给予这个不可辨识之物一个名称，即♀。那么，让不可辨识之物♀得以组成为一个多的诸项，便是这个♀的前提。在这个意义上，$\pi \in$ ♀。

在巴迪欧这里，前提也有严格和不严格的区分，如在被打湿的物件中，被打湿的本子，和被打湿的蓝色封皮的本子，是不一样的，后者的前提更为严格，或者反过来说，后一个前提支配了前一个前提。为了说明这个情况，巴迪欧用了组合来解释前提的严格程度及其相互关系。例如一个不太严格的前提是$<0，1>$，而一个相对严格的前提是$<0，1，0>$，我们可以有$<0，1> \subset <0，1，0>$，在这个意义上，我们可以说，后者支配了前者。同时，对于前提$<0，1>$和前提$<0，1，0>$，就前两个元素而言，它们之间是相互匹配的关系，不存在任何冲突和矛盾。我们可以将后者，即$<0，1，0>$定义为$<0，1>$的延展（exten-

---

① Alain Badiou, *L'être et l'événement*，Paris：Seuil，1988，p. 398.

sion），显然，一个延展支配着前一个前提。当然，我们也会看到，<0，1>的延展并不是唯一的，它可以延展为<0，1，0>，也可以延展为<0，1，1>，在这种情况下，前提<0，1，0>和<0，1，1>都同时是<0，1>的延展，也都可以用来支配<0，1>，这就好比"红色封皮的本子"和"蓝色封皮的本子"，都是"本子"这个前提的延展，都可以支配"本子"这个前提。关键是，经过延展之后的两个前提，由于它们第三项的不同，根据外延公理，我们判定，这两个前提——<0，1，0>和<0，1，1>——是不匹配的。根据上述描述，我们可以得出关于前提的三个原则：

第一，秩序原则。秩序原则比较容易理解，因为 S 是类—完美基本情势，组成不可辨识之物♀的所有前提 π，实际上也都属于情势 S，因此我们有 $\pi \in S$。根据类—完美基本情势的定义，S 是一个可递集合，因此，所有的 π 都是可递的。这个原则保障了 π 在类—完美基本情势中的秩序性。

第二，匹配性原则。这是组成不可辨识之物♀的前提 π 的特有原则，也就是说，对于不太严格和严格的前提，应该具有一种匹配性关系，不仅如此，依照这种匹配关系，会组成一个包含于关系的"套包"序列，

$$\pi_0 \subset \pi_1 \subset \pi_2 \subset \cdots \subset \pi_n \subset \cdots$$

第三，选择原则。这个原则依附于选择公理（AC），即这个原则的正确性取决于带选择公理的 ZFC 体系。严格地说，由哪一项充当前提并不是重要的，在这个方面，本子是红色还是蓝色是一个选择的问题。在三元组<0，1，0>和<0，1，1>中，最后一项是 0 还是 1，也是一个选择的问题。但是一旦选定，便能够从中得出一个关于前提的集合。

根据这三个原则，我们可以构造出一个关于各个前提的集合©。这也是巴迪欧创造的符号，巴迪欧说："前提的集合©，且©∈S，它是被标识为 π_1，π_2，…，π_n 的诸集合的集合，不可辨识的♀将这些前提作为其元素。"[①]根据这个说法，由于©是所有这类前提的集合，那么，无论♀多么不可辨识，我们都会得出一个结论，即♀⊂©。而根据上面的匹配性原则，我们也可以得出，不可辨识之物处在 π_1，π_2，…，π_n 的"套包"秩序之中。其实我们可以用一个更为简单的说法来表示，如果存在 $\pi_1 \subset \pi_2$，则说明前提 π_1 是比前提 π_2 更为严格的限定，在这个意义上，我们也可以界定 π_2 是 π_1 的**支配**（domination），巴迪欧用字母 D 来表示支配。这样，支配 D 应该符合下述关系：

$$\sim(\pi_1 \in D) \rightarrow (\exists \pi_2)[(\pi_2 \in D) \,\&\, (\pi_1 \subset \pi_2)]$$

需要说明的是，D 都带有明确的属性，如"纸质的"、"红色的"、"矩形的"等。在数学上，对于任何带有明确的属性的东西，我们可以将之转化为一个函数 λ，λ 既是属性也是函数。在分离公理中，λ 保证了将一些元素与另外一些元素区分开来。有趣的是，对于任何支配 D 的函数 λ 而言，它的否命题$\sim\lambda$ 也会是一个函数，即"红色的东西"和"非红色的东西"都能保障元素的分离。

在明确了这些前提之后，我们可以在此基础上，对类—完美基本情势 S 下的不可辨识之物♀做如下的推理：

第一，由于类—完美基本情势是无限的，在这里，我们讨论的是不可辨识之物♀为无限的情形。有限的不可辨识之物，可以在调研范围内

---

①　Alain Eadiou，*L' être et l'événement*，Paris：Seuil，1988，p. 402.

进行，也可以在类性程序下进行，在这里不是我们讨论的对象。我们讨论的是，如何在无限的情势下，将拥有无限项的不可辨识之物♀辨识出来。

第二，不可辨识之物♀的基本条件是，**它不能被类—完美基本情势下的任何函数 λ 所辨识**，倘若如此，它就不是不可辨识之物。对于这个定义的理解，我们可以先从可辨识之物来进行。所谓可辨识之物，即从属于某一支配 D 的函数 λ 的项，由于它可以被 λ 所辨识，势必意味着它不可能被函数 λ 的反命题($\sim$λ)所辨识。那么根据这个定义，我们可以得出结论：**"所有正确的可辨识的集合在总体上至少脱离于一个支配，即脱离于并不拥有其辨识属性的前提所构建的支配。"**[①]

第三，这个结论，我们可以反过来推理不可辨识之物♀，即♀与任何支配 D 的交集绝非空集，$D \cap ♀ \neq \varnothing$。为什么呢？我们可以做一个反证，即不可辨识之物♀若与某一支配 D 的交集为空集，这意味着，♀在此不能被 D 的函数 λ 所辨识。但问题是，倘若如此，意味着♀完全包含在支配 D 的函数 λ 的反命题$\sim$λ 之中，即♀尽管不被 λ 所辨识，但是绝对可以被它的反命题$\sim$λ 所辨识。但根据不可辨识之物♀的定义，它不能被先于事件的任何百科全书式的决定因子所辨识、所判定。因此，被$\sim$λ 所辨识也意味着♀重新落入原来的类—完美基本情势的窠臼之中，并没有带来真正的不可辨识之物。

为了避免这种情况的发生，因此，无限的不可辨识之物♀的一个基本属性是，它必须与所有支配 D 的函数存在着一个交集，且这个交集

① Alain Badiou, *L' être et l' événement*，Paris：Seuil，1988，p. 406.

并非空集。巴迪欧的定义是：**"如果对于任何属于 S 的支配 D 来说，我们有 $D \cap ♀ \neq \emptyset$（D 与 ♀ 的交集非空集），那么正确集合 ♀ 对于 S 来说就是类性的。"**[①]也唯有如此，不可辨识之物才能真正摆脱原有的类—完美基本情势的支配，成为真正的不可辨识之物，也只有在这个意义上，我们才能真正说，**♀ 是类性的**。

2. 主体与力迫

尽管我们通过前面的论证可以了解，不可辨识之物实际上在情势 S 中，通过某种方式可以指向它的存在。但是，我们的最终目标是，如何将之纳入一个可以辨识的体系中，对其进行辨识。事实上，巴迪欧已经证明了，从纯粹可建构的层面，完全没有任何可行的办法实现对不可辨识之物的辨识，更无法将之纳入可建构的完美情势之中（由于这个证明和推理过程过于繁芜，因此在本书中略去，在这里，我们只讨论经过巴迪欧论证的结论）。那么，这里唯一的办法就是通过主体和保罗·J. 科恩的力迫法来实现对不可辨识之物的辨识。

在《存在与事件》的沉思 35 的开头，巴迪欧就对他的新的主体概念下了一个定义，即"我所谓之**主体**，是一种用于支撑真理的类性程序的整个具体架构"[②]。这个定义已经与《主体理论》中的定义有了一些差别。在《主体理论》中，巴迪欧十分看重的是介入，即对原先秩序和位的打破或悬置，最后谈到了以一种新的方式来归位。在这个过程中，巴迪欧更看重的是主体的"破"的过程，即一个敢于打破既定秩序，既定权威的主

---

①　Alain Badiou, *L' être et l' événement*，Paris：Seuil，1988，p. 406.

②　*Ibid.*，p. 429.

体，一个大胆介入政治之中的主体。也正是因为如此，在《存在与事件》的序言中，巴迪欧对《主体理论》中的主体概念进行了自我批评，认为那种主体概念太过政治化。相反，在《存在与事件》的沉思 35 中，巴迪欧所提出的概念，着力点从"破"转向了"立"，即主体是一种程序的架构，它支撑着真正类性的真理程序。这足以体现巴迪欧从《主体理论》向《存在与事件》转变的一个线索。正如巴迪欧自己所说："我必须承认，在《主体理论》中，对于毁灭（destruction）问题，我有一点误入歧途。不过，我仍然坚持那种观念，即在毁灭与新奇之间的确存在着本质性关联。在经验上，新奇（例如，政治上的新奇）时常伴随着毁灭。但明显的是，这种毁灭与内在固有的新奇并没有直接关联，相反，通常，新奇往往是由一个真理的附加而产生的。**毁灭是将新奇添加在古老事物之中，所产生的古老的结果。**毁灭可以明确地被认识，原初情势的百科全书足以认识毁灭。毁灭并不是真实：它是可认识的。"①的确，在《主体理论》中巴迪欧将毁灭和破坏与新结构的归位与确立分离开来讨论，但实际上，这两种过程是同时发生的，在被破坏的城堡上矗立起新奇之物大厦。

因此，巴迪欧更喜欢将主体问题看成是一个整体过程，即他所谓的主体化（subjectivation）过程。巴迪欧指出，主体化过程就是一种运算的出现，让主体得以在空的边缘处，即事件位上进行介入性操作，从而将那个不可辨识之物的名称♀纳入情势之中。在这个意义上，我们也可以说，主体化过程，就是一种运算，一种特殊的计数方式。这种计数的目的，不是让整体情势的结构呈现为一，而是正如我们在本

---

① Alain Badiou，*L' être et l' événement*，Paris：Seuil，1988，p. 446.

章第一节中指出的那样，主体化是一种忠实运算，它所创造的是一个
大二集。

　　主体化的关键是命名一个即将来临的事物，这个事物的名称在当下
的情势中不可辨识。在类—完美基本情势 S 中，对于 S 的任意定项来
说，由于没有可以辨识♀的尺度和工具，意味着♀是 S 中的一个非在
(l'inexistant)，因而按照惯常的计数规则来说，我们得出～(♀∈S)。
但是，现在的问题是，由于主体化过程的出现，由于忠实运算的出现，
我们通过某种运算方式，将 S 延展或扩张为 S(♀)（对于具体的延展或
扩张运算方式，我们会在后文中讨论）。我们在这里需要注意的是，即
便完成了这个延展运算，即从 S 延展为 S(♀)，不可辨识之物♀也并不
会自动地被辨识。因为即便在延展出来的情势 S(♀)中，我们也缺乏必
要的将♀从其无差分状态中分离出来的属性或函数 λ。

　　为什么会如此呢？我们可以利用一个反证来说明这个问题。假设我
们可以在 S(♀)中辨识出♀，那意味着存在一个辨识♀的函数 λ。我们
假设存在着不可辨识之物♀的前提 π。那么我们有辨识函数 $\lambda(\pi, a_1,$
$a_2, \cdots, a_n)$ 其中，$a, a_2, \cdots, a_n$ 都是专属于 S(♀)的元素，也就是
说，这些元素界定了 S(♀)与 S 的区别。但由于延展，$a_1, a_2, \cdots, a_n$
不是 S 的元素。不过另一方面，我们在前文强调过，♀是所有前提集合
◎的一部分，而◎∈S，这势必意味着，尽管 S(♀)有自己独有的元素
$a_1, a_2, \cdots, a_n$，但用于区分的函数或属性 λ 是从 S 中延展而来的，λ 在
S 中也是一个辨识和区分的函数，用巴迪欧的话来说，λ 在 S 中是如实
的。这个结论是一个矛盾，如果 λ 在 S 中就是如实的，那么，无需等到
延展到 S(♀)，在 S 中，函数 λ 就可以辨识♀，在这个意义上，倘若如

此，♀就不是对于 S 中的定项的不可辨识之物。因此，在进行了从 S 到
S（♀）的延展之后，我们并没有通过延展直接获得辨识♀的函数。

那么，这个辨识♀的函数从哪里获得？或者，更准确地说，我们应
当如何去认识这个不可辨识之物♀？巴迪欧认为，在这个地方，主体的
作用极为重要，即我们需要给不可辨识之物**命名**或给予**名称**："借助情
势的资源，借助情势的诸多，情势的语言，主体生产了名称，这些名称
是未来将来临的某种的东西的参数：这就是支撑着信仰的东西。当情势
已经出现的时候，这些名称'已经被'分配了一个参数，或者一个意义指
向，在这个新出现的情势中，那个只能被再现（或只能包含于）的不可辨
识之物最终被展现为前一个情势的真理。"①

主体的作用莫过于此，一个主体，在历史情势中的诞生，就是给一
个不可辨识之物命名。正如圣保罗在耶稣受难事件之后的宣称，将普世
性的"一"这个命名赋予了上帝。在《圣保罗》一书中，巴迪欧指出，圣保
罗"真正的革命信念是：一的符号是为所有人的，或毫无例外"。在这
里，圣保罗的命名开创了未来一种被称为基督教会的东西。同样，列宁
将党的革命事业称为布尔什维克，这个命名既是对马克思主义革命事业
的忠诚，也是对十月革命事件的忠诚。同样的案例还有拉康的精神分
析、勋伯格的十二音技法、康托尔的阿列夫数等，这样，主体对不可辨
识之物的命名出现了，这个命名一方面是对原有类—完美基本情势 S 的
架构的破坏与毁灭，同时也是面对一个即将来临的新情势 S（♀）的奠
基。在主体进行命名的那一刻，我们获得了一个类性程序，一个真理程

---

① Alain Badiou, *L' être et l'événement*, Paris: Seuil, 1988, p. 436.

序，这个类性程序是真正带有普遍性的根基的程序。正如巴迪欧在《圣保罗》一书中强调圣保罗的"一"之神以及与之对应的信仰和律法的确立，是将基督教变成真正普世主义宗教的根基，同样在数学、在艺术、在政治、在爱等诸多领域，一旦主体宣称了一个名称，我们便获得了一个全新的根基，一个在类性延展的 S(♀) 的根基。因为，这个名称的宣示，不是当下的真理，更不是一个业已过去的时代的真理，它就是未来的前项(futur antérieur)①，一个即将降临的时代真理。它是开创性的程序，一个全新的运算，也只有在这个全新的运算方式中，我们才能去辨识那个在类—完美基本情势中无法辨识的♀。

不过，我们究竟应该如何让这个新命名的项(未来前项)，与原来类—完美基本情势的基本语言—规则或计数运算方式相匹配？我们又如何保障在经过延展的未来情势中，这个新命名的项与原来情势的语言具有兼容性？或者更准确地说，如何保障这个命名在类性延展的情势中的如实性？前面我们已经证明，仅仅通过延展本身，是无法获得这种如实性的，也无法产生全新的规则体系去辨识不可辨识之物。这样，唯一的方式只剩下一个，这是一个纯主观的生产方式，即依赖于主体的力迫，使之在新的情势中获得如实性。

力迫(forçage)是保罗·J. 科恩在 1966 年提出的解决康托尔连续统假设的一个命题，是在他的名著《集合论与连续统假设》(*Set Theory and*

———————

① 巴迪欧的未来前项，代表着该项并不属于当下的情势，它的存在，仅仅预示着一个未来情势即将来临。但是未来不会自动来临，它需要这个未来前项通过主体宣示出来，然后根据这个未来前项，建立起(准确地说是"力迫"了)一个全新的运算程序，将那个即将来到的未来带入情势之中，让原来的情势发生类性延展。

the Continuum Hypothesis）中谈到 ZF 体系与选择公理（AC）之间的关系时，使用的一种方法。科恩说，我们现在面对的是如何从相对独立的结果出发去思考诸如选择公理之类的问题。"对于任何陈述 A 来说，无论它是有限的还是无限的，我们都可以将它与另一个陈述 P 联系起来，我们可以说 P 力迫了 A（在这里，陈述被视为一个符号串，而序数在这个符号串中出现了）。这类似于哥德尔与所有的陈述 A 联系起来的陈述 AL，现在我们只需要符合句法地证明，如果 A 在逻辑上是一个正确的表达，那么所有的 P 都力迫了 A。更准确地说，我们说明了如何与 A 的所有证明相联系，这个陈述证明，所有的陈述 P 都力迫了 A。"[①]借助这个力迫的方法，科恩证明了对于任何可递集合 M 来说（M 为符合带选择公理的 ZFC 体系的集合），都可以通过力迫延展为不带连续统假设（CH）的（ZFC＋∼CH）体系。

我们在这里并不打算重复科恩对选择公理和连续统假设的相对独立性的证明，这个复杂的证明过程在《存在与事件》中也被巴迪欧所省去。我们在这里只需要关心巴迪欧是如何使用力迫这一概念的。巴迪欧用 $\rightleftharpoons$[②]来表达力迫的运算关系。它的基本表达为 $\pi \rightleftharpoons \lambda$ 的值（前提 π 力迫了公式 λ）。巴迪欧的定义是：

---

① 　Paul J. Cohen, *Set Theory and the Continuum Hypotheisis*, New York, W. A. Benjamin, 1966, p. 147.

② 　实际上，《存在与事件》法文版中使用的力迫符号是一个两层的双向箭头"$\rightleftharpoons$"。而《存在与事件》的英译者将这个符号改为了"≡"，这里采用的是奥利弗·费尔坦的英译本中所用的力迫符号。另外说明一下，在数学集合论中，常用的力迫运算符号实际上是"⊩"。而保罗·科恩在《集合论和连续统假设》一书中没有使用任何符号作为力迫运算的标志，而是直接使用了英文"force"。

　　我所谓的力迫（forçage），即隐含在主体基本规则之下的关系。情势的某一项力迫着主体—语言的陈述，这意味着，在一个即将降临的情势中，这个陈述的如实性等于这一项源自于类性程序的不可辨识的部分。这样，这个因力迫关系绑定于一个陈述的某项，属于真理。或者毋宁说，主体的偶然性运动所遭遇到的这一项，相对于它同事件之名的关系，已经被实证地研究了。如果同事件的实证性的关联，在一个新情势中（附加了一个不可辨识的真理的情势）力迫陈述为如实陈述，那么，该项力迫了该陈述。力迫是一种通过知识来校验的关系，因为它带有情势中的一个项（这样，它被情势的语言所展现和命名），并带有主体—语言的陈述（对于情势中的诸多来说，主体—语言的名称都是"胡诌乱凑"的）。未被知识所校验的是，力迫了一个陈述的某项陈述是否属于不可辨识之物。它的属于关系尤其取决于调研的机会。①

　　其实，巴迪欧的力迫已经与科恩的力迫有着较大的差别。巴迪欧所关心的是，如果我们在类—完美基本情势 S 中的语言—规则遭遇了在事件中偶然相遇的一项，这一项的真实性是实证地被确证的（即通过调研获得了它在情势中的如实性），那么这一项被主体以忠实运算的方式纳入了情势的语言体系之中。由此可见，力迫是一个主体的行为，它在情势中确立了一种运算方式，一种忠实的运算（但不是类性程序），它将一个命名，一个与该命名相关的所有运算都力迫为新情势的忠实运算（如

----

　　①　Alain Badiou, *L' être et l'événement*, Paris：Seuil，1988，p. 441.

我们在前文中谈到的，我们定义了一个事件之名，那么经过调研，凡是与整个命名相关的项，被标记为 $x(+)$，然后被选择出来，这样选择出来组成的一个集合，就是一种命名的相关性的运算，即忠实运算）。

不过，在谈到力迫的时候，巴迪欧仍然保持了疑虑。正如科恩并没有将力迫方法绝对化一样（科恩的表达是，P 力迫了陈述 A），巴迪欧也需要认识到，不是类—完美基本情势中的**所有项**都力迫了陈述 A[①]，真正的情况是，某些项力迫了 A，而另外一些项（甚至在某些情况下，是绝大多数项）没有力迫 A，这就是为什么巴迪欧反复强调"主体是稀缺的"[②]。因为力迫并不代表一种必然发生，而是代表在某些进行忠实运算的**主体**那里，宣示着将会有某种尚未到来的不可辨识之物。

在这个意义上，巴迪欧的力迫及其程序的生产，是一种带有主观色彩的生产。对于那个在事件中遭遇的项 A，一部分人力迫着它，使 A 成为情势的一部分，而另一部分人拒斥 A，让其继续作为非在。这都不是问题的关键所在，问题的关键在于，对巴迪欧来说，只要有人进行了力迫，就必然会进行一种计数运算，这种计数运算是让某一项从原有情势中失位（类似于《主体理论》中的 hors-lieu）。它业已将一种新的东西，以

[①] 在这里需要注意一点，所有项都力迫 A 与所有项没有力迫 A 实际上在集合论上是等价的，因为后者意味着所有项都力迫了命题～A。

[②] 与那种坚持人人都是合格主体的庸俗哲学相比，巴迪欧坚持了柏拉图在《理想国》中的区分，即只有少数人才能通过高贵的数学来触及真理。那么也意味着，对于巴迪欧来说，只有那些对于事件保持忠实，进行忠实运算的人，才配得上称为主体。在这里，我十分关注的是，巴迪欧和美国芝加哥学派的政治哲学家列奥·施特劳斯的相通之处，他们分别用各自的方式强调了柏拉图的意见和真理之分，也强调了真正的哲人（在巴迪欧这里是主体）的稀缺性，激进思潮和保守思潮在这里汇聚了。

命名的方式，添加在旧事物之中，让那个不可辨识之物♀变得在新情势中可以被辨识，一旦如此，我们便能够宣告，一个新的时代即将来临。

3. 情势的类性延展 $S(♀)$

即便引入了大迫的概念，即便我们可以让主体从外部人为地将不可辨识之物♀的名称，以及关于♀的陈述 A 纳入原先的语言—规则中，这也并不必然导致类—完美基本情势 S 的类性延展为或扩张为 $S(♀)$ 的过程成为直接的或不言自明的。换用科恩的话说，力迫和类性延展是需要证明的。那么，我们需要从数理上说明，力迫和类性延展的过程是如何发生的。

首先，我们已经说过，对于不可辨识之物的辨识，需要从主体的介入出发，对不可辨识之物进行命名，这是走向类性延展的第一步。在类—完美基本情势 S 中，我们没有任何适当的名称来称呼那个不可辨识之物♀，在 S 中，我们不仅不能对它进行辨识，也无法对之进行命名。对♀的命名，只有在类性延展中才具有可能性。那么，不可辨识之物的名称是什么？或许这类似于唯名论(如奥卡姆的威廉)界定的纯粹绝对的名称，在《逻辑大全》中，奥卡姆的威廉说道：

> 纯粹绝对的名是这样，他们不是主要地意谓一些东西，而次要地意谓另一些东西……严格地说，绝对的名却是没有名词定义，因为一个有名词定义的名只有一个这样的定义。如果一个词有名词定义，这个词的意思就不能被不同的句子表达，因而一个句子的词项意谓某种不被其他句子的词项以任何方式表示的东西。然而，在纯粹绝对的词项的情况下，名的意思可以被一些不同的句子表达，这

些句子构成词项不意谓相同的东西。[①]

在这里，奥卡姆为我们提供的就是一种集合论的情形，即绝对名称作为一个集合的总体并不意谓任何东西，但构成这个绝对名称的词项是有意谓的。在我们前文的例子中，比如"被杯子的水所打湿的东西"这个称谓在事件之前的情势中是没有任何意谓的，里面所包含的诸项却是有意谓的，如一个本子、一只死青蛙等。

当然，巴迪欧所说的名称并不是像我们平常一样，随意去命名的名称。按照他对名称的解释，名称是一个多，它由名称和组成这个名称的前提配对组合所构成。即如果 μ_1 是一个名称，则 $(\alpha \in \mu_1) \rightarrow (\alpha = <\mu_2, \pi>)$，$\mu_2$ 是一个名称，π 是一个前提。如果这样说还是太过抽象，我们可以从空集$\varnothing$出发来解释这个问题。在层次 $\llcorner_0$ 上，不存在空集的符号或名称（参见第二章中对巴迪欧《记号与空缺：论零》的有关讨论，或《存在与事件》原书的沉思 29）。空集的元素也是空集，因此，对于空集之名的多，在层次 $\llcorner_0$ 上无法实现，只能在更高的层次上，即层次 $\llcorner_1$ 上才能实现，这个时候，当我们说空集之名的集合的时候，我们所获得的集合是 $\{\varnothing\}$，$\{\varnothing\}$ 是那个空缺的命名，这里有一个名称 $\mu_1 = \varnothing$，由于空集$\varnothing$的元素为无，所以无前提 π。这样，在层次 $\llcorner_1$ 上，我们获得的 $<\mu_1, \pi>$ 实际上就是 $\{\varnothing\}$，于是我们有 $\mu_2 = <\mu_1, \pi> = \{\varnothing\}$。

现在我们如果继续下去，想知道这个包含空集名称的单元集的名称，我们需要做进一步推理，即在层次 $\llcorner_2$ 上，我们通过 $<\mu_2, \pi>$ 的配

① [英]奥卡姆的威廉：《逻辑大全》，28 页，北京，商务印书馆，2006。

对组合可以得出，这个单元集名称中包含层次$\llcorner_1$上的名称μ_2。在前面，我们已经得出了$\mu_2 = \{\varnothing\}$，同时限定这个单元集的唯一元素$\varnothing$就是其前提π，这样，我们可以得出$\mu_3 = <\mu_2, \pi> = \{\varnothing, \{\varnothing\}\}$。这是一个大二集，在这个大二集中，界定了包含空集名称的单元集$\{\varnothing\}$的名称μ_3，由于类一完美基本情势是可递结合，我们依此可以形成一个关于名称的序数序列，即$\{\mu_1, \mu_2, \mu_3, \cdots, \mu_n\}$。

不过，这是常规命名的情况，我们现在需要命名的是不可辨识亦不可命名的部分$\subset$，也就是说，我们对♀的命名一定会异于刚才谈到的名称μ_n的序数序列。但是，我们的目的是为了辨识出♀，我们想要通过力迫的方法，让一个不可辨识之物♀的符号，强行加入已知的命名体系之中。巴迪欧启用了一个符号$R_{♀(\mu)}$表示这个命名的参数值（valeur référentielle），这里我们必须理解$R_{♀(\mu)}$与♀的不同，♀是真正的不可辨识之物，它无法被语言—规则的体系所辨识，然而我们通过$R_{♀(\mu)}$赋予了♀一个值，这个$R_{♀(\mu)}$可以帮助我们在语言—规则体系中来理解♀。如果我们理解$R_{♀(\mu)}$属于语言—规则体系，由于语言—规则体系，正如我们反复强调的那样，是一个序数序列，因此，作为不可辨识之物♀名称而出现的$R_{♀(\mu)}$，一定也符合名称的序数序列的规则。那么，我们可以从中得出：

$$R_{♀(\mu)} = \{ R_{♀(\mu_1)} / <\mu_1, \pi> \in \mu \ \& \ \pi \in ♀ \}$$

根据上面的描述，我们若是从空集$\varnothing$开始，那么也很容易得出$R_{♀(\mu)} = \{\varnothing\}$。正如我们在前文中讨论的那样，如果坚持把这个层次继续分解下去，这个序数序列可以无限推演下去。在这个基础上，巴迪欧做出一步关键的推理，即"那么我们可以在一个单一步骤中，通过取所

有属于 S 的名称的值，来构成不同于基本情势的另一个情势。这个新情势是在诸名称基础上构成的，它就是 S 的**类性延展**。正如我之前宣称的那样，它可以被写作 $S(♀)$"[1]。实际上，从巴迪欧关于类性延展的定义可以获知，实际上新的情势，即通过类性延展获得的形式 $S(♀) = \{R_{♀(\omega)}/\mu \in S\}$。

我们可以将这个类性延展 $S(♀)$ 的公式表达解释得更为通俗些，也就是说，如果我们能够在类—完美基本情势 S 中，在其名称的序数序列中，找到一个可以用来命名不可辨识之物的名称（注意，这个名称必须是巴迪欧所界定的情势 S 中的**正规名称** $\mu_♀$[2]），情势 S 就可以被类性延展为 $S(♀)$。根据类性延展的定义，我们可以推理出两个引理：

第一，$S \subset S(♀)$，这个结果是显然的，因为 $S(♀)$ 没有失却任何 S 的部分和元素，且 $S(♀)$ 的基数大于 S，在这种情况下，S 包含于 $S(♀)$。

第二，$♀$ 是一个特殊的多，由于在 S 中，$♀$ 不可辨识，那么我们有 $\sim(♀ \in S)$，经过类性延展，我们得到 $S(♀)$。在这个新情势中，$♀$ 已经可以被辨识，被辨识也意味着不可辨识之物 $♀$ 在 $S(♀)$ 中被展现出来，于是我们有 $♀ \in S(♀)$。

下面的问题是，我们如何看待 S 与 $S(♀)$ 之间的关系？S 是一个类—完美基本情势，但是通过力迫加入了不可辨识之物名称的 $S(♀)$ 是否也是一个类—完美基本情势？S 中的规则和结构，尤其是序数的后续

---

① Alain Badiou, *L'être et l'événement*, Paris: Seuil, 1988, p. 416.

② 对于不可辨识之物在情势中的正规名称的讨论，实际上美国数学家丘嫩（Kunen）做出了十分漂亮的解释，巴迪欧在这个方面的解释参考了丘嫩的贡献。也就是说，不可辨识之物的名称符合公式 $\mu_♀ = \{<\mu(\pi), \pi>/\pi \in ©\}$。

运算关系，是否在 $S(♀)$ 中也适用？这个问题进一步涉及在 S 中的辨识与在 $S(♀)$ 中辨识的差异问题，即我在 S 中所认识的某项（除了不可辨识之物 ♀ 之外的某项），与 $S(♀)$ 中对该项的辨识是一致的吗？为了解决这个问题，我们需要进一步讨论这样一个问题，即我们假设在 S 中存在着辨识函数 $λ$，这样 $λ(♀)$ 在 S 中是不合法的表达。因为在 S 中，♀ 不可辨识。但是，我们刚刚已经说明，不可辨识之物 ♀ 在 S 中可以有一个参数值 $R_{♀(μ)}$，这个参数值在 S 中是可以辨识的，于是 $λ(R_{♀(μ)})$ 是合法的。现在我们需要理解的不是 $λ(R_{♀(μ)})$ 的合法性问题，而是经过类性延展之后，在新情势 $S(♀)$ 中，$λ(♀)$ 变成了一个合法的公式表达，在这个时候，$λ(R_{♀(μ)})$ 与 $λ(♀)$ 的关系是什么，以及 $λ(♀)$ 是否仍然构成在 $S(♀)$ 中的一个如实的表达。

实际上，发明了力迫法的科恩肯定了这一点，即当 S 是类—完美基本情势的时候，经过类性延展的 $S(♀)$ 也必然是类—完美基本情势。科恩说："为何如此的直觉很难解释。粗略来说……［这是因为］从并未在 M［基本情势］中展现出来的［不可辨识的］集合 $α$ 中没有提取任何信息。"[①]实际上，科恩已经表明，类性延展是通过一个类性的不可辨识之物的命名来获得的，在这种情况下，我们应该看到"由于忠实程序内在于情势，这个附加之物不可能废弃情势主要的连贯性原则。此外，这就是为什么这就是该情势的真理，而不是另一个情势的绝对开启。主体，力迫地生产出了包含于情势之中的不可辨识之物，它不可能摧毁情势"[1]。也就是说，通过主体的介入，通过力迫，附加了一个不可辨识之物的名称，并不意味着我们摧毁了原来的情势，相反，我们只是让其原来的情势状态不起作用，在这个意义上，新的事物的命名保留了原情势的基本结构，而主体唯一所做的，也仅仅只是将原先无法辨识的事物赋予名称，并让其在新的经过类性延展所获得的情势中被展现出来。在这种情况下，类性延展的情势 $S(\female)$ 仍然保留了原类—完美基本情势 S 的基本计数规则，它是附加，而不是摧毁，也就是说，在附加了不可辨识之物 $\female$ 的名称之后所获得的情势 $S(\female)$ 仍然是一个类—完美基本情势。

那么，巴迪欧的新主体理论在这里即将进入尾声。我们关于主体介入，类性延展的最后一个问题是，这个被命名了的不可辨识之物，在类性延展的情势 $S(\female)$ 中，究竟是一个什么样的状态。尽管我们通过介入和力迫的方法使得它获得了一个名称，让其可以被辨识，但是我们是否可以决定它的属性，并对之进行准确的定义和定位呢？解答这个问题这会导致我们陷入一个相当复杂的数学论证过程，我在这里不准备去再现这个过程，仅仅只介绍一下巴迪欧在沉思 36 中处理该问题的策略和结论。巴迪欧的策略是，假设类—完美基本情势 S，由于 S 本身具有可递性，这个 S 必然存在一个 ω_0，因为在任何可递集合中，ω_0 都是第一个极限序数。我们现在可以假设 S 的一个基数 δ，我们假设 $\delta \geqslant \omega_0$，现在的关键是，在类性延展 $S(\female)$ 中，我们需要考察的是 $|p(\omega_0)|$ 与整个大于 ω_0 的基数 δ 的大小关系，即巴迪欧要证明的是，在 $S(\female)$ 中，可以

① Alain Badiou, *L' être et l' événement*，Paris：Seuil，1988，p. 456.

得出 $|p(\omega_0)|\geqslant\delta$。这就是对连续统假设的反证，因为两个不等式可以链接成为： $|p(\omega_0)|\geqslant\delta\geqslant\omega_0$。这是巴迪欧自己对康托尔连续统假设的挑战，也就是说，通过类性延展，巴迪欧试图用自己的方式来证明，可以在 $|p(\omega_0)|$ 和 ω_0 之间置入一个不确定的基数 δ。问题到此并没有结束，因为，我们假定 δ 是情势 S 中的基数，而 $|p(\omega_0)|\geqslant\delta$ 的证明是在情势 $S(\varsubsetneq)$ 中完成的，基数的定义是，它与序数不同，在其之下，与更小的序数之间，不存在一一对应关系，但是由于类性延展 $S(\female)$ 的出现，基数 δ 被置于 $|p(\omega_0)|$ 和 $|\omega_0|$ 之间的关系中，因此，这种一一对应关系也出现了，那么问题是，这个时候 δ 的还是一个基数吗？是的，这正是刺激了巴迪欧的地方，通过类性延展，**一个不定性的基数，或许可能在 $S(\female)$ 中成为一个在序数序列中的序数**，在《存在与事件》的附录 10 中，巴迪欧进一步证明了这个结论："在 $S(\female)$ 之中，δ 绝不是一个基数：它仅仅是一个可数的序数。S 的基数 δ，在类性延展中已经**消失**了。"[1]是的，这是基数的失格（déqualification），在类性延展中，不可决定基数变成了可以在序数序列中被辨识、被决定的序数。

　　是什么让不可葬识之物变成了一个失格的不可决定之物，并在类性延展中让其得到了决定，这就是情势 S 与 $S(\female)$ 的差别所在，其中差别的根本，就在于一个大写主体（Sujet）。那么，正是这个大写的主体，让无法度量的溢出（如康托尔定理和埃斯顿定理中提到的溢出的不定性），在类性延展的情势 $S(\female)$ 中得到了决定。正是这个大写的主体让"并非所是的存在成为所是"（ce-qui-n'est-pas-l'être-en-tant-qu'être），

① Alain Badiou，*L'être et l'événement*，Paris：Seuil，1988，p. 514.

因为当大写主体忠实于事件的痕迹、忠实于事件的名称时，那个曾经在原情势 S 中作为非在的不可辨识之物♀，那个在 S 的语言中无能为力，被视为断裂的症候的♀，通过力迫，将附加到一个新情势 $S(♀)$ 中。因此，在《存在与事件》一书的最后，巴迪欧才用一种类似于拉康式精神分析的方式呼喊道：

> 所有的大主体在力迫中都超越了那个语言所无能为力的点，那个大观念被打破的点。它所开启的是一个去衡量自身的非尺度（dé-mesure），由于原初的空的存在，这个非尺度被召唤出来。
>
> 大主体的存在就存在—（的）—症候（symptôme-[de l']être）的存在。①

---

① Alain Badiou, *L' être et l'événement*, Paris: Seuil, 1988, p. 470.

第五章 | 诸真理程序

在巴迪欧看来，事件是一种被转化为必然性的偶然性（偶然的相遇或发生），也就是说，事件产生出一种普遍原则，这种原则呼唤着对新秩序的忠诚与努力。当一个充满情欲的相遇改变了相爱之人的一生，并使夫妻共同生活的构筑成为两人人生的中心时，这次相遇就构成了一个爱的事件。同样，在政治中，当一次偶然的暴动或叛乱催生出对于普遍解放愿景的集体承诺，并因此开启了重塑社会的进程时，这次暴动便构成了一个政治事件。

——齐泽克《事件》

在《存在与事件》和《哲学宣言》中，巴迪欧提出了真理程序的四个前提，这四个前提避免了早期他在

《主体理论》和《我们能思考政治吗？》时期仅仅从政治来思考哲学与真理的不足。巴迪欧说："我们会提出，哲学存在四个前提，缺乏其中一个都会导致其荡然无存，犹如四个前提限定了其游荡（apparition）。这四个前提是数元、诗、政治革新和爱。我们将这些前提的集合称为类性程序，为什么这样称呼，我之后会回来谈这个问题，这个问题也是《存在与事件》一书的中心。也正是出于这些理由，四种类型的类性程序对所有可生产出真理的程序进行了说明与归类（即存在着科学真理、艺术真理、政治真理和爱的真理）。"①正如我们前面说过，围绕着这四个真理程序，巴迪欧进行了分别讨论。进行讨论的文本包括《可递性本体论简论》、《非美学手册》、《元政治学概述》和《爱的多重奏》。在本章中，我们会分别就这几种真理程序进行讨论，由于关于数学集合论和科学真理的部分，我们已经在前面的内容中讨论过了，因此，在本章中，我们着重思考另外三种真理程序，即艺术真理、政治真理和爱的真理。

一、艺术与非美学

1998 年，巴迪欧将他的一些关于艺术思想的文章结集出版，并起了一个很另类的名字——《非美学手册》（*Petit manuel d'inesthetique*）。实际上，和他同时出版的《元政治学概述》一书一样，他自己创造了一个

---

① ［法］阿兰·巴迪欧：《哲学宣言》，116 页，南京，南京大学出版社，2014。

新词——非美学。不过巴迪欧还算是厚道，他在书的扉页上给出了他自己对于这个词的理解："我所理解的非美学，是哲学同艺术的关系，认为艺术本身就是真理的生产者，不能将艺术转化为哲学的对象。与美学思考不同，非美学描述了一些艺术作品独立存在所产生的严格来说属于哲学的效果。"[1]但是这段话并不是对非美学一词的定义，而且，对其的理解并没有看上去那样简单，其中，涉及巴迪欧哲学思想和艺术思想的一些核心内容。因此，为了理解巴迪欧的非美学概念，我们需要从更细致的角度去揭开其神秘的面纱。

1. 作为真相程序的艺术

巴迪欧曾表明，和齐泽克一样，他最喜欢的影片之一是沃卓斯基兄弟（姐妹）拍摄的《黑客帝国》(*Matrix*)。在他的《寓言的辩证法：黑客帝国，一架哲学机器》("Dialectics of the Fable: The Matrix, a Philosophical Machine")一文的开头，将其中反抗军首领孟菲斯(Morpheus)的一句话作为引入话题的楔子：

> 记住，我提供的就是真相(vérité)，除此之外别无其他。[2]

什么是真相？这既是影片中的问题，也是巴迪欧自己的问题。更重要的是，巴迪欧将之同柏拉图的洞喻积极地联系起来。巴迪欧说道：

---

[1] Alain Badiou, *Handbook of Inaesthetics*, trans. by Alberto Toscano, Stanford: Stanford University Press, 2005.

[2] Alain Badiou, "Dialectics of the Fable: The Matrix, a Philosophical Machine", in Alain Badiou, *Cinema*, trans. by Susan Spitzer, Cambridge: Polity Press, 2013, p. 193.

"《黑客帝国》面对的是这样的问题：试图摆脱假象（semblance）奴役（这种假象的奴役反过来是生物性奴役的主体化形式）的主体是什么？这个程序明显是柏拉图式的：我们如何在洞穴中生存？"①对于柏拉图来说，那个用阳光来隐喻的真相在于洞穴之外，唯有走出洞穴，才能理解洞穴中的假象，才能真正明白真相是什么。同样，当救世主尼奥（Neo）面对孟菲斯手中的两个药丸时，所遭遇的是同样的情境：如何去面对本真（Réel）？

事实上，对于巴迪欧来说，这既不纯粹是一个古希腊的隐喻，也不是一个现代娱乐化生产线生产出来的噱头。这是我们每一个在世上生存的人所必须面对的问题，因为我们面对的不是真实，而是一种伪装起来的蒙太奇式的拼贴效果。在《世纪》一书中，巴迪欧曾指出："假象有效地间离了真实，……关键在于，将虚构的力量虚构化，即将假象的效果当作真实。"②显然，在巴迪欧看来，在一般情况下，我们被包裹在这种虚构假像的蒙太奇之中，而我们却和柏拉图洞穴中的人一样，把这种假象的蒙太奇直接当作"真实"。这就是马克思主义意义上的意识形态，在这一点上，巴迪欧忠实地承袭了他恩师阿尔都塞的衣钵。

然而，进一步向前走，巴迪欧则将恩师的《意识形态与意识形态国家机器》中关于意识形态的理解远远地抛在了后面。关键是，在这个假象的蒙太奇后面，是否存在一个我们可以直接把握的本真或真相呢？对

---

① Alain Badiou, "Dialectics of the Fable：The Matrix, a Philosophical Machine", in Alain Badiou, *Cinema*, trans. by Susan Spitzer, Cambridge：Polity Press, 2013, p. 198.

② ［法］阿兰·巴迪欧：《世纪》，57 页，南京，南京大学出版社，2011。

于巴迪欧来说，假象的蒙太奇所提供的是一个连贯性的表面，在这个表面上，逻辑、语言、话语等可以按照一定的规则来应用。这样，对于这个假象的表面层而言，重要的是这个规则，它将所有的东西都视作为一，即计数为一（compte pour un）。计数为一的规则建立起这个表面的基本结构，也正是因为这个结构的存在，在这个表面上所再现（répresenté）出来的东西可以被我们所理解。但是我们从来不会怀疑，这些再现的东西是否就是其原本的样子，它们是否被我们用来理解的规则和结构所扭曲。在规则和结构之下，一切再现之物都被作为一种符合结构总体的对象来看待，也正是在这个基础上，它们成为一种平滑有条理的状态。

这样就引出了另一个问题，即存在的本真样态，实际上处于规则之外。但是真正的问题在于，不通过规则和结构，我们就"看不到"这些东西。更准确地说，我们对之"视而不见"。事物，如其所是地出现在我们面前，它们就在那里，但是没有一定的计数为一的规则作为我们"看"的工具，致使我们无论怎样努力，在某种程度上，都"看不到"它们。它们处于我们观看的规则之外，它们存在（être），但并不实在（existence），它们是真，但是它们在具体的规则下被再现出来。在这种情况下，巴迪欧将之命名为非实在（inexistence）。它们在我们面前的显现显然需要整个情势状态的规则的转变，即齐泽克意义上的"斜目而视"（looking awry），齐泽克说："如果我们直视一个事物，即依照事实，对它进行切合实际的观看，进行毫无利害关系的观看，进行客观的观看，我们只能看到形体模糊的斑点；只有'从某个角度'观看，即进行'有利害关系'的观看，进行被欲望支撑、渗透和'扭曲'的观看，事物才会呈现清晰可辨的形态。"①实际上，齐泽克在这里谈到的"有利害的观看"，被欲望支撑、渗透的观看就是巴迪欧意义上的经过结构和规则中介了的观看。也只有通过这种观看，我们才能看到事物清晰的一面。但是问题在于，这种清晰可辨的形象，在巴迪欧和齐泽克看来，恰恰是一种假象的蒙太奇。对于那些出现了，但不能直接清晰再现出来的事物只能是"形体模糊的斑点"，即我们对之视而不见。那么，对于我们来说，这个过程恰恰颠倒了，被我们清晰地看到的东西成为"真实"，而模糊不清的斑点成为假象或无关紧要的东西。我们用被结构和规则中介化的观看，将一部分符合观看规则的对象凌驾于那些不适合规则的观看对象之上，并将观看所再现出来的东西拼接起来，并最终作为我们可以接受的"事实"而沉淀下来。更简洁地说，我们看到的只是规则和欲望想让我们看到的东西。

这样，我们可以在这个基础上来理解巴迪欧的真相概念。所谓真相，正是那些存在着，但实际上我们却视而不见的东西。在一般情况下，它们只是作为一种默默的存在物，与我们之间保持着一种漠不关心（indifference）的关系，它们并未被我们所结构化，并成为在我们理解的连贯、光滑的表面层之外，突兀、格格不入、不连贯的真相而存在。不过，对于巴迪欧而言，这种真相，尽管我们不能直接去面对，去直视，但是它不可能永远不被任何人看到，在一个特定的点上，真相总是以某种方式从平滑整齐的蒙太奇的表面溢出（excès）。

①　[斯洛文尼亚]齐泽克：《斜目而视：透过通俗文化看拉康》，19 页，杭州，浙江大学出版社，2011。

实际上，在巴迪欧看来，从假象的平滑表面溢出，并为我们展现出真相的方式不止一个。在《哲学宣言》(*Manifeste pour la philosophie*)中，他一共提出了四个可以让真相鱼跃而出的程序：科学、艺术、政治和爱。不过与很多人不同，巴迪欧并不认为哲学可以直接为我们提供真相。用巴迪欧的话来说：

> 哲学并不提出任何真相，而是圈定真相的场地(un lieu)。哲学勾画出类性程序，通过热情接纳，并加以庇护，建立起指向这些截然不同的真相程序的同时发生。通过将作为哲学前提的诸程序的状态置于共存之中，哲学试图去思考其时代。无论如何，哲学的操作，往往旨在"放在一起"来思考，在一个独一无二的思想实践中，勾画出数、诗、政治革新和爱在时代中的布局(disposition)。①

更简单地说，科学、艺术、政治和爱，在巴迪欧看来，是哲学思想的前提，哲学并不能为我们提供真相。相反，真相只能通过这四种真相程序来获得，对于哲学而言，它是一种操作或运算(operation)，它的目的在于，通过一种运算方式，将四种真相程序所生产的真相，转化为一种在思想和认识结构中可以理解、可以把握的东西。亦即，让原本不可见的东西，通过哲学的操作和运算，在某一结构中变得可见。这样，我们理解，哲学是一种事后的操作或运算，从一开始，在巴迪欧那里，哲学就不能先验地作为一种绝对在先的评价，在四种真相程序之前，哲学

---

① Alain Badiou, *Manifeste pour la philosophie*, Paris：Seuil，1989，p. 18.

不能突破现有的局限。相反，真正打破樊篱的是四种真相程序，哲学仅仅只是在撕开平滑的表面，让本真从中溢出的时候，将溢出之物变成一种可以被规则结构化的东西，并再现在结构的视网膜上。

正因为如此，我们可以理解为什么巴迪欧使用了非美学这个概念。在艺术中，艺术的创作，无须任何哲学的帮助，当一位画家画出一幅杰出的画作时，他并没有思考是什么让他画出这幅画。同样，在摄影家拍摄一组照片的时候，哲学也并不在场。艺术，仅仅依靠自己就足以创造一个真相，让本真的力比多从表象的蒙太奇的裂缝中汩汩地流淌出来。当杜尚将男性小便器放入展览馆的时候，他并没有直接想到，他的这个行为究竟为艺术带来了多么大的冲击。在那一刻，艺术以最直接的方式撕开了表象，让我们直面本身之流在我们面前的流淌。由此可见，尽管巴迪欧认为艺术是哲学的前提，艺术与哲学有着十分密切的关系，但是他并不认为存在一种贯穿于艺术创作和艺术实践之中的哲学，巴迪欧认为这种哲学就是美学。美学的存在是一种假象，它首先假设了在艺术创作、艺术实践乃至艺术欣赏上存在着一种可以共通的思想或精神层面的东西，这种东西就是被誉为美学的哲学。与此相对立，巴迪欧坚持认为，从来就不存在某种可以真正彻底贯穿所有艺术作品和艺术实践的东西，那种东西——美学——的存在本身就是一种幻象，一种人为拼贴起来的蒙太奇。一旦一个特殊的艺术实践打破了艺术存在的统一性之后，这种平滑统一的美学幻象便被激进的艺术实践所解构。在政治上，巴迪欧不认为存在某种叫作政治哲学的东西，在巴迪欧的《元政治学概述》中，第一章的标题就是"反政治哲学"。这也就是说，巴迪欧也不认为存在某种从一开始就可以贯穿所有政治活动或政治实践的绝对大写的一的观念存在，因此也就不存在什么政治哲学。只有还原到政治活动本身，从政治活动和政治实践的内在性来考察它们本身，我们才能理解真实的政治。[1] 同样，巴迪欧认为这种先在绝对贯穿性的美学是不存在的，也正因为如此，他才创造性地使用了非美学这个概念，正如他在《非美学手册》的扉页上强调的那样，用之来确保艺术作品的独立存在，从而不受任何外在于艺术的观念的干扰。也正是在这个意义上，巴迪欧十分确定地指出，和其他三种真相程序一样，艺术本身就是一种为我们展现一般性真相的程序。而在艺术的真相程序为我们敞开时，非美学成为一种在本真从中溢出之后，对流溢的本真进行把握和理解的操作，也就是说，通过非美学的操作，让那些无法理解的东西，可以为我们所接受。

2. 裂缝中的真：事件与艺术作品

艺术，无须借助任何外在的力量，它自己就可以直接冲破用来约束我们视野的结构。这种结构是一种有限结构，当艺术，作为一种真相的溢出的力量出现的时候，它在我们日常对艺术的理解和知识上撕开了一道裂缝。这是巴迪欧最喜欢用的一个表达方式，即"真相在知识上打洞（trou）"[2]。实际上，对巴迪欧来说，我们的知识是一种建立在结构基础上的知识，有如化学的元素周期表，我们可以根据各个元素的电子层数和价电子数绘制，每一个元素（甚至包括一些尚未被发现的元素）都可以在这个周期表上找到恰当的位置。这样，我们以周期表的结构为基础形成了关于化学元素的知识，一旦周期表上的空格被填满，这种知识便达

---

① Alain Badiou, *Metapolitics*, trans. by Jason Baker, London: Verso, 2005, pp. 10-24.

② Alain Badiou, *Manifeste pour la philosophie*, Paris: Seuil, 1989, p. 60.

到了饱和。换句话说，以结构为基础而得到的知识是一种有限知识，这种知识的有限性在于，拥有架构知识的结构本身是有限的，一旦在结构的框架上，知识达到了饱和，知识便达到了其界限。但是这种结构化的知识是真理或真相吗？巴迪欧的答案是否定的，结构化的知识太过整齐，太过有序，以至于在知识的建构过程中，它有意无意地排斥了许多被视为混沌无序的东西，只将在结构化过程中清晰可辨的东西予以保留。这样，对于纯多而不连贯的本真而言，这种结构化的知识，看起来十分整齐有序的知识未必代表着真相，相反，一旦某种与之不对应的因素从不可见的位置上突然变得可见，便会在这种平滑整齐的结构化知识表面戳一个洞，在这个洞中，真相涌现出来，并摧毁和解构了原先的知识结构。

一旦出现这种状况，我们可以说，发生了一个事件。事件将本真的无限性，带到我们有限的知识之中。在杜尚的作品《泉》中，杜尚的行为，对于我们的艺术理解本身就是一个冲击，它完全解构了之前我们对于艺术的诸多界定，也从而解构了凌驾在艺术作品之上的美学。他将一个现成物带入艺术的殿堂，并将其直接作为艺术品而展示。其中，任何将艺术作品界定为人为创作的企图都势必被杜尚的行为所挑战，小便池不是一个直接由艺术家创作出来的作品。它是现成的，它出现在艺术之中，仅仅是因为一个杜尚本身的行为，让一个现成物突兀地闯入了平滑整齐的艺术体制，并硬生生地在那里作为艺术品而展示。在作品《泉》中，我们突然感到，艺术的框架再一次在激进艺术家的手中剥落了，艺术的范畴被这个行为所洞穿，原本我们还很熟悉的艺术形象，在此时此刻，突然变得十分陌生。我们所看到的艺术概念，是一个彻底被事件的真相所洞穿的艺术。

可以肯定，裂缝、伤口、豁口等是巴迪欧在表述真相时十分喜欢使用的词汇。对于巴迪欧来说，真相永远不能以整体的方式向我们展现出来，因为在我们与本真之间，还隔着一层蒙太奇式的拟像层，我们所看到的是本真通过这个平滑整齐的蒙太奇的表象折射、扭曲、加工之后形成的东西。这个以整体的一呈现出来的东西，一方面遮蔽了本真，另一方面也避免了我们跌入直面本真的深渊之中。不过，这个拼贴出来的蒙太奇有时候会被其背后的本真活生生地撕开一道裂缝，让真在裂缝中流溢出来。这种本真或真相的溢出，具有两个性质：首先，这种溢出是无限向有限的溢出，即它只能透过一道细微的裂缝溢出，在这里，无限是以有限的形态呈现在我们面前的。相对于艺术而言，每一个具有开创性的艺术作品都会在平滑的知识表面戳一个洞，让真相在艺术作品的开创性创作中直接流溢。正是这个本真的流溢，在一瞬间，打破了知识的有限性，以及知识可以达到饱和的假象，在裂缝中，本真为我们带来的是前所未有的无限。它之所以是无限的，正是因为，这个艺术作品，这个创作，在之前的艺术概念、艺术知识和艺术体系中都是无法被思考、无法被理解的，它的诞生直接摧毁了之前的艺术知识体系，并将真正的无限性带到了我们面前。巴迪欧在谈到莎士比亚笔下的哈姆雷特时说道：

> 世界上没有任何东西会比这个让我遇到哈姆雷特的演员更能激发起生存的张力……然而，作为这里的平庸的和食肉的动物，在这里所发生的一切并不涉及我，完全没有知识可以告诉我在那些环境下我会面对些什么东西。我完全出现在那里，通过那些带给我真相，并溢出我本身的东西将我的各个部分连接起来。因此，我也被

悬置了，被打碎了，被架空了，被撂在一旁。①

这就是事件的降临。巴迪欧在这里用了一个类似于宗教的词汇：降临（Visitation）。在法语中，这个词往往指天主以某种有限的肉身的方式自我显现，以示他对俗世的关怀与治理。当然，巴迪欧并非一个真正的天主教徒，用他自己的说法，他仍然是一个无神论者。因此，对于降临，我们只能理解为无限的多，降临在有限的形式和结构之中。本真的无限，作为绝对异质性无限，不能简单地用我们有限的知识结构中一的概念来将之统一起来，实际上，这种统一在有限的目光和理解中也是不可能的。这样，从我们现有的目光和知识能力，根本无法把握流溢出来的真相，真相的出现，一下子架空了我们现有的知识体系，不仅仅在我们的知识体系上打了一个洞，而且由于这个洞的存在，使我们知识体系的完整性趋于无效。

艺术作品就是这种让我们的理解和知识无效化的机制，实际上，艺术作品的创作本身就是让真相汩汩流淌出来的洞口。这是一个黑洞，深不见底，它一方面让我们陶醉和迷恋，沉溺于其中不能自拔，另一方面也让我们感到恐惧，因为从这个洞里流淌出来的东西让我们现有的依赖的知识结构发生动摇，我们没有任何辅助的工具与尺度，去理解或衡量这些流露出来的真相是什么。当高更用他独特的绘画技法将塔希提岛上的人的形象传达给我们时候，我们是茫然的。当毕加索用极度简洁的线

---

① Alain Badiou，*L'éthique*：*Essai sur la conscience du Mal*，Paris：Seuil，1989，pp. 71-72.

条将格列尼卡遭到轰炸的景象展现出来的时候，我们是无助的。在这些作品中，我们被置于一个绝对的空（vide）的地位上。这些艺术作品，将我们带到了一个不仅前所未有，甚至以往的知识和视野都无法理解，无法捕捉的境地。这个地方，是绝对的空，在这个空面前，我们的一切知识都被清空了，没有任何经验可言，也没有任何先验的普世之光的照耀。在这个空面前，只有黑压压的氛围，只有茫然失措的我们在深不见底的深渊中探索前行。

这样，在真相涌出的裂缝中，艺术作品成了一种独特的存在物。尽管艺术作品的创作是一种为我们带来真相的一般程序，在创作中，创作者面对着前所未有的境地。真相的空在他身上涌动流淌，并被他再现在他的作品之中。注意，这里是再现，而不是真相的呈现。尽管在艺术创作中的确存在着本真的涌现，但是本真的涌现犹如昙花一现，瞬间即逝。在那一刻，涌现的东西被凝固在我们可见的表面上，并以艺术作品的形式表达出来。这样，可以看出，在巴迪欧那里，艺术作品本身并不是真相的溢出或涌现，它不过是真相涌现之后所残留的痕迹而已。艺术作品在那里被创造出来，仅仅只告诉了我们一个事实，即在某一刻，真相曾经涌现，在此刻，这种逝去的真相被凝固在有限的作品之中。正如血液流出体表之后凝固的血痂告诉我们，在那个伤口中，曾经汩汩地流出了滚烫的血液。艺术作品正是血液凝固后留下的血痂，它在那里存在着，无声地宣告着，无限的真相曾经在某一刻降临，在那一次降临中，原有的知识体系和蒙太奇的外表被打破了，如今凝固的血痂让一切重新恢复了平静。

因此，巴迪欧在这里提出了一个忠诚的问题。当一个开创性的艺术作品存在时，我们必须要忠实于这个存在着的痕迹，它是曾经过去的某一刻被划开的外表下真相涌动过后残留的痕迹。巴迪欧在 2009 出版的《第二哲学宣言》(*Second manifeste pour la philosophie*)中，将这个痕迹命名为原初陈述(énoncé primordial)。巴迪欧指出："这个事件又像这样，突然消失了：其因为其存在的根基(多、从同一性角度对其元素进行的评价)的表象的表层所构成的超验性原则无法让其长期持存。能够残留下来的只是其后果的痕迹，正是这些痕迹界定了事件位点的值。"①不过，巴迪欧在这里并不是要表示对真相涌现的事件消逝的惋惜，而是提出要忠实于这个事件所留下的痕迹，并从这个痕迹中重新激发出真相，让真相以最大化的方式在这个世界上存在着。尽管艺术作品不能直接等同于真相涌现的事件，但是，艺术作品的存在，尤其当我们绝对忠实于艺术作品作为事件消逝之后的痕迹时，它宣告了事件的可能性。事件的消逝并没有宣告它的倏忽而来是完全无用的，它的痕迹，即艺术作品，让我们在其中重新找到了通向真相的可能性，并能够将艺术作品作为重新开启这个深渊的场所。

这样，艺术作品需要我们"斜目而视"，也就是说，我们不能再从之前的知识体系和平滑的外表来观看这个作品，作品的出现必须在一个全新的视野中才具有价值。也正是在这个意义上，巴迪欧宣告，所有的艺术都是诗性的。为什么？在正常情况下，一切话语、一切叙事都是在正常的结构化的语言中被清晰表述出来的，清晰的语言一定是结构化的语

---

① Alain Badiou, *Second manifeste pour la philosophie*, Paris: Librairie Arthème Fayard, 2009, p. 97.

言，因此，清晰的语言只能用来表述那些囿于知识和话语框架之内的东西。作为事件的艺术创作和作为其残留痕迹的艺术作品与此不同，尽管我们也可以在既定的知识框架下去表述该艺术创作和艺术作品，但是，那种表述一定是扭曲的表述。正如勋伯格的复调式音乐在惯常的音乐概念中只能是杂音，而毕加索和凡·高的绘画在通常的美术观念中只能被看成是涂鸦，完全没有那种真相涌现的震惊感和张力，天才的艺术作品被清晰的语言还原为平庸的创作。这样，对于这种事件性的创作而言，我们的语言遭遇到了极限。正如巴迪欧所说："秘密在于，严格来说，诗性的真框偏离了它自己的中心，那个中心根本没有力量让其出现。在更一般的意义上来说，真相总是会遭遇极限，从而证明这个真相是一个**独一无二的真相**，完全不会被整体自我意识到。"①

由此可见，无论对于事件性的艺术创作还是艺术作品而言，我们都无法完全地表述出它是什么，因为我们的话语体系根本没有提供完全表述出它的方式和语言。拉康的《讲座 18：并非假象的话语》（*Le Séminaire. Livre XVIII：D'un discours qui ne serait pas du semblant*）就曾指出存在一种半言说（mi-dite），面对真相，我们只能以这种半言说的方式去面对涌现出来的真相和事件过后的痕迹，因为"真相不可能'完整'说出来"②。实质上，这种半言说，对巴迪欧而言，就是诗性的言说，而任何艺术作品，当其创作者试图将他所领悟到的真相表述在画纸

---

①　Alain Badiou, *Handbook of Inaesthetics*, trans. by Alberto Toscano, Stanford: Stanford University Press, 2005, p. 23.

②　Jacques Lacan, *Le Séminaire. Livre XVIII D'un discours qui ne serait pas du semblant*, Paris: Seuil, 2007, p. 15.

上、打字机上、乐谱中、影片中的时候，都是以这种半言说的方式出现的。因此，巴迪欧认为："对事件的命名……始终是诗性的。"①

3. 黑夜中前行的希望

真相、事件、溢出，尽管这些概念在巴迪欧的思想中具有无比重要的地位，但是，在巴迪欧看来，它们为我们带来的并不一定是和煦的乐土、温馨的家园，相反，我们可以从中读到巴迪欧思想的另一个关键词：深渊。和齐泽克一样，对于本真，巴迪欧也喜欢用无底的深渊来形容。这个深渊是无底的，我们在真相绝对涌现的那一刻，被抛入深渊之中，沦落到那个漆黑一片的空洞之中，无依无靠。

另一个比喻或许更能说明问题。在《世纪》中，巴迪欧曾提到了色诺芬的《远征记》(*L'Anabase*)。色诺芬曾作为希腊雇佣军的一员，加入波斯帝国的小居鲁士争权的斗争之中。可是到波斯没有多久，他们的雇主小居鲁士就阵亡了。这群来自希腊的雇佣军丧失了领导，而且被置于陌生的国度，没有向导，没有任何帮助，在那里，他们只能依靠自己，默默前行，寻找返回希腊的路。"希腊人必须找到新的道路，他们穿越了波斯，向着大海进发，这里没有一条之前就存在的老路，也得不到任何前人的指点。"②这是一种绝对被抛弃的感觉，也是绝对的恐怖的深渊。这是一种二元的辩证法，既是绝对自由（没有倚靠，任何方向都是可以的），也是绝对的恐怖（不知道在什么地方存在危险）。

在这里，我们感受到了另一个隐喻的存在：黑夜，伸手不见五指的

---

① Alain Badiou, *Infinite Thought*, ed. Oliver Feltham and Justin Clemens, London: Continuum, 2000, p.75.

② [法]阿兰·巴迪欧：《世纪》，91页，南京，南京大学出版社，2011。

黑夜。在这个黑夜里，没有一丁点光亮，更没有人在前面为我们带路。我们置于一种被绝对抛弃的境地。而真相或本真为我们带来的就是这种境地。在黑夜的隐喻中，我们最容易联想到的是海德格尔。海德格尔也是一个非常喜欢谈论黑夜的人，在《在通向语言的途中》，他引述了格奥尔格·特拉克尔的《冬夜》一诗：

> 雪花在窗外轻轻拂扬，
> 晚祷的钟声悠悠鸣响，
> 屋子已准备完好，
> 餐桌上为众人摆下了盛筵。
>
> 只有少量漫游者，
> 从幽暗路径走向大门。
> 金光闪烁的恩惠之树
> 吮吸着大地中的寒露。
>
> 漫游者静静地跨进；
> 痛苦已把门槛化成石头。
> 在清澄光华的照映中
> 是桌上的面包和美酒。①

---

① 转引自［德］海德格尔：《在通向语言的途中》，7—8 页，北京，商务印书馆，2004。

　　值得注意的是海德格尔对"少量的漫游者"的解释，海德格尔说："少数在黑暗道路上漫游的人们。这些终有一死的人能够赴死，即能够向着死亡漫游。在死亡中，聚集着存在的最高遮蔽状态。死亡超过了任何一种垂死。那些'漫游者'必须穿越他们的黑暗旅程才能漫游到屋子和桌子近旁。他们这样做，不光是而且首先不是为他们自己，而是为了众人。因为众人满以为，只要他们自己安顿在家，坐在餐桌旁，他们就已经为物所制约，就已经达到栖居了。"①显而易见，海德格尔也是那些"漫游者"之一，他们在冰冷的冬夜里前行，而普通人为物所役，以为在餐桌旁就寻到了自己的幸福。只有那些"漫游者"，作为这个世界的异乡人，去回应那最原初的召唤。这是一条"异乡人"的返乡之路，好比《奥德赛》中返回伊塔卡城的尤利西斯，返乡促使"漫游者"明白冬夜下的繁华并非他们的栖居之地，他们真正的家在原初的故乡。这也是海德格尔如此欣赏特拉克尔的"灵魂，大地上的异乡人"的原因所在。正是这种被抛入世界的"异乡"感，迫使存在者疏离那些为物所役的繁华，以区分于常人，从而向存在而回归。对于海德格尔，归乡的方式在于不断地追问，在黑暗中，哪条路才能指向本源的存在。

　　对于海德格尔来说，艺术作品的存在也是突兀的，而在其中真理也是以一种与现实世俗的观念格格不入的方式出现的。同时，艺术及其作品保留了真理，让真理以独特的方式脱颖而出。海德格尔说："真理之设置如作品冲开了阴森惊人的东西，同时冲倒了寻常的和我们认为是寻常的东西。在作品中开启自身的真理绝不可能从过往之物那里得到证明并推导出

---

　　① ［德］海德格尔：《在通向语言的途中》，14—15 页，北京，商务印书馆，2004。

来。过往之物在其特有的现实性中被作品所驳倒。因此艺术所创建的东西，决不能由现存之物和可供使用之物来抵消和弥补。创建是一种充溢，一种赠予。"①海德格尔的意思很清楚，带有真理的艺术作品是开创性的，是一个事件，我们不可能在之前的既定之物的层面上来把握它，不能从之前的过往之物中得出对其的理解。在这一点上，巴迪欧与海德格尔是一致的。对于海德格尔来说，一个带有真理性的艺术作品的出现同样将我们带入陌生的黑夜之中，我们面对这种绝对的敞开无蔽的状态，也是一种"阴森惊人之物"。我们不知道如何处置它，它对我们来说是绝对陌生的。艺术的发生，让我们置身于陌生的树林之中，我们看不到前面的路在何方。

关键是，海德格尔为自己的这本书命名为《林中路》（Holzwege），在这个"路"字上，海德格尔与巴迪欧分道扬镳了。海德格尔的树林尽管错综复杂，荆棘密布，但是他仍然具有一个信念，在这个丛林中存在一条本源之路。正如他对于艺术要进行追问，海德格尔指出："我们追问艺术的本质。为什么要做这样的追问呢？我们做这样的追问，目的是为了能够更本真地追问：艺术在我们的历史性此在中是不是一个本源，是否并且在何种条件下，艺术能够是而且必须是一个本源。"②在这里，一切都清楚了，海德格尔寻找的就是一条归乡之路，回归到我们作为历史性此在的本源之路。他在艺术论述中的隐喻，指向了一个和煦的归乡之路，去那个温馨如故的家乡或本源，去寻找我们栖居的场所。巴迪欧相信，"没有一条之前就存在的老路"，有的只是我们犹如无头苍蝇般地到

① ［德］海德格尔：《林中路》，63 页，上海，上海译文出版社，2004。
② 同上书，63 页。

处碰壁式的寻路。巴迪欧在这里引述的是曾与海德格尔密切交往过的犹太诗人保罗·策兰的诗：

> 墙间狭小的缝隙
>
> 真理无法穿越，
>
> 它
>
> 在心知肚明的未来中
>
> 上爬和返回。

巴迪欧论述道："策兰问道：有路吗？然后他毫不犹豫地回答有路，在'墙间狭小的缝隙'中……但它是无法前行的。"①策兰显然已经将海德格尔式的解决方式给堵死了。的确，存在着一条我们从本源处出来的路，但这条道路明显已经不可通行，我们的目的也不是为了返乡，而是在这个完全陌生的黑夜中走出自己的道路。所以，策兰在这里不停地"上爬和返回"，"上爬和返回"代表着在一个完全陌生的黑夜中主体的自我努力。在海德格尔那里，由于存在着一条回到本源的道路，那么问题就会简单得多，本源的存在会对我们进行召唤，让我们从其中返回到我们本源的存在。相反，在保罗·策兰和巴迪欧这里，问题变得复杂了，没有本源，也就没有了外在的召唤，无论我们如何追问，都不会有任何内在的或外在的声音作响，那里唯独留下我们自己，我们自己就是道路本身，我们走出来的，就是路。在这里，我们很容易联想起鲁迅的那句

---

① ［法］阿兰·巴迪欧：《世纪》，104—105 页，南京，南京大学出版社，2011。

"世上本没有路，走的人多了也便成了路"。

　　黑夜中的路，没有引路人，没有路标，也没有上帝的召唤，更没有那条我们原本走过来的路。在我们走之前，那里根本没有路，当我们拖着自己残败的身躯在毫无方向可言的夜空下踽踽而行的时候，我们留下的痕迹就是道路。正如策兰的诗：

> 世界是一匹阵痛的野兽，
> 光秃秃爬行在月夜下。
> 上帝是它的嚎叫。①

　　是呀，这就是主体，这就是上帝。谁在暗夜中开辟了道路，谁就是主体。巴迪欧说，主体是稀缺的，其稀缺的原因正在于此。敢于在陌生的黑夜里前行的人太过稀少，更多的人习惯于偎依在自己熟悉的事物旁，寻求心灵的寂静。策兰笔下的"阵痛的野兽"、"光秃秃的爬行"、"嚎叫"都充分表达了巴迪欧式主体的孤独和稀缺，主体的行进总是在孤独的黑夜中艰难地爬行，但是一旦他们留下了诗性般的痕迹，他们就成了"上帝"。对于艺术亦是如此，在巴迪欧看来，真正的艺术，不在于模仿，也不在于表达某个外在的观念，甚至连艺术作品本身具有什么意义的问题都不再重要。重要的是，艺术作品，能否冲破黑夜的樊篱，在踽踽而行的道路上，用血与肉绘制出让真相涌现的作品来。尽管在这条道路上前行十分艰难，但是对于寻求真相的人们来说，它总是十分值得

---

① ［德］保罗·策兰：《保罗·策兰诗选》，7页，上海，华东师范大出版社，2010。

的，在那一刻，有限的樊篱被主体的行进所突破，在那一刻，主体沐浴在本真的涌现之中，在那一刻，即便主体自身灰飞烟灭，也为我们留下了足以追踪的痕迹。

二、革命政治与元政治学

与阿兰·巴迪欧的一些大部头的著作，如《主体理论》(*Théorie du sujet*)、《存在与事件》(*L'Être et l'Événement*)、《世界的逻辑》(*Logiques des mondes*)相比，于 1998 年出版的《元政治学概述》(*Abrégé de métapolitique*)在篇幅上的确并不引人注目。但这绝不意味着这本著作在地位上要略逊一些。可以看到，巴迪欧思想中最核心的问题就是政治问题，而且，即便是《存在与事件》这样哲学味比较浓厚的著作，也是以政治关怀为宏旨的。在巴迪欧那里，与其说是用哲学来介入政治，不如说政治本身构成了哲学的前提，哲学思考本身是作为政治性战斗的武器而出现的。这样，当巴迪欧构建了他那特殊的集合论本体论之后，将其指向政治就成了题中应有之义。如果说 1985 的《我们能思考政治吗？》(*Peut-on penser la politique？*)直接开启了《存在与事件》中的本体论探索，那么 1998 年的《元政治学概述》就应该视为对这个探索的政治性回应。而这种思考一直延续到巴迪欧 2006 年出版的《世界的逻辑》一书中。由此可见，不可小觑《元政治学概述》在巴迪欧著作中的地位。

不过，巴迪欧所提出的"元政治学"或"元政治"的概念有什么意义？或者说，为什么巴迪欧需要塑造这样一个全新的概念，旧有的"政治"概念又何以不能概括出巴迪欧所需要涉及的问题域？对这些问题的回答，只有通过仔细阅读《元政治学概述》才能找到合理的回答。

1. 元政治学 VS 政治哲学

《元政治学概述》全书是由十一篇论文构成的。这十一篇论文，在主题上似乎都毫不相关，但是，巴迪欧似乎有意地在每一篇论文的末尾，用一段文字引出下一篇文章的内容。这样做的目的是为了让整本书看起来具有某种"连贯性"①。不过，我们从这些看似彼此分立的论文中，可以品读出寓于这些篇目之下的一种隐含的逻辑线索。比如说，全书的第一篇，以很醒目的标题写着"反'政治哲学'"。这个标题直接将在全球化时代十分流行的新自由主义的政治哲学拿来作为刀俎下的鱼肉，这样，巴迪欧就完全可以在剖解了政治哲学的政治性取向之后，用一种全新的政治思想态度来对待之，这就是"元政治学"。

问题是，巴迪欧为什么要反"政治哲学"？说得明确点，政治哲学的研究方式本身具有天生的局限性，或者说，用哲学来思考政治根本就不是研究政治的恰当方式，用巴迪欧的话来说："哲学的任务将会导致对政治性的分析……从属于伦理标准。"②而这种让政治从属于伦理标准的

---

① 连贯性是巴迪欧经常使用的一个概念，对于巴迪欧来说，任何一个集合，在其直接的显现中，并不是连贯的，连贯性是主体操作的结果。这样，在很多时候，巴迪欧是在否定意义上使用连贯性一词。当然，在《元政治学概述》中，这种每篇文章首尾衔接的"连贯性"更像是一环套一环的曲折链条，而不是一以贯之的整体性线索。

② Alain Badiou, *Metapolitics*, trans. by Jason Baker, London: Verso, 2005, p. 10.

态度，正是巴迪欧十分厌恶的，他将之痛斥为法利塞主义（Pharisa-ism）①。当一些哲学家隔岸观火式地对真实的政治指手画脚时，他们似乎是将政治当作一种与己无关的东西来进行评述的，换句话说，在巴迪欧看来，那些伪善的哲学家们最擅长的东西，就是用他们那尘封多年锈迹斑斑的钝刀来切割真实政治的肉块。

对于这种哲学态度，巴迪欧用了一个非常形象的词——"观众"——来形容。这种观众的态度，与哲学自己宣称的价值中立、不偏不倚的公正姿态有关。哲学家们有意地将自己置身事外，仿佛自己可以作为一个公正的旁观者来对所发生的事件指指点点。而他们所有对政治的评述，丝毫不会影响到他们自身，甚至这样的指指点点对于现实的政治而言，也是无关痛痒的。当哲学与政治保持一定的距离，又试图介入政治，并对参与政治的人物进行批判时，政治哲学的悖论就出现了。巴迪欧以康德为例指出：

> 康德对作为一个现象，或者一个历史表象的法国大革命有着"无限崇拜"，尽管他对于革命风险和革命行为是"无限对立"的。作为一个公共的观众，对大革命可以崇拜，但对于大革命的战士却是鄙夷的。②

---

① 从圣经中记载的耶稣痛斥经师和法利塞人的描述中，可见法利塞人只是识得法律而不会去实践法律之真正的意义，他们所做的一切只是为了叫人赞美。在西方文化的演化过程中，法利塞主义后来变为"伪善"的同义语。

② Alain Badiou, *Metapolitics*, trans. by Jason Baker, London：Verso，2005，p. 12.

很明显，在康德那里有一个明显的对立，一方面，康德对法国大革命羡慕不已，而另一方面，康德严厉地抨击了圣茹斯特和罗伯斯庇尔之类的雅各宾派政治家。在巴迪欧看来，这就是隐藏在政治内部的分裂，即"观众"和"演员"之间的深刻分裂，哲学家作为观众，可以轻易地对事件的发生说三道四，或者说，他们欣赏、观赏着事件的发生。但是，他们又从观众的角度，对处于事件之中的政治角色进行批评，而丝毫不考虑到他们置身的情境。因此，诸如康德［在巴迪欧的《元政治学概述》中，还包括汉娜·阿伦特及其法文译者雷诺·达隆妮（Revoult d'Allonnes）］之类的政治哲学家仿佛将自己放置在一个世外高人的位置上，静静观赏着世间发生的一切，而这种政治哲学的目的正是让人们都成为观众，观看着所发生的一切。

巴迪欧认为政治哲学之所以存在这种观众的态度，是因为它建立了一种程序，即用商谈的方式来解决不同意见之间的分歧，以最终达成共识。这个商谈的程序不同于其他所有的意见，相反，它提供了让所有意见得以在其中相遇和讨论的基础，并在这个基础上可以达成一种共识。巴迪欧认为，政治哲学这种高高在上的程序性操作，实际上是将自己作为所有意见的仲裁者，但是它完成的仅仅是对政治意见的搅拌与中和。这样的商谈得到的意见仍然是意见，不会是真理。显然，巴迪欧在这里再次导入了柏拉图所提出的真理和意见的区分。曾经凌驾于意见之上的真理，在现代社会中已经被以"意见自由"和"言论自由"的名义拉下了神坛。真理意味着绝对正确性的时代似乎不复存在。现在，作为人们政治思想之根本认识的，毋宁说是意见的讨论的结果。在政治哲学家看来，政治真理依附于商谈程序而存在。巴迪欧写道，在政治哲学那里，"单一的真理通常是一个复杂的过程的结果，在这个过程中，商谈是决定性的"①。

不过，巴迪欧认为，意见始终是意见，即便是商谈的意见也永远不是真理。在具体的政治模式中，商谈政治是以议会和投票的形式出现的，而一个政治性的决策，从某种意义上来说，必然是某种投票的结果，它体现的是大众意见的折中或妥协。但问题是，意见的折中或多数人的意见就一定是真理吗？巴迪欧明确指出："很明显，投票不同于真理（在保守意见的意义上：正是投票让希特勒，还有贝当或阿尔及利亚伊斯兰原教旨主义者轻松地攫取了政权）。"②真理在投票或商谈的政治中始终是隐匿的，其隐匿的原因在于，这种看似公正的政治性程序，在巴迪欧看来，实际上掩盖了一个真正的政治，即这种商谈政治只是一种政治（une politique），而并非政治（la politique）本身。

政治本身（la politique）与一种政治（une politique）的区分是巴迪欧在《元政治学概述》中做出的一个重要区分。换句话说，一种政治是一种特殊性的政治，但是在某种形式下，它将自己装扮成了普遍性的政治。巴迪欧认为，阿伦特的政治哲学正是这种装扮的产物，在观众而非演员的立场中，以一种貌似价值中立的立场对政治做出最"公正"的裁决。而实质上，这只是一种政治的形式，即全球资本主义框架下的代议制民主的形式。在《元政治学概述》第五章"对民主概念的思辨研究"中，巴迪欧专门探讨了这种"民主"形式的特殊性问题，巴迪欧说：

---

① Alain Badiou, *Metapolitics*, trans. by Jason Baker, London：Verso，2005，p. 14.

② *Ibid*.，p. 16.

"由于这种'民主'在这里是由一种特殊的政治引发的，其普遍性是有问题的，就其本身而言，它不够格作为一个哲学范畴。分析到这里，我坚持认为，这种'民主'作为一种范畴……是一种特殊的政治的概括，我可以将其描述为'代议制'。"①显然，巴迪欧认为资本主义代议制的民主，或者说阿伦特式的商谈政治哲学并不是真正具有普遍性的表达，它仅仅从其中的一个部分出发，并将自己作为"普遍性"来凌驾于所有元素之上。在它那大公无私的外表下，一切与之有碍的因素都被排斥了，这些政治哲学家相信，商谈和讨论式的代议制民主可以为我们带来一个共存的基础，所有多元的差异在其中都得到了充分的尊重。可事实是这样吗？

巴迪欧对这个问题的回答是否定的。在商谈和讨论式的政治形式中，其看似包容一切的立场必须以排斥另一些因素为前提。比如说，阿伦特很排斥纳粹；同样，康德不喜欢圣茹斯特或罗伯斯庇尔，在他们看来，这些人的政治根本就不能算是政治。巴迪欧说："反犹的意见就不会看成是政治意见，而纳粹主义也不会被看成是政治。如果没有勇气将纳粹看成一种政治的话，当代政治不会有丝毫进步。一个罪恶的政治也是政治。"②之所以不将纳粹主义看成是政治，是因为阿伦特他们的政治哲学让政治从属于伦理的标准，因此被伦理所排斥的东西自然也不会是政治的。

当然，巴迪欧并不是在为纳粹翻案，他仅仅是指出，用伦理的标准

①　Alain Badiou, *Metapolitics*, trans. by Jason Baker, London: Verso, 2005, p. 84
②　*Ibid*., p. 19.

来思考政治，根本无助于我们了解纳粹的政治真实，这样，我们根本无法从政治本身来思考纳粹问题。在巴迪欧的另一本著作《世纪》（Le Siècle）中，他也谈道："不从纳粹们自己想什么进行思考，也就无法让我们很好地思考他们的行为，最终，这也禁绝了所有可以防止他们重蹈覆辙的真正的政治。纳粹的思想没有被真正思考过，它仍然存留在我们之中，未被思考也就没有摧毁它。"①巴迪欧在这里稳稳地抓住了阿伦特的政治哲学的要害，即政治哲学更多地是从外在于政治的哲学或伦理的标准来切割政治，这就使得政治无法从自身内在来思考政治本身，这也是在《世纪》一书的第一章，巴迪欧必须开宗明义地提出内在性方法的原因。政治哲学的恶果不仅是用外在于政治的哲学或伦理的方法来介入政治，更重要的是，这个不属于政治的裁决之杖，自然地将某些政治（如纳粹）剔除了出去。同样，在另一位新自由主义政治哲学大师罗尔斯那里，也有用伦理或哲学的标准来剔除政治的表现。在他的《万民法》中，罗尔斯认为正义原则不仅在自由民主国家中进行拓展，而且延伸到合宜的等级制国家，但是不能延伸至其所定义的法外国家，罗尔斯指出："根据我们为自由及合宜人民制定的万民法，这些人民唯不宽容法外国家。拒绝宽容这些国家，是自由主义与合宜性的结果……在万民法之下，自由和合宜人民就有权利不去宽容法外国家。"②对法外国家的剔除几乎与巴迪欧所批判的对纳粹主义的剔除异曲同工。他们都是让政治从属于伦理的标准，而对真实的政治有意地躲避，这样，当伦理因素

---

① ［法］阿兰·巴迪欧：《世纪》，14 页，南京，南京大学出版社，2011。
② ［美］罗尔斯：《万民法》，86 页，长春，吉林人民出版社，2001。

成为凌驾于政治之上的标准时，政治本身也就远离了政治哲学的视野。①

由此，我们跟随着政治哲学家来到他们最后的根基——共通感，这是那种由政治哲学衡量一切的裁纸刀。共通感并不是新自由主义政治哲学的发明，早在亚里士多德那里，共通感就是一个基本范畴。但是，新自由主义的共通感是以在世共存为基础的（亚里士多德的共通感建立在城邦的共同善基础上），这是一个非常消极的共存根基。但是，新自由主义政治哲学依此构建了他们特殊的善恶标准，在雷诺·达隆妮那里，所谓的恶就是对在世共存的威胁。而在巴迪欧的《伦理学：对恶的理解》（*Ethics: An Essays on the Understanding of Evil*）中，他认为恰恰是对恶的界定，才奠定了共存的根基。② 对于政治哲学而言，"对恶的领悟是首要的。因为恶，准确地说，就是让共存和共有产生问题的东西……政治判断首先是对恶的抵制。去判断就是'试图在恐惧和战栗中抵制即将来临的恶'"③。这种极端的恶如同一头时时刻刻潜伏的豺狼，它的存

---

① 问题在于，这种满足于在道德哲学和伦理学范围内自我论证的政治哲学，完全不能解释真实政治的发生过程，英国左翼思想家穆芙（Chantal Mouffe）也曾经指责这种政治哲学实际上不能解释类似于奥地利的海德尔、法国的勒庞之类的右翼民粹主义在欧洲的重新崛起。而反外来移民运动取代了法西斯时代的反犹运动，也是因为新自由主义的政治哲学让真实的政治从属于伦理造成的。关于这个问题，参见［英］穆芙：《"政治的终结"与右翼民粹主义的挑战》，见［英］弗朗西斯科·巴尼扎和本雅明·阿迪提编：《民粹主义与民主之镜》in "The'End of Politics'and the Challenge of Right-wing Populism Francisco Panizza"，Benjamin Arditi ed.，*Populism and the Mirror of Democracy*，London：Verso，2005，p. 58。

② 在《伦理学：对恶的理解》中，巴迪欧写道："正如列维纳斯最终将向大写他者开启的根源建立在和他者一起共存的假设基础上，那么伦理学的卫道士们的共识性认知也建立在一种**极端**的恶的基础上。"Alain Badiou, *Ethics: An Essays on the Understanding of Evil*, trans. Peter Hallward, London：Verso，2001，p. 62.

③ Alain Badiou, *Metapolitics*, trans. by Jason Baker, London：Verso，2005，p. 20.

在似乎警告着我们，除了团结共存一途，我们没有其他方式可以克服这种极端的恶，就像奥威尔的小说《1984》中没有出场的"伊曼努尔·果尔德斯泰因"（Emmanuel Goldstein）一样。① 纳粹主义、恐怖主义填补了这个极端恶的空缺，而新自由主义的政治哲学必须建立在对这种极端恶的否定之上。

要剥除新自由主义政治哲学的法利塞主义的伪装，仅仅从纯批判的角度是无法完成的。对于巴迪欧而言，必须要从一种全新的基础进行思考，才能找到破除政治哲学魔咒的钥匙。当然，巴迪欧仍然诉诸哲学，而且是一种本体论的哲学来解开这个高尔丁死结。② 不过，巴迪欧的哲学已经不是政治哲学那种隔岸观火的观众式的哲学了，而是一种积极参与到真实政治中去的哲学，或许巴迪欧谨记了马克思在《关于费尔巴哈的提纲》第十一条中的教诲："哲学家们只是用不同的方式解释世界，而问题在于改变世界。"在这里，巴迪欧亮出了他自己的底牌——"元政治学"，正是这张底牌，让巴迪欧吹响了在新的基础上重构政治本体论的号角。

2. 结构与元结构

要理解巴迪欧的元政治学的概念，必须要回溯其数学本体论的建

---

① 在奥威尔的《1984》中的大洋国，所有人要进行一个特殊的仇恨仪式，这个仇恨仪式的对象就是"果尔德斯泰因"，在这里，"果尔德斯泰因"充当了一种极端恶的形象，从而确保了大洋国人民的共存。

② 率军征战的亚历山大大帝在一次战役之后，占领了小亚细亚的一座城市，在这座城市有一辆战车，在战车上有一个皮制的套绳所缠起来的绳结。在这座城市里，有一个神奇的预言，即如果谁能够解开这个奇异的"高尔丁死结"，谁就会成为亚细亚之王，但此前任何试图解开这个死结的人都无功而返。亚历山大大帝立即手起刀落，将"高尔丁死结"劈为两半，并宣布"这就是我自己的解结规则"。

构，也就是他在《存在与事件》(*L'être et l'événement*)中精心构建起来的理论体系。在这个理论体系中，他提出了一个根本概念——元结构(métastructure)。而为了理解这个元结构，我们就必须进入巴迪欧的集合论话语。

我们不妨借用一下巴迪欧自己曾经用过的一个比喻。[①] 假如我们吃一顿饭，饭桌上有许多美味的水果，比如苹果、梨、草莓、李子等。但是除此之外，桌子上还有其他一些东西，如一块石头、几根铁钉、几块干泥巴、几只死青蛙、几根棘刺等。假如我们把桌子上的所有这些东西看成一个集合，我们可以对桌上的东西进行归类，比如说，把所有的苹果归为一类，也可以把所有的死青蛙归为一类。这个没有问题。我们还可以进行一些特殊的归类，如水果，那么苹果、梨、草莓和李子等就可以构成一个子集，同样我们也可以用这种方式来界定恶心的东西。对于这一类子集，我们可以说，它们拥有一些清晰的名称，或者说，它们可以清晰地定义。但是，还有一种情况，比如两个苹果，一只死青蛙、一颗草莓、几块干泥巴构成一个组合，这样的组合应该如何来界定，或者说我们能否为这样的集合提供一个清晰的名称。显然，我们不可能在现成的基础上给其命名。这个时候问题就出现了，这个子集是不可命名的，它是空(void)。

这里我们已经触及了巴迪欧哲学的一个核心问题，即一个集合是否具有连贯性的问题。在集合论的创始者康托尔(Cantor)那里，曾经有一

①　2005 年 11 月 26 日，巴迪欧在伦敦伯克贝克人文研究所(Birkbeck Institute for the Humanities)所做的一次题为"政治：一种非表达的辩证法"的报告中提出了这个比喻。

个公理性的假设，即集合可以作为一种连贯性而存在，这种连贯性意味着，集合中的所有元素可以找到一些有共同性的因素，而正是这些因素将所有的集合元素作为一个大写的一（Un）呈现出来，就好像刚才提到的桌上存在的那些东西一样。

但是，巴迪欧明确指出，这种大写的一并不先于集合而存在，相反，它是一种操作性的结果，它本身是一种呈现（présentation），或者说，是一种被显现出来的多元（multiplicité présentée）。巴迪欧将这种呈现或被显现出来的多元称作"情势"（situation）。同样，情势也不是天生的，它是一种操作性的结果，或者说，在主体的操作下，我们可以将某些东西看成是一个集合，如在前面的例子中，前提是"在桌子上的东西"，而正是由于这个前提，我们看到了苹果、梨、草莓、李子，也看到了石头、铁钉、干泥巴、死青蛙和棘刺。这样，通过这个"在桌子上"，我们对这些东西获得了一个结构化的概念，即我们可以把这些东西看成是一类，或者用巴迪欧的术语来说——"计数为一"（compt-pour-un）。巴迪欧指出："每一个情势都认可它自己的特殊的计数为一的操作。这就是结构的定义；对于被显现的多而言，其指定了计数为一的体制。"①

关键的问题是，我们在计数为一的集合中还会进行进一步的操作，这就是把集合中的一些元素看成一个部分，一旦我们这样做了，也就意味着我们将计数为一的结构进一步结构化了，我们获得了双重结构，而后一个结构是前一个结构进一步操作的结果。仍以前面的例子为例，当

---

① Alain Badiou，*L' être et l'événement*，Paris：Seuil，1988，p. 32.

我们命名了水果和恶心的东西的时候，我们是在已经呈现出来的东西上进一步对之进行结构化，这样，我们得到的就不纯粹是"在桌子上"的东西，而是用一个新的名字——如"水果"、"恶心的东西"——来命名它。这样，我们在理解桌子上的东西时，就不纯粹是从"桌子上的"这个概念出发，而是进一步将其理解为"桌子上的水果"或"桌子上恶心的东西"。如当我们提及苹果的时候，它被当作"桌子上的水果"，在这种情况下，我们可以说苹果被"桌子上的水果"所再现（représentée）了。在这种再现（représentation）下，出现了"部分"（partie）的概念，这个部分既不是集合的全体，也不是其中的某一个元素，它完全是一个新生成的东西。巴迪欧对部分曾下过一个定义：

> 从概念上讲，什么是"部分"？第一次计数，即结构，在诸项〔这些项是一之多（uns-multiples），即一种连贯的多元〕的情势中，承认了其设定。一个"部分"在直观上就是一个可以依此构成这种多元的多。一个"部分"会在这个多元性（在一的标志下组成了结构）之外形成一个组合。一个部分就是一个亚—多（sous—mutiple）。①

从这个定义我们可以看出，"部分"并不内在于第一次计数为一的操作，也就是说，它并非从原先情势的显现出来的结构出发进行操作。这是一种完全不同的操作，从而在其中也诞生了一些新的东西，而这个新的东西，正是巴迪欧的"亚－多"，或者用明确的集合论的术语来表

---

① Alain Badiou, *L'être et l'événement*, Paris: Seuil, 1988, p. 112.

达——子集。

子集的概念在巴迪欧哲学中是一个关键点。子集并不是直接显现的存在，或者说，它是一种操作性的组合，是呈现的结构之后的操作，是一个纯"新"（nouvelle）的东西。对于巴迪欧来说，只有一个元素被显现了，它才能在，但是，在原初的显现中，子集本身是不在的，即子集本身是一种非—在（non-existe）。或者说，子集本身是对情势呈现的溢出（excès），在这个溢出性的子集中，原先情势中的项通过子集得以再现，这种再现已经不再是原原本本的显现，而完全是在一个新的基础上的组合，这个组合已经溢出了原有情势的计数为一。

在子集的作用下，原先呈现的情势发生了变化，为了与情势的概念相区别，巴迪欧提出了一个新的概念，即情势状态（état de la situation），而巴迪欧意义上的情势状态就是元结构。巴迪欧指出："在一个既定的情势中，其结构传递了一种连贯的多元，通常那里也有一个元结构——情势状态——它可以将任何连贯的多组成计数为一。包含在一个情势中的东西属于其状态。"[1]说得更明确点，元结构是对部分的计数为一，这种计数为一不是针对原有情势的，而是针对子集或部分的计数。鉴于情势的呈现可以计数为一，但是在命名上存在空的危险，即当我们面对两个苹果，一只死青蛙、一颗草莓、几块干泥巴这样的情势，我们会遭遇无法命名的危险。于是情势状态的元结构操作会解除这一危险，即当我们命名了水果或恶心的东西之后，其中的元素会获得一种一之一（Un-Un），元素以部分或子集的名称获得了计数为一的再现，从而回避

---

① Alain Badiou，*L'être et l'événement*，Paris：Seuil，1988，p.114.

了在情势中显现的一的命名上"空"的危险。

在这里，巴迪欧按照显现和再现的关系界定了三个概念：常项（les termes normals）、单项（les termes singuliers）、赘生物（l'excroissance）。巴迪欧指出："我将一个既显现又再现的项称为常项，把一个再现但不显现的项称作为赘生物，最后，我把一个显现但不再现的项称为单项。"[1]说得更明确些，常项是既存在于情势（结构），又存在于情势状态（元结构）之中的东西，如苹果，我们在计数为一的"在桌上的"情势中可以看到苹果的显现，同时又在命名为"水果"的子集中再现出苹果，因此苹果是一个常项。单项存在于情势中，但不存在于情势状态中，比如说死青蛙。在"水果"的子集中，死青蛙是一个绝对的外在，它无法被"水果"这个元结构所再现。赘生物是不存在于情势中，但存在于情势状态中的东西，它是一个对呈现的纯溢出，其中最典型的例子就是"水果"这个名字。我们在桌子上找不到"水果"，相对于情势，"水果"是一个绝对的溢出，但是相对于情势状态，"水果"这个名称又是必不可少的。因此，"水果"是一个赘生物。

这里出现了巴迪欧所谓的属于（apparient，数学符号是∈）和被包含于（est inclus，数学符号是⊂）的区别。在集合论中，属于是针对具体元素而言的，我们可以说，苹果属于桌子上东西，死青蛙也属于桌子上的东西；而包含于是子集和集合之间、部分和情势之间的关系，我们可以说"水果"被包含于"桌上的东西"。然而，在属于和包含于之间存在一个分裂，即包含于相对属于总存在某种溢出，存在着某种赘生物。而情势

---

① Alain Badiou, *L'être et l'événement*, Paris: Seuil, 1988, p. 115.

状态的再现也必然是对情势显现的扭曲。

值得注意的是，巴迪欧巧妙地应用了法语里的一个双关，即状态（état）一词还有国家①（État）的意思。这样，情势状态就不仅仅是元结构，也是元政治学。在《存在与事件》"沉思 9：历史社会情势中的国家"中，巴迪欧将他的这种本体论思考应用到了历史和政治领域，他特别指出："马克思主义的一个巨大贡献是其对国家（État）的理解在本质上不是从个人之间的关系来理解的。"②巴迪欧对马克思的解读，可以说是一种有意识的误读，他完全根据自己的情势显现和情势状态的再现对马克思的国家理论加以发挥。巴迪欧说：

> 当我们说国家是"统治阶级的国家"时，马克思主义设定的就是这种一的效果。如果这个公式被假定为国家是阶级统治所"拥有"的工具，它就没有意义了。如果要让它具有某种意义，就国家的效果（在历史社会表达的复杂的派系中导致结果上的一）而言，它总是一个结构，就是说，必须要有一种计算法则，并产生一致的结果（une uniformité de l'effet）。③

可见，在巴迪欧看来，国家，作为历史社会中的情势状态，制定了

---

① 巴迪欧有时候在二者之间做出了区别，当他用大写的 État 时指的是国家，而小写的 état 在多数情况下是指状态，当然，在很多时候，巴迪欧使用的 état 同时包含这两个意思。

② Alain Badiou，*L'être et l'événement*，Paris：Seuil，1988，p. 121.

③ *Ibid.*，p. 123.

一种计数为一的计数规则，这种规则并不是显现的，而是再现的，用巴迪欧的话说："国家再现了已经显现的东西。"[①]这样，国家面对的根本不是历史社会中情势的具体的项，而是其部分或者子集，这个子集就是资产阶级。资产阶级的这个概念本身不是国家所定义的，在巴迪欧看来，资产阶级的概念是属于历史社会情势的，但是这个"属于"的显现明显被资本主义国家的概念所再现了，在资本主义国家这个概念中，资产阶级本身被再现了出来，它不仅仅作为历史社会中的一个经济性因素（即并非情势中的单项）而存在，而且更重要的是作为元政治的常项而存在。

这样，按照巴迪欧的逻辑推理下去，国家本身就是一个再现性的元结构，或者说，它就是一个赘生物。巴迪欧写道：

> 恩格斯非常清楚地在国家官僚制和军队机制中标示出赘生物。毫无疑问，情势的这个部分是再现而不是显现。这是因为它们自身要进行再现的操作。非常准确！古典马克思主义分析的矛盾也体现在这一点上：因为只有从国家的角度来思考才会存在赘生物，想一下国家本身就是一个赘生物。[②]

这样，在巴迪欧的元政治概念中，国家本身就是对历史社会情势的溢出，也是对历史社会情势的呈现的扭曲。国家将情势中并不具有连贯

[①] Alain Badiou，*L'être et l'événement*，Paris：Seuil，1988，p. 123.

[②] *Ibid.*，p. 125.

性的诸多元素之间通过元结构的计数为一，而赋予了情势以连贯性，使之变成了情势状态。这样，情势状态，亦即国家是对项值的溢出。而这种溢出的结果是，从一个部分出发，赋予整体的情势以一种连贯性，从而穿越了原初情势的那种不连贯性。这里，我们又一次回到了巴迪欧对政治哲学的批判。当巴迪欧指出，阿伦特的政治哲学是一种政治（即资本主义－代议制）的时候，正好说明政治哲学所倡导的那种商谈式政治哲学描述下的国家，实际上就是一种从部分出发的计数为一的再现，当我们以某个议员，或者某个选区的一张选票来完成我们的政治任务的时候，我们自己实际上在这样的国家中通过这种特殊的计数为一被再现了。当然，我们作为个体，成为这个体制中的常项，而混迹于西欧的非法移民，在巴迪欧看来，就是一种单项，因为在国家的体制中，他们不可能被代议制所再现，尽管他们存在于这个"国家"①之中。

　　实际上，也正是在这个意义上，巴迪欧认为纳粹也是一种国家（情势状态）。对于纳粹国家而言，其元结构是日耳曼民族的，也就是说，只有日耳曼民族这个概念，才能作为常项再现出来，而"犹太人"的概念是一个单项，他们游离于国家（情势状态）之外，而无法被再现。对于纳粹国家，日耳曼民族这个概念本身就是一个赘生物，当应用到日耳曼民族－国家概念上时，日耳曼民族－国家与真实的历史社会情势相比，已经发生了严重扭曲。尽管希特勒仍然可以从一种严格意义上的日耳曼民族的定义出发，将德意志国家计数为一，但是这种计数为一是以排斥某种单项为前提的。

---

①　这里打上引号的"国家"不是从情势状态而理解的，而是从纯显现角度来理解的。

这样，以元结构为基础的国家(情势状态)不是真正的普遍性，它只是一个部分，某一个部分的计数为一。回到我们前文所提到的例子中，如果我们将桌子上的东西以"水果"为名计数为一的话，我们便获得了一个情势状态，里面的常项(如苹果、李子)得以再现，而单项(如泥巴、死青蛙)被排斥了。以"水果"为名的再现扭曲了"桌子上"的情势，在属于和包含于之间产生了巨大的裂缝，而这个裂缝，对于巴迪欧而言，才是元政治学的真正症结所在。

3. 类性真理与解放政治

正如前文提到的，巴迪欧的哲学旨趣并不是用一种新的理论体系对现存社会进行一种更"合理"的解释。他的目标是改变社会，尤其是从政治上进行革命和解放，他并不赞同吉登斯那种用生活政治取代解放政治的态度，相反，他始终不移地坚持解放政治，而他解放政治的目标正是指向属于与包含于、结构与元结构、情势与情势状态之间的裂缝。

从巴迪欧的本体论二来说，这种元政治的解放政治的根基在于，我们必须找到一个子集，这个子集的再现与原生情势的呈现是完全一致的。用巴迪欧的话来说："本体论必须构建自己的子集概念，在属于和包含于的裂缝中得出所有的结论，而不堕落到裂缝之下。包含于不得在异于属于的计数方式上出现。这就是说，本体论必须在一个多的子集的计数为一的基础上前进，无论这个多会是什么样，这是在纯多的公理性呈现空间中的其他项，这种要求必须被无条件地接受。"①这样，在再现

---

① Alain Badiou, *L' être et l' événement*, Paris: Seuil, 1988, p. 117.

基础上计数为一，不得异于情势的呈现出来的结构，而只有这样，子集或部分的计数为一才是真正的普遍性的计数为一。

巴迪欧还是喜欢用集合论的语言来说明这个问题，在对集合论的追溯中，他提到了由哥德尔提出的集合论的总规则：所有的集合都是可以建构的。巴迪欧也把这个规则称作规则的规则。这意味着，对于集合，我们总是可以从中找到某种计数为一的规则，将其建构为一个集合，这样，我们可以给予这个集合一个清晰的界定。因此，当我们可以对一个集合给予界定时，我们就可以将之称为可建构的集合。对于人而言，任何既定的元素并不是真正固定的，或者说，它们是飘浮的，它们对既定的界定规则总有一种超越的欲望。当我们用一个规则界定了一个集合之后，其中的元素会发生变化，一旦这种变化超越了一定的界限，其就会遭遇一个特殊的情境，即在这个情势中，我们无法用现有的计数规则对其进行计数。也就是说，这个元素变成了纯粹的飘移，它作为纯显现而非再现出现在情势中。一旦出现了这种情境，巴迪欧说，我们就遭遇了一个事件。事件是对情势状态的脱出，它将情势的计数为一置于空的危险之中，也就是说，既定的情势状态已经被打破，我们必须面对一种从来没有遇到过的情况，计数的操作必须重新进行。

相对情势的流变性，情势状态总是无法全部把握情势的显现。在哥德尔的"所有集合都是可建构的集合"这一总规则那里，总存在某种流溢出来的例外，而这种例外会形成事件。这样，哥德尔的"可建构性"总规则遇到了一个难题，即它必须要面对一个不可建构的集合，也就是我们总会遇到诸如苹果、泥巴、草莓和死青蛙构成的集合。巴迪欧认为，在集合论上，保罗·科恩比较好地解决了这个问题，他的力迫法使得一种类性（générique）的非建构性的集合成为可能，而巴迪欧认为，科恩的非建构性的集合——类性集合（ensemble générique）的出现，正是欲望对计数规则的胜利。

很有意思的是，巴迪欧将这个类性概念同马克思在《1844 年经济学哲学手稿》中的人的"类本质"以及"类人"的概念联系起来，而巴迪欧进一步假马克思之口，叫卖自己的学说。他将青年马克思那种最后走向人的类本质的概念转义为"无产阶级"解放的真正方向，而这种类本质与马克思在《1844 年经济学哲学手稿》中的含义大相径庭。在《1844 年经济学哲学手稿》中，马克思的类本质概念是从费尔巴哈那里简单挪用过来的，这是一种大写的人的概念，是对异化状态的扬弃。巴迪欧这里的类性概念表达的是属于和包含于之间裂缝的弥合，是再现与显现的一致，这也意味着类性是真正的多元的普遍性。但是如何来做到这一点呢？

巴迪欧在《小万神殿》一书中曾引述过一个萨特的例子。一群人在公共汽车站等车，这些人彼此之间漠不关心，他们几乎不彼此交谈，大家共同做的一件事情，就是在那里默默地等待公共汽车的到来。在此期间等车的人是一个纯显现，他们聚集在那里的原因仅仅是等车。巴迪欧说："总而言之，这是一个消极的综合。正是在那里，物质生产对个体实践产生了冲击，并将个体总体化到一个静态统一之中。人类的系列统一体是一种羸弱的统一：这种统一将存在者等同于他者，每一个人都外在于自身，因此这远离了自由实践。"①但是，假设这些人等待的公共汽车很久不来，他们就会开始抱怨甚至抗议。所有人都会开始谈论外在的

---

① ［法］阿兰·巴迪欧：《小万神殿》，24 页，南京，南京大学出版社，2014。

条件(即公共汽车长时间不来)的不尽如人意，这样就演化为一个将他们所有人熔合起来的事件，在这个事件中，他们每一个人不再是孤立的消极的组合，而是一种积极的政治性的联合。他们将目标共同指向了第三方(公共汽车公司)，并形成了一种集体性的力量。巴迪欧很赞同萨特的描述，认为大革命中攻占巴士底狱就是这样发生的，一个外部的第三方促使人民群众联合起来，并形成了一个类性的力量。

　　事实上，巴迪欧在《元政治学概述》的序中也讲述了一个这样的故事。故事发生在法国，第二次世界大战沦陷法国之后，许多人，包括巴迪欧在巴黎高师的老师卡维耶(Cavaillès)、洛特曼(Lautman)以及许许多多其他人都加入一个团体中，这就是法国的抵抗运动。巴迪欧写道："我相信，用社会学或制度性表达来研究抵抗运动是没有用的。在抵抗运动背后，没有组织，没有阶级，没有社会层级结构，也没有精神目标。还有，例如，没有'哲学家和抵抗运动'那样的连贯性的故事。在这个过程中，根本不能用'工人'或者'哲学家'这些术语来描述这个运动。"[①]这样，法国抵抗运动既非阶级现象，也非道德现象，而纯粹是在这些概念的废墟上树立起来的一块丰碑，这是一种全新的组织。而抵抗运动的成立也绝非什么预先设定好的概念所引导出来的，它本身就是在运动过程本身中悄然形成的，它直接与运动的参与者有关，对它只能从那些与抵抗运动同生共死的战士的行动中来界定。

　　我们从这里可以得出两个结论：第一，一个情势的类性真理不是一种预先理性设定的结果，它本身忠实于真实的事件，并且它本身就是主

_____

　　① Alain Badiou，*Metapolitics*，trans. by Jason Baker，London：Verso，2005，p. 5.

体对事件即时性操作的结果。第二，类性真理，同样不是经验性的，它不是对过去的复制，也并非对过去的参照。它是在全新的基础上的行动，或者用巴迪欧在《世纪》一书中的说法，即在一片完全陌生的国度上的远征，这个远征，没有任何以往的路可以作为参照，也没有长者的指点，一切都需要靠战士自己的脚来踏出世界的痕迹。这就是巴迪欧类性真理的真实含义。

在巴迪欧的元政治学分析中，类性真理和解放政治是与国家的问题紧密联系在一起的。从前面的分析可以得知，国家是对情势的溢出，是一个绝对的赘生物，这样的国家对情势的溢出是一种不可控的力量。在具体的元政治结构中，国家作为对情势的再现，又凌驾于情势之上，它指定了一之一的再现规则，即它决定了什么东西可以在国家中再现出来，而什么东西只能被忽略或被剔除。国家按照其部分指定了计数为一的特殊规则，这个特殊规则对情势中不平整的元素予以压制，而这种压制也体现了国家相对于情势的过剩的权力，从而让每个元素的显现在再现中都不得不以扭曲的形式表达出来。

巴迪欧仍然喜欢用数学式的符号来说明问题。他界定了几个符号，第一个符号是情势的呈现，这种呈现表达了一种多的无限，巴迪欧用 σ 来表示。但是纯多的显现在情势状态或国家中必须让位于再现，也就是说，国家通过异化或镇压的手段来实现其对情势的无限超越。这样我们获得了第二种无限，不过这已经不是项的无限，而是赘生物，或者说国家权力的无限性，巴迪欧用的符号是 ϵ。由于国家的再现权力绝对地凌驾于情势的呈现之上，于是我们得到了第一个公式：$\epsilon > \sigma$。

在元政治学中，为了避免国家权力相对于具体情势的无限溢出，真之政治或者解放政治必须要与国家保持一定的距离，从而对国家的溢出的权力进行限定。"在事件和共同性的条件下，政治指令限定了国家权力的尺度。通过这个指令，溢出权力的问题被解决了，它也有可能用战士的口号去战斗，并计算出政治思想自由同国家之间应保持的距离。"①这里，巴迪欧涉及了一个政治概念，即自由，这种自由特指政治相对于国家的自由，也是政治摆脱国家压制的可能性。然而，这个自由不是天生的，也不是可以随意得到的，它需要通过战士的战斗口号来获取。因此自由是一种政治指令，它要求人民同国家保持一定的距离。我们可以将这种与国家保持一定距离的自由理解为解放政治的一种政治指令，巴迪欧用了 $\pi(\epsilon)$ 来表达这个政治指令，在根本上，$\pi(\epsilon)$ 完全可以理解为自由的政治思想的实践。作为曾经的毛泽东的拥趸，巴迪欧将毛泽东的地位推向了一定的高度，他认为最能体现自由原则 $\pi(\epsilon)$ 的正是毛泽东在著作中谈到的农村包围城市的策略，这正是一种远离国家的政治策略。而这种政治策略为毛泽东的解放政治赢得了相当大的自主性。

当然，对于巴迪欧这一类左翼思想家而言，最终的目标仍然是平等，但是由于国家的存在，最大的平等几乎不可能，而这种平等不可能的原因正是因为国家的超级权力几乎无法控制。那么最终怎样才能实现平等呢？在巴迪欧看来："只有与国家保持一定的距离，让其被控制，被衡量时，平等逻辑才是可能的。"②巴迪欧认为，国家权力溢出并不要紧，关键是，国家权力的溢出无法控制、无法衡量才是对平等最大的威

① Alain Badiou, *Metapolitics*, trans. by Jason Baker, London: Verso, 2005, p. 148.
② *Ibid.*, p. 149.

胁。这样，为了让国家的溢出的权力得到控制和衡量，最终获得最大的平等，就必须与国家保持一定的距离。也就是说，巴迪欧的平等原则必须以与国家保持距离的自由原则为基础。在此基础上，平等原则最终追求的正是那个普遍性的类性真理，即走向真正普遍性的大写的一。而为了实现这个大写的一，就必须在自由原则的基础上，即在政治和国家之间保持一定距离的基础上进行操作。国家保持的实践为产生普遍性的一提供了条件，在这里巴迪欧又一次提到了毛泽东，他认为毛泽东在解放区实施的土改政策正是在与国家保持距离的基础上进一步的政治指令，其目的是为了实现那个真正的大写的一。可以将平等原则用符号表示为 $\pi(\pi(\varepsilon)) \Rightarrow 1$，其中 $\Rightarrow 1$ 表示的是最终趋于类性的普遍性的大写的一的真理。而这个大写的一的类性真理，也就意味着解放政治的实现。或者用巴迪欧的话来说："$\pi[\pi(\varepsilon)] \Rightarrow 1$，这表现双重的政治函数，即在自由思想/实践的条件下通过对国家权力的限定来生产平等。"①

在这个基础上，巴迪欧提出了自己的民主定义，用来区别于阿伦特式的政治哲学的"民主"（对于巴迪欧来说，这种"民主"就是打着普遍性幌子的资本主义代议制的民主）。巴迪欧指出：

> 民主包含在自由和平等之间的独特的调节之中。不过，在政治上，自由是什么？是与国家保持一定的距离，它是将情势状态（国家）的不定的超级权力放入约束尺度的政治函数 π。如果平等

① Alain Badiou, *Metapolitics*, trans. by Jason Baker, London: Verso, 2005, p. 150.

不是在创造出来的间距上再一次运用政治函数以产生出一的操作，那么平等是什么？这样，从一个确定的政治程序来说，自由和平等之间的政治调节不过是计数问题后两项之间的调节。即 $[\pi(\varepsilon)—\pi(\pi(\varepsilon))\Rightarrow 1]$。①

由此可见，巴迪欧的解放政治或者说元政治学的最终目标在于，在不断同情势状态（国家）保持距离的基础上，对情势状态（国家）溢出的权力进行限制。这是一个反复的过程，因为在平等的过程中，会诞生新的情势状态，而新的情势又需要新的自由和平等来对之加以限制和衡量。那么走向普遍性的类性真理之路是一个反复进行的过程，这个过程始终只能在行动和斗争（尤其是同国家的斗争）中完成。我们只能说，在巴迪欧为我们精心阐述了他们精致的本体论之后，在政治上留给我们的仍然是一个政治乌托邦，那个最终的普遍性的大写的一对于仍然在这个世界上蹒跚而行的战士而言，依旧是一个遥不可及的梦想。但是，也正如巴迪欧告诫我们的，在一个革命陷入低潮的年代，怀抱梦想总会比自甘堕落与沉渣为伍要崇高得多。

三、作为真理前提的爱

在巴迪欧提出的真理的四个前提中，相对于政治、科学、艺术而

---

① Alain Badiou, *Metapolitics*, trans. by Jason Baker, London：Verso，2005，pp. 151-152.

言，最难为我们理解的是作为真理前提的爱。尽管巴迪欧强调了爱之事件，需要从弗洛伊德和拉康的角度来理解，但是，将爱作为真理的前提或者说以爱来发生事件，从非本体论的角度来说，都是令人难以理解的。因此，我们需要祛除萦绕在爱之事件周围的神秘面纱，从世俗化的角度对巴迪欧作为真理前提的爱做出解释，从而真正地让巴迪欧这个神秘而具体的真理前提落实在我们栖居的大地上。

1.《逆世界》中的爱之辩证法

2012 年阿根廷著名导演胡安·索兰纳（Juan Solanas）拍摄了一部奇特的爱情故事片，与以往那种在我们这个世界之中邂逅相爱的爱情主题不同，索兰纳的这部名为《逆世界》（Upside Down）的电影设定的是一个完全虚构的场景，故事发生在一个遥远的星系之中。不过，有趣的是，索兰纳似乎不想让观众直接将影片视为一部科幻片，电影甫一开始，索兰纳就借助旁白强调这是一部关于爱的影片。随后，影片颇富心计地向柏拉图的名篇《会饮》致敬。尽管影片中没有提到柏拉图或阿里斯托芬，但是随后的一段话明显是《会饮》中关于爱的说辞的改写版：

> 有人说一对真正的恋人，是出生时就被分离的一个灵魂，他们总会渴望重新合体。

在柏拉图笔下的《会饮》中，苏格拉底同飨宴的众人一起讨论起人的爱和情欲从何而来。而在这次的讨论中，以阿里斯托芬的说辞最为出众。阿里斯托芬的这个比喻，几乎成为西方思想史上理解爱的现象的一个经典表达，尤其在美学之中，人们总是用阿里斯托芬的说辞来衍生出美感的由来。在斐德若、泡赛尼阿斯、恩里克西马库斯等人谈论过自己关于爱的看法之后，阿里斯托芬以论辩式的口吻提出了自己的假说。他说，在自然之初，人的身体并不像我们现在这个样子，而是一个圆满的球状，这种圆球状的人，"力量与体力都非常可怕，而且有种种伟大的见识，竟然打起神们的主意——他们打主意登上天去攻击诸神，宙斯与其他神们会商应该作什么来应付，却束手无策"①。宙斯与诸神的最终决定是将圆球形态的人劈成两半，这样人的能力就降低了，而且他们的数量会增加，不影响对诸神的膜拜。这个看起来本来是降低人的能力的行为，却无意中让人诞生了一种之前全无的新感觉，这种感觉就是爱，即情欲。被切分的一半，为了恢复自己的能力，也为了实现重新圆满，不得不努力去寻找自己永远失却的另一半。所以，阿里斯托芬继续说道："所以，很久很久之前，对另一个的爱就在世人身上植下了根，这种爱要修复世人的原初自然，企图从两半中打造出一个人，从而治疗世人的自然。于是，我们个个都是世人的符片，像比目鱼从一个被切成了两片，所以每一符片都总在寻求自己的另一半符片。"②显然，索兰纳在电影中的表达，正好与古希腊时期的阿里斯托芬关于爱的说辞形成了鲜明的对应，而且如果说阿里斯托芬旨在说明人是如何一分为二的，那么索兰纳更想表达的主题则是如何合二为一。

----

① ［古希腊］柏拉图：《会饮》，见刘小枫编译：《柏拉图四书》，202 页，北京，生活·读书·新知三联书店，2015。

② 同上书，204—205 页。

为了实现这个目的，索兰纳设定了一个特殊的行星体系。他将之命名为双重重力体系(system of double gravity)。用索兰纳自己的话来说，这个体系是围绕着一个恒星旋转的孪生双星体系，这两个星球紧紧地联系在一起，共同围绕着恒星旋转。不过，在索兰纳的设定中，这个孪生的双星，即双重重力体系，尽管联系在一起，但是两个星球的引力体系是完全对立的。这是一个相互颠倒的体系，一个星球在下，另一个星球在上，两个星球拥有完全反向的重力体系。除此之外，索兰纳还给这个双重重力体系设定了如下的限制，即某一星球上的物质或物体，只能受到自己所在星球的重力体系的影响。即便 A 星球的物体出现在 B 星球上，那个物体也完全不会受到 B 星球的重力影响。这样，A 星球的物体相对于 B 星球来说，就是一个逆物质(inverse matter)。但是，逆物质还有一个特点，逆物质抵达相反的星球之后，并不能长期持存(persistence)，因为逆物质与该星球上的正物质会发生反应，从而导致逆物质被烧毁。这势必意味着，A 星球上的人和物不可能长期出现或停留在 B 星球上，反之亦然。简言之，两个星球的事物实际上是无法共存的，这两个星球之间的共存关系几乎是不可能的。这两个绝对相逆的存在物，仿佛构成了黑格尔哲学中的对立的两面。彼此对立，完全没有调和的可能性的对立的两面，在彼此对立的体系中，又相互联系在一起。换言之，索兰纳建立了一种辩证法的体系。虽然有评论家从天体物理学的角度对索兰纳的假定情境做出了批评，但索兰纳对这种批评却表示不以为然。因为索兰纳坚持认为，他所设定的孪生的双重重力体系根本不是一个物理学范畴，而是一种观念性的构想，是一种纯思辨的构想，而他正是要通过这种思辨式的构想，用电影影像的方式，进行一场特别的观念实验，让辩证法可以在电影的层次上表现出来。

为了强化这种辩证法的意蕴，索兰纳进一步对两个星球做出了等级上的区分。上层星球代表着富裕和繁荣，是大资产者和优越的中产阶级所生活的场域。在那里，有美丽的建筑，有田园诗歌式的浪漫，有珍馐以供品尝，有美乐以飨欣赏，那里的居民可以在舞会上惬意地翩翩起舞，也可以沉溺在声色犬马之中享受人生。而下界的行星上则完全是另一番景象，尤其在炼油厂大爆炸之后，下界的城市到处是废墟，灰暗肮脏的街道，破旧的房屋，大街上甚至可以看到饿殍。而下界世界唯一有用的是石油，下界居民又以极低的价格将这些石油卖给天梯公司，由天梯公司加工成各类石油产品供上界世界来享用。不过，由于石油属于下层世界，依照之前提到的索兰纳设定的双重重力原理，上界世界的输油管道常常破裂，那些溢出的石油如同下雨般重新落到下界世界的地面上，于是，下界世界到处都布满了油腻黏稠的石油斑点，很难加以清除。上界代表着富裕和教养，下界代表着贫穷和肮脏，上界的人随时可以嘲笑下界的人，这既是一种物理学上的隔离和颠倒，也是精神世界中的隔离与颠倒。

正是由于这些设定，我们看到了比我们的真实世界中更加绝对的对立关系，两个星球同时在物理世界和精神世界处在对立的位置之上，这种关系进一步强化了上界世界和下界世界之间调和的不可能性，辩证法的意蕴在此被进一步强化了，我们看到的是一个极端版的阿里斯托芬的爱的说辞。

或许，我们从这里可以理解，索兰纳为什么强调这是一部关于爱的电影。两个行星之间的绝对对立，恰好留下了一个空白，这个空白，对索兰纳来说，就是爱。对所缺乏的东西的追求，对彼此对立面的追求，不仅仅是《会饮》中被切分的人的追求，在拉康精神分析中，这种对对立面的欲望（即他者）也构成了爱欲的驱力。在拉康那里，我们爱的源泉来自于被语言、象征所永远切割掉的对象 a（objet petite a），而我们作为永远残缺的被阉割的主体 $，始终追求着那个绝对无法获得的对象 a，这就是爱欲的原始驱力。正因为如此，拉康学派的精神分析家布鲁斯·芬克（Bruce Fink）强调说："拉康假定，只有爱才能创造出一种关系，即自身所缺乏的经验（她自己从外部与自己关联起来的经验）与她本身（在许多情形中，她本身的模态往往紧密依赖于象征界）之间的关系。"①在这个意义上，索兰纳通过影片中的男主角亚当发出了震耳发聩的呼喊："我不相信，爱的伦理难道敌不过重力？"

影片中另一个巧妙的设定是，生活在下界世界的男主角被命名为亚当（Adam），而居于上界世界的女主角被命名为夏娃（Eve），这是一个类似《创世记》的设定。从影片一开始，索兰纳就赋予了亚当和夏娃以创世界的任务，这等于说亚当和夏娃的爱是颠覆旧世界，创造一个全新的世界的事件。正是亚当和夏娃的爱，打破了原先双重重力体系中认为上下界绝对不可能共存的想法。而在影片的末尾，亚当和夏娃的爱的确创造了一个超越了上下界之分的全新的世界，他们所孕育的孩子，如同影片中鲍勃（Bob）所说，将是打破上界与下界绝对区分的一个新的契机。从那一刻起，即亚当和夏娃的爱之事件开始，他们的

---

① Bruce Fink, *Lacan on Love*: *An Exploration of Lacan's Seminar Ⅷ*, *Transference*, Cambridge: Polity Press, 2016, p. 100.

爱情永远改变了双重重力体系的历史，也打破了原先的双重重力的物理学的壁垒，让一个在双重重力体系的物理学中绝对不可能的事实，通过亚当和夏娃的爱之事件，成为现实，世界的逻辑和物理学都遭到了彻底的颠覆。这是一种典型的辩证法，我们可以将之命名为爱之辩证法。换句话说，在《逆世界》中，唯一可以打破双重重力体系绝对对立（包括物理学的对立和社会阶层的对立）的东西，就是爱。爱作为一个事件，创造了一个新世界，在这个意义上，亚当和夏娃的爱才能是创世纪之爱，他们一同敲响了旧世界的丧钟，同在爱的交融中实现了对旧世界的彻底超越。

2. 空集与爱之事件：不可能的♀的诞生

在这个意义上，我们不仅可以从黑格尔辩证法的意义上来理解《逆世界》中亚当和夏娃的相爱，更重要的是，我们可以通过这段爱情故事，来理解巴迪欧的重要哲学概念——事件。

实际上索兰纳有一种坚定不移的创世梦想，这种创世不是上帝从外部强加的创世，而是从世界的内部，由于其中的某种运动和反应，而确立的创基性（inceptuality）。在海德格尔那里，事件显然与这种创基性紧密联系在一起，这种创基，是纯粹内在性的（immanent），海德格尔说："事件十分明确地表达了起源的自明性的创基。存在的开创性的真理，在其自身中，作为创基的统一性，保留了支配（appropriating）与被支配（appropriated）之间始创的统一体。"①海德格尔的意思是，事件就是创

---

① Martin Heidegger, *The Event*, trans. Richard Rojcewicz, Indianapolis：Indiana University Press，2013，p. 127.

基，是新世界的起源。在事件中，世界中的一切都被纳入由事件所创基的新秩序之下。一些东西是创基性的，在事件那一刻，一部分存在物成为支配与主导新秩序的因素，而另一些存在物则被强制性地纳入创基的秩序之中。而在创基性的事件中，支配性因素也被强制纳入一个创基性的原始事件之中。在《逆世界》中，这个原始事件就是亚当与夏娃之爱，而亚当和夏娃的爱在创基性事件中，是一个支配性的存在物，这个支配性的存在物，将双重重力体系中所有东西都强行纳入他们用爱开创的体系中。

海德格尔所使用的创基性（inceptuality）一词，其拉丁语词根是 inceptus，在日常语境中，这个拉丁语的意思就是"我开始"。在希腊化时期的犹太哲学家兼神学家斐洛（Philo）那里，这个词显然又与无中生有（ex nihilio）的观念紧密相关。在《论世界的创造》中，斐洛将"无中生有"的观念明显对立于"生于实物"（ex materia），借此来解释上帝对世界的创世说。也正是在这个意义上，斐洛与巴门尼德对"无中生有"观念的拒绝拉开了距离。与此同时，巴迪欧也坚决与从实体中产生实体的巴门尼德式的创世方式保持着距离。因为，在巴迪欧看来，巴门尼德式创世现代在数学上的代表哥德尔试图用数学形式来排斥一切可建构的集合之外的例外事件的出现，肯定从实体中产生实体，也就意味着根除了事件。一切都在逻辑和规则中，所谓的"事件"，在建构主义者那里，无非是一种我们尚未触及的数学和逻辑规律的内容，而不是逻辑的例外。巴迪欧认为，这种完全可建构的集合论是与事件的观念背道而驰的，因为作为再现（representation）的逻辑根本不可能穷尽所有的真实，那么真实的显现（Presence）必然相对于再现存在着绝对溢出，这个绝对溢出就是康托尔定理①(Théorème de Cantor)所假定的内容。也就是说，巴迪欧的事件是一种纯粹的内在性事件，其事件的构成恰恰在于内在的真实相对于各种再现(语言、逻辑、规律、图像)的绝对溢出，而这个带有偶然性的绝对溢出正是巴迪欧所理解的事件的基础，也是其对"无中生有"原则的阐释。然而，斐洛的无中生有与巴迪欧的事件还是有着巨大的差异，其中最大的差异在于，斐洛依赖于一个大全式的上帝，从这个世界的外部实现了创世，即无中生有。在斐洛那里，一个彻底创基性的事件只能从一个实体外部来实现。与之相反，巴迪欧的事件是内在性的，也就是说，巴迪欧并不信任一个大全式的实体存在，并以这个实体来实现创基性的变革。在 2006 年出版的《世界的逻辑》(Logiques des mondes)中，巴迪欧以数学式方法证明了作为大全的实体并不存在：

> 存在不可能构成一个大全，不可能构成世界，不可能构成自然或物理学宇宙。事实上这是一个建基的问题，即认定所有对大全的存在物的思考必然是有矛盾的和不连贯的。②

在坚决否定了宗教式的大全式的上帝干预并从外部制造了无中生有的事件之后，巴迪欧如何解决无中生有的事件问题？巴迪欧的答案是空集(vide)，即∅。空集代表着什么都没有的无，是无中生有的事件的基础。空集对应的是策梅洛—弗兰克尔(Zermelo-Fraenkel)公理体系中的

---

① 康托尔定理也被称为溢出点定理(Théorème de point d'excès)。对于巴迪欧对康托尔定理的分析，参见 Alain Baidou, *L'Être et l'événement*, Paris：Seuil, p. 559.

② Alain Badiou, *Logiques des mondes*, Paris：Seuil, 2006, p. 121.

幂集公理，也就是说，对于任何一个集合来说，都存在着这个集合中所有元素的集合，而同时空集是所有集合的元素，因此我们可以得出空集 $\varnothing$ 的幂集是 $\{\varnothing\}$。$\{\varnothing\}$ 并不是空集，而是带有一个空集元素的一元集。在这个意义上，空集 $\varnothing$ 是非实存的，但由空集所得出的幂集却是实存的，是带有一个元素的一元集 $\{\varnothing\}$。由此我们可以进一步对一元集 $\{\varnothing\}$ 进行幂集运算，$\{\varnothing\}$ 的幂集为 $\{\varnothing,\{\varnothing\}\}$。这个新的幂集，是一个全新的集合，巴迪欧将之定义为大二集。这样，我们就可以从幂集中得出整个集合论的序列：

$$\varnothing,\ \{\varnothing\},\ \{\varnothing,\{\varnothing\}\},\ \cdots,\ \{\varnothing,\{\varnothing\}\},\ \{\varnothing,\{\varnothing\}\cdots$$

在这个基础上，巴迪欧推出了整个序列，或者说整个世界的架构是如何从一个空集衍生出来的，这是巴迪欧版本的无中生有。也就是说，空集 $\varnothing$ 被视为一种不可能性，而新世界和新秩序的序列只能从空集 $\varnothing$ 中产生。用巴迪欧的话说，空集 $\varnothing$ 是事件的位（site），从空集开始，才能缔造出一个不同于以往的全新的世界，在这个意义上，空集 $\varnothing$ 就是事件本身。

于是，我们由此可以进一步来思考《逆世界》中关于事件的架构。我们分别将两个行星命名为集合 A 和集合 B，集合 A 对应于上界世界，而集合 B 对应于下界世界。在索兰纳的设定中，集合 A 和集合 B 的元素无法共存，我们可以将其表述为，集合 A 的任意元素 α，与集合 B 的任意元素 β 无法共存。于是我们有

$$A\cap B=\varnothing$$

按照这个公式，我们可以进一步展开这个推理。我们假定在星球 A 上存在着两个元素，即 α_1 和 α_2，α_1 和 α_2 可以组成一个集合 a，由于 α_1

和 α_2 都是 A 元素，因此由 α_1 和 α_2 所组成的集合 a 必然包含于集合 A，是集合 A 的子集，这样，我们可以得出 $a \subset A$。也就是说，A 星球上任意两个或几个元素组成的集合，必然是集合 A 的子集。同样，我们也可以得出，B 星球上的任意两个或几个元素所组成的集合 b 是 B 的子集。我们先前已经得出了 $A \cap B = \varnothing$，那么 A 和 B 的任意子集的交集仍然是空集，即 $a \cap b = \varnothing$。这代表着行星 A 和行星 B 没有共存可能，也代表着它们的任意子集也没有共存可能，它们之间的交集是空集。

不过，由于爱之事件的到来，让情况发生了变化，即原先的子集，只能由纯粹的 α 元素构成，或纯粹 β 元素构成。将两个同属于 A 行星的因素凝聚起来的是惯常性的力量，如物理规律、语言、习俗和意识形态等。属于 A 星球的 α_1（夏娃）应当只能与 A 星球的 α_2（贵族）恋爱并喜结连理，组成一个家庭 a，这是一种正常（normal）的逻辑，也是被始终延续着的逻辑［巴迪欧将这种逻辑命名为情势状态（état de la situation）］。同样，亚当（β_1）也只能与 B 星球上的其他存在物（β_2）组成集合，毫无例外。然而，爱的事件的出现，改变了这种依照不同星球的逻辑来组成子集的方式，即亚当和夏娃的爱情故事第一次实现了由来自交集为空集的 A 和 B 的各自的一个元素组成的集合 $♀$ ①，而这个集合的元素就只有亚当（β_1）和夏娃（α_1），这样我们可以得出：$♀ = \{\alpha_1, \beta_1\}$。

---

① $♀$ 是巴迪欧在《存在与事件》一书中创造性地使用的一个数学符号，这个符号代表不可辨识之物，即一种无法在正常的知识体系和逻辑中辨识的理解的事物。$♀$ 往往是一个集合，组成它的元素会打破在日常逻辑下所有可能的分类，而这种新的组成，无法通过逻辑和知识体系来把握，在原先的知识体系中，$♀$ 就代表着空集，对 $♀$ 的理解只有通过事件之后的类性延展（extension générique）来实现。

问题在于，我们无法辨识这个全新集合的归属关系。因为由于它有元素 β，所以它不可能属于集合 A，反之，由于有元素 α，它也不可能属于 B。但是由于我们已经确定了 $A \cap B = \varnothing$，即我们有既属于 A 又属于 B 的元素是空集，同时包含着 α 和 β 的集合♀只能是 A 与 B 的交集，但是交集为空集，那么这意味着：♀$= \varnothing$。这个结论表明，集合♀是绝对不可能的。但是，在影片中，亚当和夏娃的爱情成为实际存在的事实，即在现实中，集合♀是实际存在的。这样，导致了索兰纳一开始设定的双重重力体系出现了不连贯性，出现了矛盾。于是，亚当和夏娃的恋爱构成了一个事件，这个事件直接将原先世界的逻辑打破，构成了拉康意义上的裂缝，而这个作为双重重力体系中的空集的♀，直接成为开创一个新世界的契机，即巴迪欧所说的创基性事件。因为旧世界的逻辑（双重重力体系的逻辑，也是 A 与 B 绝对无交集，A 中任何元素与 B 中任何元素绝对不可能共存的逻辑）在集合♀面前崩溃了。只有我们创造出一个新的秩序，一个全新的依赖于亚当与夏娃之爱的事件的逻辑，才能真正理解和把握这个事件性的集合♀。

另外一个需要注意的问题是，集合♀如何成为可能？α_1 与 β_1 所组成的集合♀，不可能像集合 a 和集合 b 一样具有天然的凝聚力。也就是说，α_1 和 α_2 所组成的子集 a 中，α_1 和 α_2 的共存是符合世界的逻辑的，即它们有着符合既定体系的规则，就如同行星 A 具有引力一样，一种十分自然的重力的倾向就能简单地将 α_1 和 α_2 凝聚在一起。同时 β_1 和 β_2 的组合也如同行星 B 的引力一样，具有天然的凝聚力。由于自然规律的存在，我们不用怀疑 A 的引力和 B 的引力在集合 a 和集合 b 的组成上的奠基性作用。但是，由元素 α_1 和元素所 β_1 组成的集合

♀，却完全没有这种天然的凝聚力，因此 α_1 与 β_1 之间的凝聚力必然由来自自然引力之外（当然也包括社会分层逻辑、意识形态逻辑，甚至一般物理学和一般形而上学的逻辑）的其他的东西构成。索兰纳和巴迪欧都十分相信，真正将 α_1 与 β_1 凝聚在一起的是一种独特的"引力"，这种引力就是《会饮》中的阿里斯托芬所讲的那个天生被神所切开，不懈地追求着自己丧失的另一半的爱（Amour）。正是爱，让不可能的 α_1 与 β_1 之间的关系成为可能，亚当与夏娃之间的爱，不仅仅让他们被逐出伊甸园（显然，伊甸园已经成为那个即将变成历史的世界的隐喻），也让他们的结合构成了创世的新起点。唯有 α_1 与 β_1 之间的爱，才能成为一个创基性事件，让新世界的缔造在这个 α_1 与 β_1 不可能的爱之中成为可能，新世界通过 α_1 与 β_1 构成的新集合♀（其在原先世界中的取值为空集）得到彻底的实现。在这个意义上，巴迪欧指出："爱情这种东西，就其本质来说是不可预见的，似乎与生活本身的曲折离奇紧密相连，然而却在两个人的生命轨迹发生了交叉、混合、关联之后，变成两个人的共同命运和共同意义，通过两人彼此不同的目光和视角的交流，从而不断地去重新体验世界，感受着世界的诞生。我们由单纯的相遇，过渡到一个充满悖论的共同世界，在这个共同世界中，我们成为大写的二（Deux）。"①

3. 大写的二与革命性的合体

大写的二，是巴迪欧在形容爱之事件时最常用的词汇。相对于其他

---

① ［法］阿兰·巴迪欧：《爱的多重奏》，73页，上海，华东师范大学出版社，2012。

真理的前提(科学、艺术、政治)，爱作为真理的前提，最显著的特征就是二。巴迪欧说道："爱是这样一种东西，从爱之中，提供滑离了大写的一(Un)的统治，让大写的二成为思想，而爱永远承受这一形象……这个大写的二已经成为相对于大写的一法则所无法逆转的溢出。在我看来，爱让无名之多降临于世，或者说，让关于性差异的类型或真理降临，这个真理明显地是从知识中抽离的，尤其是从彼此相爱的两人的所知中抽离出来的。爱是忠实于邂逅事件且关于大写的二的真理的产物。"①从前文的分析中，我们可以得知，爱，也只有爱，才能实现一个抽离于现实知识体系，使得一个无法命名的集合♀出现，这个集合♀就是两个不可能结合的元素 α_1 和 α_2 的结合。

　　什么是大写的二？爱情为什么是大写的二？在《存在与事件》中，巴迪欧从数理上对作为事件结果的大写的二做出了解释：

　　　　事件，由于介入的力量与多之存在结合在一起，维持了与不可展现之物的缝合。这是因为超——一(l'ultra-un)的本质是大写的二。思考一下，并非在它的多之存在中，而是在其位置上，或者在它的情势中，一个事件是一个间(intervalle)，而不是一个项，它在介入的反作用下，在被位标明其边界的空的无名状态与名称的额外性之间，建构了自身……事件是超——一，这不同于将它自己介入它自身与空之间，因为"存在着大写的二"是在它的基础上建立起来的。因此，大写的二并非对计数的一的复制，也不是对计数规则的结果的

---

　　① 　[法]阿兰·巴迪欧：《哲学宣言》，58 页，南京，南京大学出版社，2014。

重复。这是一个原初性的大写的二，一个悬置的间，所产生的分裂的结果。①

我们应该如何理解巴迪欧的这段话？首先，大写的二强调的是连贯性的作为计数规则的大写的一的局限性，也就是说，根据康托尔定理，再现性的大写的一必然面对相对于它的溢出，即事件的存在。事件的逻辑绝不能从之前的大写的一的逻辑来理解，因此，事件绝对不能被整合到之前的大写的一的逻辑之中（事件不可能作为大写的一的一个项），在这种情况下，事件只能作为大写的一的超——而存在，它是大写的一的"间"。在这里，大写的一的逻辑分裂了，它必须要面对之前连贯平滑的逻辑所无法贯穿的一个新逻辑的存在，而这个新逻辑的存在就是由于大写的二的出现而成为可能的。

在《逆世界》的例子中，大写的一对应的就是让 A 与 B 的交集成为空集，即让 A 与 B 无法共存的双重重力体系。然而亚当和夏娃的爱的出现，他与她的结合，让之前连贯一致的双重重力逻辑面对一个不可能被其彻底消化的存在物，即亚当与夏娃的结合体。这样亚当与夏娃的爱，必然作为大写的一之外的一种超——而存在，这就是大写的二。它是对连贯一致的大写的一的逻辑的超越，它直接拒绝了任何形式的还原论（即将某个事件直接还原为既定的大写的一的逻辑框架下某个特殊项），而是以创基性的方式奠定了一种全新的逻辑，这种逻辑与之前的逻辑是析取（disjonctive）的关系。我们面对的不再是单一化的非此即彼的逻辑，而是交替穿插地结

① Alain Baidou，*L'Être et l'événement*，Paris：Seuil，pp. 228-229.

合在一起的大写的二的逻辑。爱的关系一旦存在，势必意味着对之前各自
的日常逻辑的彻底颠覆，从而让一个全新的生活通过爱的邂逅事件降临在
这个世界上，并诞生出一个不同于以往的大写的一的新的一。在亚当与夏
娃水乳交融之后，诞生的孩子就是一个全新的"一"，即在以集合♀实现了
大写的二之后，所重新诞生的那个世界。巴迪欧说："爱，不再简单只是
相遇和两个个体之间的封闭关系，而是一种建构，一种生成着的生命，但
这种建构和生命，都不再是从大写的一，而是从大写的二的角度看到的。
这就是我所说的大写的二的场景。"①

　　关于大写的二的爱情，巴迪欧所给出的例子是日本导演沟口健二的
影片《近松物语》(The Crucified Lovers)。在影片中，故事发生在日本
幕府时期，一个富商的妻子(阿玉)与在其丈夫店里打工的画师(茂兵卫)
相爱了。按照那个时代的规则，这种不伦之恋必然遭到惩罚，因为按照
那个时代的大写的一的规则(一种婚姻的伦理规则)，一个有夫之妇不可
能与一个店铺的画师私通，这种私通的事实，必须在伦理规则的还原下
加以消灭。因为，这种不伦之恋是不符合大写的一的规则的。于是，大
写的一与不伦之恋的真实相遇了，老板娘与小伙计的爱作为对伦理规则
的溢出直接威胁到大写的一的存在。于是，在既定的大写的一与爱所结
成的真实的存在物之间形成了一个析取关系，即要么是大写的一以强权
的方式，彻底消灭这个真实的溢出(在影片中，对溢出的消灭是将二人
抓捕后游街示众，然后加以处死)，这种消灭不仅仅是对二人肉身上的

---

　　①　[法]阿兰·巴迪欧：《爱的多重奏》，61 页，上海，华东师范大学出版社，
2012。

消灭，也是以他们的真实存在的实体消亡来警告那些意欲着同样行为的人不要重蹈覆辙，即从未来的可能性下对这种超越于伦理规则的真实事件的消灭；要么伦理法则对二人不加处置，从而让自己的大写的一逻辑弱化，甚至崩溃，让位于一种新生的大写的二逻辑，面对一个被阿玉与茂兵卫的故事所改变了的世界。当然，世俗性的伦理法则，作为大写的一，终于消灭了阿玉与茂兵卫，不过巴迪欧强调的是，在影片的最后一刻：

> 两人背靠背地被绑在一头驴子上。镜头给出了这两个被绑在一起的临刑的情侣的画面，两人看起来似乎都十分欣喜，没有丝毫恐惧，在他们脸上暗含着笑容，一种消退的笑容。"笑容"一词在这里仅仅是近似用法。他们的面庞展现出这对男女完全沉浸在他们的相爱中。但影片的想法，在无限的黑白色的脸庞上体现出来，它并没有处理爱情与死亡的浪漫主义的观念。而这对"被处死的情侣"并不想死。镜头却道出了完全相反的东西，即爱可以抵抗死亡。①

是的，爱可以抵抗死亡，抵抗死亡也意味着爱带来的是一种不朽的永恒。在《近松物语》中，沟口导演突出的也正是这种不朽的爱的主题。即便存在着致力于实现自身连贯性的伦理规则，这种规则旨在将一切超——一的例外全部予以消灭，在世界上留下这个大写的一的连贯而平整

---

① Alain Badiou & Slavoj Zizek, *Philosophy in the Present*, Cambridge: Polity, 2013, pp. 10-11.

的逻辑空间，但是事与愿违，沟口的镜头展现出的完全是另一番景象。这两个被绑在一起的情侣，只有他们的笑容，那种抵制了死亡的爱之笑容，由于蔑视了伦理规则虚假的连贯性，才真正地带来普遍性。是的，他们的笑容，他们的爱是独特性的结合，溢出了规则，并在镜头中，凝固为一种爱之希望。"被处死的情侣"也是"爱之希望的情侣"，因为大写的一正是出于恐惧，害怕这种不伦之爱揭露出伦理的虚伪的普遍性，才大张旗鼓，郑重其事地将二人处死。不过镜头中的景观揭露了真正的事实，即阿玉与茂兵卫虽然不可能像《逆世界》中的亚当和夏娃一样，真正目睹一个新世界的来临，但是他们同样表现了真实的永恒和普遍性，正如克罗地亚年轻思想家斯雷申科·霍瓦特（Srecko Horvat）所谈到的那样："这让我们明白了关于爱的一个可能的命题：真正让我们理解爱意味着上升到普遍性的层次。"①

不过，这种对死亡的抵抗，或者说，爱上升到普遍性的层次，从来不是由某个单一元素来实现的。在这个意义上，爱需要一个集合，一个至少由两个元素所组成的，无法被原先的逻辑和规则所理解和包容的集合♀的存在。因为是这些元素共同组成了新的集合♀，才使得他们的抵抗和永恒成为可能。因为，个体的元素无法冲出既定的大写的一的樊篱，具体的元素，仅仅依赖于自身，永远只能在大写的一的枷锁中游荡。换句话说，对大写的一的溢出，对大写的一的规则的反抗，只有在集合♀中才是可能的。简言之，只有 α_1 与 β_1 合体为集合♀，才能产生爱之事件，才能以爱的方式穿透那个看似密不透风的大写的一的逻辑。

———————————

① Srecko Horvat, *The Radicality of Love*, Cambridge：Polity，2015，p. 16.

这样，爱之事件，不仅仅意味着两个元素 α_1 与 β_1 之间的邂逅，更意味着在邂逅事件之后二者的合体(incorporation)。合体就是巴迪欧对事件之后，如何成为主体来坚定不移地忠实于事件的最好的回答："爱侣一起在沙滩上漫步的快乐，如果对其原始陈述的同一性关系得到最大值进行衡量，那么可以说，这个元素在构建爱的真理的过程中，在爱的真理的范围内，让自身合体了。当然，在实践上，这里的意思是一方希望另一方一起以这样的方式来漫步，让他们在这个荒凉的海滩上彼此激情相拥，让他们重新看待他们坠入爱河之后的甜言蜜语，等等，在形式上，这意味着'在海滩上漫步的快乐'与爱的原始陈述的同一性的值不可能低于这种快乐的实存的值。因此，意思很明确，如果个人情感与爱的原始陈述之间的同一性的值不小于其自身的强度，或者如果个人的情感可以被纳入爱情之中，而不失却它自己的任何力量，那么，我们可以说，个人的情感被合体到爱的身体之中。于是，它丰富了爱的身体，也就是说，它进入真理过程之中。海滩，作为一个表象的片段，在大写的二的基点上开始重新评价，它不再羁于世界的自恋式的快感。"①只有爱的合体，一种不能再还原为原先世界逻辑的爱的合体，才是真正革命性的爱之事件。爱，作为一种凝聚力，将不可能结合的两个元素凝聚在一起，在溢出大写的一的逻辑背后，形成了一种革命性的合体，这种合体一旦出现，势必是对之前的大写的一的逻辑的颠覆，并以他们的合体为基础，创造出新的世界。在《逆世界》中，亚当和夏娃的合体，颠覆了双重重力体系，同时也颠覆了上界世界和下界世界的阶级划分。在《近松

---

① ［法］阿兰·巴迪欧：《第二哲学宣言》，117页，南京，南京大学出版社，2014。

物语》中，阿玉和茂兵卫的合体，让他们可以冷眼相对将他们处死的世俗规则，让他们之间的爱化为对世俗伦理的永恒性的超越。爱构成了真正革命性的东西，爱的关键在于合体，一种革命性的合体，在合体之后，才能诞生一个不能被既往知识体系所识别和处置的集合♀，才能形成真正的断裂性的事件。或许，在这一刻，我们才能理解切·格瓦拉(Che Guevara)说的"真正的革命需要伟大的爱的感觉"的意义，因为在格瓦拉那里，"不可能在缺乏爱的品质的前提下来思考真正的革命"①。只有爱的驱力，才能帮助我们打破常规逻辑的缧绁，才能真正实现我们在事件之后的合体，并成为一个合体的主体。也只有这个合体的主体，才能真正颠覆既定社会的大写的一的逻辑，在忠实于爱的原则上，实现对旧世界的颠覆，创造一个不同于既往的新世界。

---

① Kelly Fritsch, Clare O'Connor, *Keywords for Radicals*：*The Contested Vocabulary of Late-Capitalist Struggle*，2016，p. 248.

索 引

参考文献

巴迪欧著作法文版

1. *Almagestes*，Paris：Seuil，1964.

2. *Portulans*，Paris：Seuil，1967.

3. *Le Concept de modèle*，Paris：Fayard，1969.

4. *Théorie de la contradiction*，Paris：François Maspero，1975.

5. *De l'idéologie*，Paris：François Maspero，1976.

6. *La situation actuelle sur le front de la philosophie*，Paris：François Maspero，1977.

7. *La Contestation dans le P.C.F.*，Paris：Éditions Potemkine，1978.

8. *Le Noyau rationnel de la dialectique hégélienne*，Paris：François Maspero，1978.

9. *L'Écharpe rouge*，Paris：François Maspero，1979.

10. *Théorie du sujet*，Paris：Seuil，1982.

11. *Peut-on penser la politique?*，Paris：Seuil，1985.

12. *L'Être et l'Événement*，Paris：Seuil，1988.

13. *Manifeste pour la philosophie*，Paris：Seuil，1989.

14. *Le Nombre et les Nombres*，Paris：Seuil，1990

15. *Rhapsodie pour le théâtre*，Paris：Imprimerie nationale，1990.

16. *D'un désastre obscur*，Paris：Éditions de l'Aube，1991.

17. *Conditions*，Paris：Seuil，1992.

18. *L'éthique，essai sur la conscience du mal*，Paris：Hatier，1993.

19. *Beckett，l'increvable désir*，Paris：Hachette，1995.

20. *Ahmed le subtil*，Arles：Actes Sud-Papiers，1995.

21. *Ahmed philosophe；Ahmed se fâche*，Arles：Actes Sud-Papiers，1995.

22. *Deleuze：La clameur de l'Être*，Paris：Pluriel，1997.

23. *Saint Paul. La fondation de l'universalisme*，Paris：PUF，1997.

24. *Les Citrouilles*，Arles：Actes Sud-Papiers，1997.

25. *Calme bloc ici-bas*，Paris：P. O. L. 1997.

26. *Abrégé de métapolitique*，Paris：Seuil，1998.

27. *Court traité d'ontologie transitoire*，Paris：Seuil，1998.

28. *Petit manuel d'inesthétique*，Paris：Seuil，1998.

29. *Circonstances，1. Kosovo，11-septembre，Chirac/Le Pen*，Paris：Lignes & Manifeste，2003.

30. *Circonstances，2. Irak，foulard，Allemagne/France*，Paris：Lignes & Manifeste，2004.

31. *Circonstances，3. Portées du mot 《 juif 》*，Paris：Lignes & Mani-

feste，2005

32. *Le Siècle*，Paris：Seuil，2005

33. *De la limite*，Paris：Parenthèses Editions，2005.

34. *Logiques des mondes. L'Être et l'Événement*，2，Paris：Seuil，2006.

35. *Circonstances*，4. *De quoi Sarkozy est-il le nom* ? Paris：Lignes，2007.

36. *Petit panthéon portative*，Paris：La fabrique éditions，2008.

37. *Mao. De la pratique et de la contradiction*，Paris：La fabrique éditions，2008.

38. *Second manifeste pour la philosophie*，Paris：Fayard，2009.

39. *L'Antiphilosophie de Wittgenstein*，Paris：Editions NOUS，2009.

40. *Éloge de l'Amour*，Paris：Flammarion，2009.

41. *Circonstances*，5. *L'Hypothèse communiste*，Paris：Lignes，2009.

42. *Démocratie，dans quel état ?* Paris：La fabrique éditions，2009.

43. *Cinéma*，Paris：Nova éditions，2010.

44. *Cinq leçons sur le cas WAGNER*，Paris：Editions NOUS，2010.

45. *Le Fini et l'Infini*，Paris：Bayard，2010.

46. *La Philosophie et l'Événement*，Paris：éd. Germina，2010.

47. *Heidegger. Le nazisme，les femmes，la philosophie*，Paris：Fayard，2010.

48. *Il n'y a pas de rapport sexuel. Deux leçons sur 《 L'Étourdit 》*，Paris：Fayard，2010.

49. *L'Idée du communisme vol.* 1，Paris：Lignes，2010.

50. *L'Explication，conversation avec Aude Lancelin*，Paris：Lignes，2010.

51. *La Relation énigmatique entre politique et philosophie*，Paris：éd. Germina，2011.

52. *L'Antisémitisme partout. Aujourd'hui en France*，Paris：La fabrique éditions，2011.

53. *L'Idée du communisme vol. 2*，Paris：Lignes，2011.

54. *Circonstances*，6. *Le Réveil de l'Histoire*，Paris：Lignes，2011.

55. *Entretiens* 1，1981-1996，Paris：Lignes，2011.

56. *La République de Platon*，Paris：Fayard，2012.

57. *L'Aventure de la philosophie française*，Paris：La fabrique éditions，2012.

58. *Circonstances*，7. *Sarkozy*：*pire que prévu*，*les autres* ：*prévoir le pire*，Paris：Lignes，2012.

59. *Controverse*，Paris：Seuil，2012.

60. *Les Années rouges*，Paris：Les Prairies ordinaires，2012.

61. *Éloge du theater*，Paris：Flammarion，2013.

62. *Qu'est-ce qu'un peuple ?* Paris：La fabrique éditions，2013.

63. *Le Séminaire*，*Lacan*：*L'antiphilosophie* 3，1994—1995，Paris：Seuil，2013.

64. *Le Séminaire*，*Malebranche*：*L'Être 2- Figure théologique*，Paris：Seuil，2013.

65. *Pornographie du temps présent*，Paris：Fayard，2013.

66. *Jacques Lacan*，*passé présent*：*Dialogue*，Paris：Seuil，2013.

67. *Matrix* ：*machine philosophique*，Paris：Ellipses，2013.

68. *L'Incident d'Antioche : Tragedie en trois actes* , New York : Columbia University, Press, 2013.

69. *Que faire?* philosophie edition, 2014.

70. *Le Séminaire - Parménide. L'Être* 1. *Figure ontologique* , 1985-1986, Paris : Seuil, 2014.

71. *Le Séminaire -Image du temps present* , 2001-2004, Paris : Seuil, 2014.

72. *Le symptôma grec* , Paris : Nouvelles Editions Lignes, 2014.

73. *Métaphysique du bonheur reel* , Paris : PUF, 2015.

74. *A la recherche du réel perdu* , Paris : Fayard, 2015

75. *Le second procès de Socrate* , Arles : Actes Sud-Papiers, 2015.

76. *Entretien Platonicien* , Paris : Lignes, 2015.

77. *Quel communisme ? Entretien avec Peter Engelmann* , Paris : Bayard, 2015.

78. *Le Séminaire - Heidegger : L'être 3 - Figure du retrait* , Paris : Seuil, 2015.

79. *Le désir : Ou l'enfer de l'identique* , Paris : Editions Autrement, 2015.

80. *Eloge des Mathematiques* , Paris : Flammarion, 2015.

81. *Notre mal vient de plus loin : Penser les tueries du* 13 *novembre.* Paris : Fayard, 2016.

82. *Le noir : Eclats d'une non-couleur.* Paris : Editions Autrement, 2016.

83. *Le Séminaire - L'Un : Descartes* , *Platon* , *Kant.* Paris : Seuil, 2016.

84. Qu'Est-Ce Que le Marxisme ? Paris : Sociales, 2016.

巴迪欧著作英文版

1. *Manifesto for Philosophy*，New York：State University of New York Press，1999.

2. *Deleuze：The Clamor of Being*，Minneapolis：University of Mineasota Press，1999.

3. *Ethics：An Essay on the Understanding of Evil*，London：Verso，2002.

4. *Sanit Paul：The Foundation of Universialism*，Stanford：Stanford University Press，2003.

5. *Handbook Of Inaesthetics*，Stanford：Stanford University Press，2004.

6. *Theoretical Writings*，London：Continuum，2004.

7. *Being and Event* London：Continuum，2005.

8. *Infinite Thought*，London：Continuum，2005.

9. *Metapolitics*，London：Verso，2005.

10. *Polemics*，London：Verso，2006.

11. *Briefings on Existence：A short Treatise on Transitory Ontology*，New York：State University of New York Press，2006.

12. *The Century*，Cambridge：Polity，2007.

13. *The Concept of Model：An Introduction to the Materialist Epistemology of Mathematics*，Melbourne：Re. press，2007.

14. *Conditions*，London：Continuum，2008.

15. *The Meaning of Sarkozy*，London：Verso，2008.

16. *Number and Numbers*, Cambridge: Polity, 2008.

17. *Logics of Worlds: Being and Event*, 2, London: Continuum, 2009.

18. *Theory of Subject*, London: Continuum, 2009.

19. *Philosophy in the present*, Cambridge: Polity, 2009.

20. *Pocket Pantheon*, London: Verso, 2009.

21. *Five Lessions on Wagner*, London: Verso, 2010.

22. *The Idea of Communism*, London: Verso, 2010.

23. *The Communist Hypothesis*, London: Verso, 2010.

24. *Second Manifesto for Philosophy*, Cambridge: Polity, 2011.

25. *Wittgenstein's Antiphilosophy*, London: Verso, 2011.

26. *The Rational Kernel of the Hegelian Dialectic*, Melbourne: Re. press, 2011.

27. *Democracy in What State?* New York: Columbia University Press, 2011.

28. *The Adventure of French Philosophy*, London: Verso, 2012.

29. *Philosophy for Militants*, London: Verso, 2012.

30. *The Rebirth of History: Times of Riots and Uprisings*, London: Verso, 2012.

31. *In Prasie of Love*, London: Serpentstail, 2012.

32. *Plato's Republic*, Cambridge: Polity, 2013.

33. *Badiou and the Philosophers: Interrogating 1960s French Philosophy*, London: Continuum, 2013.

34. *The Idea of Communism 2*, London: Verso, 2013.

35. *Cinema*，Cambridge：Polity，2013.

36. *Reflection on Anti-semitism*，London：Verso，2013.

37. *Subject of Change*，Dresden：Atropos Press，2013.

38. *Philosophy and the Event*，Cambridge：Polity，2013.

39. *Rhapsody for the Theatre*，London：Verso，2014.

40. *The Age of the Poets*，London：Verso，2014.

41. *Ahmed the Philosopher*，New York：Columbia University Press，2014.

42. *Controversies：A Dialogue on the Politics and Philosophy of Our Time*，Cambridge：Polity，2014.

43. *Mathematics of the Transcendental*，London：Bloombury，2014.

44. *Confrontation：A Conversation with Aude Lancelin*，Cambridge：Polity，2014.

45. *Jacques Lacan，Past and Present：A Dialogue*，New York：Columbia University Press，2014.

46. *In Praise of Theatre*，Cambridge：Polity，2015.

47. *Philosophy and the Idea of Communism*，Cambridge：Polity，2015.

48. *What is to be Done? A Dialogue on Communism，Capitalism and the Future of Democracy*，Cambridge：Polity，2016.

49. *Heidegger：His Life and His Philosophy*，New York：Columbia University Press，2016.

50. *In Praise of Mathematics.*Cambridge：Polity，2016.

巴迪欧著作中文版

1. 陈永国主编：《阿兰·巴丢读本》，北京大学出版社 2010 年版。

2.《世纪》，南京大学出版社 2011 年版。

3.《圣保罗》，漓江出版社 2015 年版。

4.《爱的多重奏》，华东师范大学出版社 2012 年版。

5.《哲学宣言》，南京大学出版社 2014 年版。

6.《小万神殿》，南京大学出版社 2014 年版。

7.《第二哲学宣言》，南京大学出版社 2014 年版。

8.《维特根斯坦的反哲学》，漓江出版社 2014 年版。

9.《圣保罗》，漓江出版社 2014 年版。

10.《柏拉图的理想国》，河南大学出版社 2015 年版。

11.《当前时代的色情》，河南大学出版社 2015 年版。

12.《元政治学概述》，复旦大学出版社 2015 年版。

13.《海德格尔 纳粹主义、女人和哲学》，重庆大学出版社 2016 年版。

法文参考文献

1. André Comte-Sponville，*Du tragique au matérialisme*，Paris：
   PUF，2015.

2. Bernard Stiegler，*La Technique et le temps*，tome 1 ：*La Faute d'Épiméthée*，Paris：Galilée，1994.

3. Bernard Stiegler，*La Technique et le temps*，tome 2 ：*La Désorientation*，Paris：Galilée，1996.

4. Bernard Stiegler，*La Technique et le Temps*，tome 3 ：*Le Temps du*

cinéma et la Question du mal-être，Paris：Galilée，2001.

5. Bernard Stiegler，*De la misère symbolique*，tome 1：*L'Époque hyperindustrielle*，2004.

6. Bernard Stiegler，*Mécréance et Discrédit*，tome 1：*La Décadence des démocraties industrielles*，Paris：Galilée，2004.

7. Bernard Stiegler，*Mécréance et Discrédit*，tome 2：*Les Sociétés incontrôlables d'individus désaffectés*，Paris：Galilée，2006.

8. Bernard Stiegler，*Mécréance et Discrédit*，tome 3：*L'Esprit perdu du capitalisme*，Paris：Galilée，2006.

9. Bernard Stiegler，*La Société automatique*：1. *L'avenir du travail*，Paris：Fayard，2015.

10. Bruno Bosteels，*Alain Badiou，une trajectoire polémique*，Paris：La fabrique éditions，2009.

11. Cahier Yenan，*Marxisme-léninisme et psychanalyse*，Paris：François Maspero，1975.

12. Charles Romond éd.，*Alain Badiou：Penser le multiple*，Paris：L'Harmattan，2002.

13. Danielle Eleb，*Figures du destin：Aristote，Freud et Lacan ou la rencontre du réel*，Toulouse：Erès，2004.

14. David Rabouin & David Rabouin，*Autour de Logique des mondes d'Alain BadiouBruno Bosteels，Alain Badiou*，Paris：Editions des archives contemporaines，2011.

15. Étienne Balibar，*Cinq études du matérialisme historique*，Paris：

François Maspero，1974.

16. Étienne Balibar，*Sur la dictature du prolétariat*，Paris：François Maspero，1976.

17. Étienne Balibar，*La philosophie de Marx*，Paris：La Découverte，1993.

18. Étienne Balibar，*La proposition de l'égaliberté*，Paris：PUF，2010.

19. Émile Jalley，*Badiou avec Lacan*，Paris：L'Harmattan，2014.

20. Éric Marty，*Une querelle avec Alain Badiou，philosophe*，Paris：Gallimard，2007.

21. Fabien Tarby，*La philosophie d'Alain Badiou*，Paris：L'Harmattan，2005.

22. Fabien Tarby，*Matérialismes d'aujourd'hui ：de Deleuze à Badiou*，Paris：L'Harmattan，2005.

23. Georges Canguilhem，*Le Normal et le Pathologique*，Paris：PUF，1965.

24. Georges Canguilhem，*La connaissance de la vie*，Paris：Vrin，1965.

25. Georges Canguilhem，*Études d'histoire et de philosophie des sciences concernant les vivants et la vie*，Paris：Vrin，1968.

26. Georges Canguilhem，*Vie et mort de Jean Cavaillès*，Paris：Allia 1998.

27. Jacques Derrida，*De la grammatologie*，Paris：Minuit，1967.

28. Jacques Derrida，*L'Écriture et la différence*，Paris：Seuil，1967

29. Jacques Derrida，*La dissémination*，Paris：Seuil，1972.

30. Jacques Lacan，*Le Séminaire. Livre XVIII D'un discours qui ne serait pas du semblant*，Paris：Seuil，2007.

31. Jacques Rancière, *Le Philosophe et ses pauvres*, Paris: Fayard, 1983.

32. Jacques Rancière, *Les Noms de l'histoire. Essai de poétique du savoir*, Paris: Seuil, 1992.

33. Jacques Rancière, *La mésentente*, Paris: Galilée, 1995.

34. Jacques Rancière, *Le Partage du sensible: Esthétique et politique*, Paris: La fabrique éditions, 2000.

35. Jacques Rancière, *La haine de la démocratie*, Paris: La fabrique éditions, 2005.

36. Jacques Rancière, *Politique de la littérature*, Paris: Galilée, 2011.

37. Jacques Rancière, *Aisthesis, Scènes du régime esthétique de l'art*, Paris: Galilée, 2011.

38. Jacques Rancière, *La leçon d'Althusser*, Paris: La fabrique éditions, 2013.

39. Jean Cavaillès, *Méthode axiomatique et formalisme - Essai sur le problème du fondement des mathématiques*, Paris: Hermann, 1938.

40. Jean Cavaillès, *Transfini et continu*, Paris: Hermann, 1947.

41. Jean Cavaillès, *Sur la logique et la théorie de la science*, Paris: Vrin, 1947.

42. Jean Cavaillès, *Œuvres complètes de philosophie des sciences*, Paris: Hermann, 1994.

43. Jacques Henric et Elie During, *Alain Badiou*, Paris: Art

Press，2016.

44. Kostas Mavrakis，*De quoi Badiou est-il le nom？ Pour en finir avec le（XXe）siècle*，Paris：L'Harmattan，2009.

45. Louis Althusser，*Pour Marx*，Paris：François Maspero，1965.

46. Louis Althusser，*Lire le Capital*，Paris：François Maspero，1965.

47. Louis Althusser，*Lénine et la philosophie*，Paris：François Maspero，1972.

48. Louis Althusser，*Sur la reproduction*，Paris：PUF，2011.

49. Louis Althusser，*Initiation à la philosophie pour les non-philosophes*，Paris：PUF，2014.

50. Louis Althusser，*Etre marxiste en philosophie*，Paris：PUF，2015.

51. Maria Kakogianni，*De la victimisation ： Lectures expérimentales*，Paris：L'Harmattan，2012.

52. Martine Dutertre，*Slavoj Zizek et Alain Badiou*，*Tels Quels*，Paris：Amalthée，2015.

53. Medhi Belhaj Kacem，*L'esprit du nihilisme ： Tome 1*，*Ironie et vérité*，Paris：Editions NOUS，2009.

54. Medhi Belhaj Kacem，*Inesthétique et mimèsis ： Badiou*，*Lacoue-Labarthe et la question de l'art*，Paris：Nouvelles Editions Lignes，2010.

55. Mehdi Belhaj Kacem，*Après Badiou*，Paris：Grasset，2011.

56. Michel Foucault，*Les Mots et les Choses. Une archéologie des sciences humaines*，Paris：Gallimard，1966.

57. Michel Foucault，*L'Archéologie du savoir* Paris：Gallimard，1969.

58. Michel Foucault，*Histoire de la sexualité*，vol. 1：*La volonté de savoir*，Paris：Gallimard，1976

59. Michel Foucault，《 *Il faut défendre la société* 》，Paris：Gallimard，1997.

60. Michel Foucault，*L'Herméneutique du sujet*，Paris：Gallimard，2001.

61. Michel Foucault，*Sécurité，territoire，population*，Paris：Gallimard，2004.

62. Michel Foucault，*Naissance de la biopolitique*，Paris：Gallimard，2004.

63. Michel Foucault，*Le Gouvernement de soi et des autres I*，Paris：Gallimard，2008

64. Michel Foucault，*Le Gouvernement de soi et des autres II*：*Le Courage de la vérité*，Paris：Gallimard，2009.

65. Michel Foucault，*Du gouvernement des vivants*，Paris：Seuil，2012.

66. Michel Foucault，*Subjectivité et vérité*，Paris：Seuil，2014.

67. Pierre Macherey，*Marx 1845. Les 《 Thèses》 sur Feuerbach*，Amsterdam：Editions Amsterdam，2008.

68. Pierre Macherey，*De Canguilhem à Foucault*：*La force des normes*，Paris：La fabrique éditions，2013.

69. Pierre Macherey，*Le Sujet des normes*，Amsterdam：Editions Amsterdam，2014.

70. Quentin Meillassoux，*Après la Finitude*，*Essai sur la nécessité de la contingence*，Paris：Seuil，2006.

71. Rollet Jacques et Jean-Louis Bourlanges，*Le libéralisme et ses enne-mis：Hayek，Schmitt，Badiou et...les autres*，Paris：Desclée de Brouwer，2016.

72. Stéphane Vinolo，*Alain Badiou ：Vivre en immortel*，Paris：L'Harmattan，2014.

英文参考文献

1. A. J. Bartlett，*Badiou and Plato：An Education by Truths*，Edin-burgh：Edinburgh University Press，2011.

2. A. J. Bartlett & Justin Clemens eds. ，*Alain Badiou：Key Concepts*，Durham：Acumen，2010.

3. A. J. Bartlett & Justin Clemens eds. ，*Lacan，Deleuze，Badiou*，Edinburgh：Edinburgh University Press，2015.

4. Adam Miller，*Badiou，Marion and St Paul：Immanent Grace*，London：Continuum，2008.

5. Adrian Johnston，*Badiou，Zizek，and Political Transformations：The Cadence of Change*，Seatle：Northwestern University Press，2009.

6. Albert Lautman，*Mathematics，Ideas and the Physical Real*，Lon-don：Continuum，2011.

7. Alex Ling，*Badiou and Cinema*，Edinburgh：Edinburgh University Press，2013.

8. Andrew Gibson，*Beckett and Badiou：The Pathos of Intermittency*，Oxford：Oxford University Pres，2007.

9. Antonio Calcagno，*Badiou and Derrida：Politics，Events and their Time*，London：Continuum，2007.

10. Bertrand Russell，*The Principles of Mathematics*. Cambridge：Cambridge University Press，1903.

11. Bruno Bosteels，*The Actuality of Communism*，London：Verso，2011.

12. Bruno Bosteels，*Badiou and Politics*，Durham：Duke University Press，2011.

13. Burhanuddin Baki，*Badiou's Being and Event and the Mathematics of Set Theory*，London：Bloombury，2015.

14. Christopher Norris，*Badiou's "Being and Event"：A Reader's Guide*，London：Continuum，2009.

15. Christopher Norris，*Derrida，Badiou and the Formal Imperative*，London：Bloombury，2014.

16. Christopher Watkin，*Difficult Atheism：Post-Theological Thinking in Alain Badiou，Jean-Luc Nancy and Quentin Meillassoux*，Edinburgh：Edinburgh University Press，2011.

17. Clayton Crockett，*Deleuze beyond Badiou*，New York：Columbia University Press，2013.

18. Colin Wright，*Badiou in Jamaica：The Politics of Conflict*，Melbourne：Re. press，2013.

19. Dimitris Vardoulakis，*Spinoza Now*，Minneapolis：University of Mineasota Press，2011.

20. Douglas Harink，*Paul，Philosophy，and the Theopolitical Vi-

sion: *Critical Engagements with Agamben*, *Badiou*, *Zizek*, *and Others*, Eugene: Wipf & Stock Pub, 2010.

21. Ed Pluth, *Badiou: A Philosophy of the New*, Cambridge: Polity, 2009.

22. Fabio Gironi, *Naturalizing Badiou: Mathematical Ontology and Structural Realism*, Houndmills: Palgrave Macmillan, 2014.

23. François Laruelle, *Anti-Badiou*, *On the Introduction of Maoism into Philosophy*, trans. Robin Mackay, London: Bloombury, 2013

24. Frank Ruda, *For Badiou: Idealism without Idealism*, Seatle: Northwestern University Press, 2015.

25. Frederiek Depoortere, *Badiou and Theology*, London: Continuum, 2009.

26. Gabriel Riera ed. , *Alain Badiou: Philosophy And Its Conditions*, New York: State University of New York Press, 2005.

27. Geoff Pfeifer, *The New Materialism: Althusser*, *Badiou*, *and Zizek*, London: Routeledge, 2015.

28. Giorgio Agamben, *Language and Death: The Place of Negativity*, Karen Pinkus & Micheal Hardt trans. , Minneapolis: University of Minnesota Press, 1991

29. Graham Harman, *Quentin Meillassoux: Philosophy in the Making*, Edinburgh: Edinburgh University Press, 2011.

30. Gregory Moore, *Zermelo's Axiom of Choice: Its Origins*, *Devel-*

opment，*and Influence*，Berlin：Springer-Verlag，1982.

31. Herausgegeben von Heinz-Dieter Ebbinghaus，& Akihiro Kana-
    morip eds. ，*Ernst Zermelo*，*Collected Works*，Berlin：Springer-
    Verlag，2010.

32. Hollis Phelps，*Alain Badiou：Between Theology and Anti-theolo-
    gy*，Durham：Acumen Publishing Limited，2013.

33. Jacques Lacan，*The Seminar of Jacques Lacan*，*Book XI：The
    Four*，*Fundamental Concepts of Psychoanalysis*，Jacques-Alain
    Miller，ed. ，Alan Sheridan trans. ，New York：W. W. Norton &
    Company，Inc. 1978.

34. Jacques Lacan，*The Seminar of Jacques Lacan*，*Book II：The Ego
    in Freud's Theory and in the Technique of Psychoanalysis* 1954-
    1955，Jacques-Alain Miller ed. ，Sylvana Tomaselli trans. ，New
    York：W. W. Norton & Company，Inc. 1991.

35. Jacques Rancière，*Althusser's Lesson*，Emiliano Battista trans. ，
    London：Continuum，2011

36. Jason Barker，*Alain Badiou：A Critical Introduction*，London：
    Pluto Press，2002.

37. Jean-Jacques Lecercle，*Badiou and Deleuze：Read Literature*，Ed-
    inburgh：Edinburgh University Press，2010.

38. Jean-Luc Nancy，*Being Singular Plural*，Robert D. Richardson &
    Anne E. O' Byrne trans. ，Stanford：Stanford University
    Press，2000.

39. Jean van Heijenoort ed. , *From Frege to Gödel : A Source Book in Mathematical Logic*, 1879-1931, Harvard University Press, 1967.

40. Jim Vernon & Antonio Calcagno eds. , *Badiou and Hegel : Infinity, Dialectics, Subjectivity*, Lexington: Lexington Books, 2015.

41. Jon Roffe, *Badiou's Deleuze*, Montreal: Mcgill Queens University Press, 2012.

42. Kent den Heyer, *Thinking Education Through Alain Badiou*, New Jersey: Wiley-Blackwell, 2010.

43. Marios Constantinou, *Badiou and the Political Condition*, Edinburgh: Edinburgh University Press, 2014.

44. Matthew R. McLennan, *Philosophy, Sophistry, Antiphilosophy : Badiou's Dispute with Lyotard*, London: Bloombury, 2015.

45. Michael J. Kelly, *Introducing Alain Badiou : A Graphic Guide*, New York: Icon Books, 2014.

46. Nick Hewlett, *Badiou, Balibar, Ranciere : Re-thinking Emancipation*, London: Continuum, 2010.

47. Nick Mansfield, *Theorizing War : From Hobbes to Bandiou*, Houndmills: Palgrave Macmillan, 2008.

48. Oliver Feltham, *Alain Badiou : Live Theory*, London: Continuum, 2008.

49. Oliver Marchart, *Post-Foundational Political Thought : Political Difference in Nancy, Lefort, Badiou and Laclau*, Edinburgh: Edinburgh University Press, 2007.

50. Paul Ashton，A. J. Bartlett Justin Clemens eds. ，*The Praxis of Badiou*，Melbourne：Re. press，2011.

51. Paul J. Cohen，*Set Theory and the Continuum Hypothesis*，Dove：Dove edition，2008.

52. Paul Livingston，*The Politics of Logic*：*Badiou*，*Wittgenstein*，*and the Consequences of Formalism*，London：Routledge，2014.

53. Peter Hallward，*Badiou*：*A Subject to Truth*，Minneapolis：University of Mineasota Press，2003.

54. Peter Hallward，*Think Again*：*Alain Badiou and the Future of Philosophy*，London：Continuum，2004.

55. Peter Hallward ed. ，*Polygraph* 17：*The Philosophy of Alain Badiou*，Polygraph，2005.

56. Peter Hallward & Knox Peden eds. ，*Concept and Form* Vol. 1：*Key Texts from the Cahiers pour l'Analyse*，London：Verso，2012.

57. Peter Hallward and Konx Peden ed. ，*Concept and Form*：*Volume Two*，*Interviews and Essays on the Cahiers pour l'Analyse*，London：Verso，2012.

58. Quentin Meillassoux，*After Finitude*：*An Essay on the Necessity of Contingency*，Ray Brassier trans. ，London：Continuum，2008.

59. Quentin Meillassoux，*The Number and the Siren*：*A Decipherment of Mallarmé's Coup de Dés*，New York：Sequence Press，2011.

60. Roland Faber，*Event and Decision*：*Ontology and Politics in Badiou*，*Deleuze*，*and Whitehead*，Cambridge：Cambridge Scholars

Publishing，2010.

61. Sean Bowden & Simon Duffy eds.，*Badiou and Philosophy*，Edin-burgh：Edinburgh University Press，2012.

62. Slavoj Zizek，*Event：A Philosophical Journey Through A Concept*，London：Penguin Books，2014.

63. Steven Corcoran，*The Badiou Dictionary*，Edinburgh：Edinburgh University Press，2015.

中文参考文献

1.《马克思恩格斯选集》，人民出版社 1995 年版。

2.［法］阿尔都塞：《保卫马克思》，商务印书馆 2006 年版。

3.［法］阿尔都塞：《读〈资本论〉》，中央编译局出版社 2001 年版。

4.［法］阿尔都塞：《来日方长：阿尔都塞自传》，上海人民出版社 2013 年版。

5.［美］艾克塞尔：《神秘的阿列夫：数学、犹太神秘主义教派以及对无穷的探寻》，上海科学技术文献出版社 2008 年版。

6. 艾士薇：《阿兰·巴迪欧的“非美学”思想研究》，武汉大学出版社 2014 年版。

7.［英］奥卡姆的威廉：《逻辑大全》，商务印书馆 2006 年版。

8.［法］巴利巴尔：《斯宾诺莎与政治》，西北大学出版社 2015 年版。

9.［法］巴什拉：《科学精神的形成》，江苏教育出版社 2006 年版。

10.［美］保罗·贝纳塞拉夫、［美］希拉里·普特南编：《数学哲学》，商务印书馆 2003 年版。

11. 毕日生：《阿兰·巴丢"非美学"文艺思想研究》，中国社会科学出版社 2014 年版。

12. ［古希腊］柏拉图：《巴曼尼得斯篇》，商务印书馆 1982 年版。

13. ［古希腊］柏拉图：《理想国》，商务印书馆 1986 年版。

14. ［法］布尔巴基：《数学的建筑》，大连理工大学出版社 2014 年版。

15. 陈越主编：《哲学与政治：阿尔都塞读本》，吉林人民出版社 2003 年版。

16. ［德］策兰：《保罗·策兰诗选》，华东师范大出版社 2010 年版。

17. ［法］德勒兹、［法］迦塔利：《什么是哲学?》，湖南文艺出版社 2007 年版。

18. ［法］德勒兹、［法］迦塔利：《资本主义与精神分裂　卷 2　千高原》，上海书店出版社 2010 年版。

19. ［法］德里达：《论文字学》，上海译文出版社 1999 年版。

20. ［法］德里达：《书写与差异》，生活·读书·新知三联书店 2001 年版。

21. ［法］福柯：《知识考古学》，生活·读书·新知三联书店 1998 年版。

22. ［法］福柯：《词与物——人文科学考古学》，上海三联书店 2001 年版。

23. ［法］福柯：《性经验史》，上海人民出版社 2002 年版。

24. ［奥］弗洛伊德：《精神分析引论》，商务印书馆 1987 年版。

25. ［德］海德格尔：《存在与时间》，生活·读书·新知三联书店 1987 年版。

26. ［德］海德格尔：《在通向语言的途中》，商务印书馆 1999 年版。

27. 〔德〕海德格尔：《林中路》，上海译文出版社 2004 年版。

28. 〔德〕海德格尔：《哲学论稿：自本有而来》，商务印书馆 2012 年版。

29. 郝兆宽、杨跃：《集合论对无穷概念的探索》，复旦大学出版社 2014 年版。

30. 胡作玄：《引起纷争的金苹果：哲人科学家——康托尔》，福建教育出版社 1993 年版。

31. 〔法〕康吉莱姆：《正常与病态》，西北大学出版社 2015 年版。

32. 〔美〕蒯因：《蒯因著作集》第一卷，中国人民大学出版社 2007 年版。

33. 〔美〕蒯因：《蒯因著作集》第三卷，中国人民大学出版社 2007 年版。

34. 〔法〕拉康：《拉康选集》，上海三联书店 2001 年版。

35. 〔法〕朗西埃：《政治的边缘》，江苏人民出版社 2007 年版。

36. 〔法〕朗西埃：《图像的命运》，南京大学出版社 2014 年版。

37. 〔法〕朗西埃：《哲学家与他们的穷人》，南京大学出版社 2015 年版。

38. 〔法〕朗西埃：《文学的政治》，南京大学出版社 2015 年版。

39. 〔法〕朗西埃：《词语的肉身：书写的政治》，西北大学出版社 2015 年版。

40. 〔法〕朗西埃：《歧义：政治与哲学》，西北大学出版社 2015 年版。

41. 〔法〕列维-施特劳斯：《结构人类学》，中国人民大学出版社 2006 年版。

42. 卢介景：《无穷统帅——康托尔》，山东教育出版社 2001 年版。

43. 〔法〕罗兰·巴特：《符号学原理》，生活·读书·新知三联书店 1999 年版。

44. 〔法〕罗兰·巴特：《S/Z》，上海人民出版社 2000 年版。

45. ［法］罗兰·巴特：《一个解构主义文本》，上海人民出版社 1997 年版。

46. ［法］罗兰·巴特：《流行体系：符号学与服饰符码》，上海人民出版社 2000 年版。

47. ［美］罗尔斯：《万民法》，吉林人民出版社 2001 年版。

48. ［美］内格尔：《哥德尔证明》，中国人民大学出版社 2008 年版。

49. ［英］培根：《新工具》，商务印书馆 1984 年版。

50. ［斯洛文尼亚］齐泽克：《斜目而视：透过通俗文化看拉康》，浙江大学出版社 2011 年版。

51. ［斯洛文尼亚］齐泽克：《视差之见》，浙江大学出版社 2014 年版。

52. ［加］塔西奇：《后现代数学的数学根源》，复旦大学出版社 2005 年版。

53. ［美］王浩：《哥德尔》，上海人民出版社 2002 年版。

54. ［美］王浩：《逻辑之旅：从哥德尔到哲学》，浙江大学出版社 2009 年版。

55. 汪民安主编：《生产第二辑》，广西师范大学出版社 2005 年版。

56. 汪民安主编：《生产第六辑：五月风暴四十年反思》，广西师范大学出版社 2008 年版。

57. 汪民安主编：《生产第十辑：迈向思辨实在论》，江苏人民出版社 2015 年版。

58. ［古罗马］西塞罗：《论老年、论友谊、论责任》，商务印书馆 1998 年版。

59. ［美］夏皮罗：《数学哲学：对数学的思考》，复旦大学出版社 2009 年版。

60. ［英］休谟，《人类理解研究》，商务印书馆 1957 年版。

61. ［古希腊］亚里士多德，《形而上学》，商务印书馆 1959 年版。

62. ［古希腊］亚里士多德：《亚里士多德全集》第七卷，中国人民大学出版社 1991 年版。

63. ［美］约翰·道森：《哥德尔：逻辑的困境》，湖南科学技术出版社 2009 年版。

64. 张家龙：《数理逻辑发展史——从莱布尼茨到哥德尔》，中国社会科学出版社 1993 年版。

65. 张建军：《逻辑悖论研究引论》（修订版），人民出版社 2014 年版。

66. 张锦文：《公理集合论导引》，科学出版社 1991 年版。

67. 张莉莉：《从结构到历史：阿兰·巴迪欧主体主体思想研究》，上海人民出版社 2016 年版。

68. 张世英：《论黑格尔的哲学》，上海人民出版社 1956 年版。

69. 张世英：《论黑格尔的"逻辑学"》，上海人民出版社 1959 年版。

70. 张一兵：《回到马克思》，江苏人民出版社 1999 年版。

71. 张一兵：《不可能的存在之真》，商务印书馆 2006 年版。

72. 张一兵：《回到列宁》，江苏人民出版社 2008 年版。

73. 张一兵：《反鲍德里亚》，商务印书馆 2009 年版。

74. 张一兵：《文本的深度耕犁：后马克思思潮哲学文本解读》，中国人民大学出版社 2008 年版。

75. 张一兵主编：《社会批判理论纪事》第 5 辑，江苏人民出版社 2012 年版。

76. 张一兵主编：《当代国外马克思主义思潮研究》，江苏人民出版社 2012 年版。

77. 张一兵：《回到海德格尔》，商务印书馆 2014 年版。

78. 赵希顺：《选择公理》，人民出版社 2003 年版。

79. ［法］周道本：《康托的无穷的数学和哲学》，大连理工出版社 2008 年版。

后　记

　　本书的缘起十分简单。因为长期以来，我一直被看成是巴迪欧的研究者，如果没有一本关于巴迪欧哲学研究的著作，实在是愧对这种看法。实际上，我从2012年开始，就准备着手写这么一本书，但是拖沓的毛病改不掉，这书一直就磨磨蹭蹭弄了好几年。在这几年期间，国内已经陆陆续续出现了好几本专门研究巴迪欧思想的专著，如毕日生博士、艾士薇博士以及张莉莉博士等学者十分有分量的研究专著已经上市。准确来说，他们几位对巴迪欧的研究都十分深入，也有很多值得我借鉴的地方。不过，我仍然觉得，这几本专著似乎都没有触碰巴迪欧最核心的部分，即巴迪欧在集合论基础上的事件哲学。所以，我还是坚持完成了这样一本著作。

　　严格来说，眼下的这本书仍然是一个半成品。一开始，我准备对巴迪欧思想做一个比较全面的介绍和分析，这样，势必需要包括巴迪欧最重要的几本书，如《主体理论》、《存在与事件》、《世界的逻辑：存在与事件2》。优势在于，我自己就是后面两本书的译者，可以一边翻译，一边思考巴迪欧思想的奥妙，在翻译完《存在与事件》和《世界的逻辑》之后，自然就可以完成一部比较全面的介绍巴迪欧的著作了，这岂不是两全其美。但是，一旦我开始这项工作，就理解了其中的难度，远远超出了我的想象。《存在与事件》翻译完之后，即将出版的中译文有七百多页，内容包含之广，以及里面大量集合论推理的难度，让我吃了不少苦头。同理，《世界的逻辑》也有同样的篇幅，尽管说两本书之间有联系，但是巴迪欧在《世界的逻辑》中，集合论变少了，更多时候谈的是范畴论和拓扑学。也就是说，这两本书之间的体例差异非常之大，很难在一个框架体系下同时消化掉这两本书。加上最新的消息说，巴迪欧已经在动手写这本书的第三卷了，第三卷的标题是《真理的内在性：存在与事件3》。这就是研究一个仍然在世的思想家的痛苦所在，因为他的思想仍然在生成，仍然在 becoming，你就不能指望用自己浅薄的观念来为他定论。所以，在写作本书的时候，我的野心小了很多，干脆在后面的章节中，将主要分析的对象限定在《存在与事件》的第一卷上，同时参考了这个时期的其他主要著作，如《主体理论》、《哲学宣言》、《第二哲学宣言》、《非美学手册》、《元政治学概述》、《爱的多重奏》等。但总体上而言，本书就是一本针对《存在与事件》的导读性著作，主要就是分析《存在与事件》的主要内容。为了保持本书的单纯性，我基本上在本书中不涉及《世界的逻辑：存在与事件2》中的内容，或许当什么时候我不那么懒惰了，会想起来继续为《世界的逻辑》再去写一本导读性著作。的确，就现有的研究而言，对《世界的逻辑》的研究更少，也更需要一本导读著作。

撰写本书的另一个契机是，当我翻译完《存在与事件》后，南京大学出版社曾要求我为《存在与事件》撰写中译序，我告诉他们，我不需要写中译序了，因为我已经为《存在与事件》写了整整一本书了。所以，如果读者不介意的话，完全可以将本书视为《存在与事件》一书的长篇中译序。这真的算是一举两得，岂不美哉！

最后，本书能够付梓，得感谢很多朋友的热情帮助，也有领导和师长们的殷切关怀。首先必须感谢张异宾老师，正是在他的支持下，本书才能纳入到他主编的丛书中，杨乔喻博士也在出版沟通方面，给予了非常多的帮助。另外，饶涛副总编辑和赵雯婧编辑都为本书付出了大量的劳动，在校对、编辑上提出了很多宝贵的意见，在此对北京师范大学出版社的诸位编辑表示由衷的感谢。本书在写作过程中，也得益于与清华大学夏莹教授，北京大学李洋教授、蒋洪生副教授，华东师范大学吴冠军教授、姜宇辉教授、王嘉军副教授、孙亮副教授，中国人民大学吴琼教授、李科林副教授，复旦大学的张双利教授、吴猛副教授、鲁绍臣研究员，吉林大学王庆丰教授、王福生教授的讨论，在与这些亦师亦友的学者们讨论时，的确打开了我很多思路。此外，南京大学的唐正东教授、胡大平教授、张亮教授、刘怀玉教授，复旦大学的陈学明教授、吴晓明教授、汪行福教授、邹诗鹏教授、王金林教授、莫伟民教授，吉林大学的孙正聿教授、张盾教授，华东师范大学的朱国华教授、陈立新教授从师长的角度也对我的巴迪欧研究给予了大量的帮助与关怀，在此一并向给予我巨大支持和帮助的师长朋友表示最诚挚的感谢！最后，感谢我的夫人董金平副教授，我在忙于研究和写作的时候，她承担了主要的家务，对我的研究给出了最实际的支持。

　　本书的研究，还有很多不完善甚至错漏的地方，很多地方难免浅尝辄止，所以，我十分希望能够在与其他研究巴迪欧和相关领域的专家读者的交流和批评中，改进和弥补本书研究中的不足之处。

蓝　江

2018 年 3 月 16 日于南京仙林寓所

图书在版编目（CIP）数据

忠实于事件本身：巴迪欧哲学思想导论 / 蓝江著.
—北京：北京师范大学出版社，2018.8
（当代国外马克思主义哲学研究丛书）
ISBN 978-7-303-22518-7

Ⅰ.①忠… Ⅱ.①蓝… Ⅲ.①巴迪欧-哲学思想-思
想评论 Ⅳ.①B565.6

中国版本图书馆 CIP 数据核字（2017）第 145064 号

营 销 中 心 电 话 010-58805072 58807651
北师大出版社高等教育与学术著作分社 http://xueda.bnup.com

ZHONGSHI YU SHIJIAN BENSHEN

出版发行：北京师范大学出版社 www.bnup.com
北京市海淀区新街口外大街 19 号
邮政编码 100875
印 刷：北京盛通印刷股份有限公司
经 销：全国新华书店
开 本：710 mm×1000 mm 1/16
印 张：24.25
字 数：290 千字
版 次：2018 年 8 月第 1 版
印 次：2018 年 8 月第 1 次印刷
定 价：75.00 元

策划编辑：饶 涛 责任编辑：赵雯婧
美术编辑：王齐云 装帧设计：王齐云
责任校对：陈 民 责任印制：马 洁